CHEFS-D'ŒUVRE

DES

THÉATRES ÉTRANGERS.

DIXIÈME LIVRAISON.

IMPRIMERIE DE FAIN, PLACE DE L'ODÉON.

CHEFS-D'ŒUVRE

DES

THÉATRES ÉTRANGERS,

ALLEMAND, ANGLAIS, CHINOIS,
DANOIS, ESPAGNOL, HOLLANDAIS, INDIEN, ITALIEN, POLONAIS,
PORTUGAIS, RUSSE, SUÉDOIS;

TRADUITS EN FRANÇAIS

PAR MESSIEURS

AIGNAN, ANDRIEUX, MEMBRES DE L'ACADÉMIE FRANÇAISE; LE BARON DE BARANTE, BERR, BERTRAND, CAMPENON, MEMBRE DE L'ACADÉMIE FRANÇAISE; BENJAMIN CONSTANT, CHATELAIN, COHEN, A. DENIS, F. DENIS, ESMÉNARD, GUIZARD, GUIZOT, LABEAUMELLE, LEBRUN, MALTE-BRUN, MENNÉCHET, LECTEUR DU ROI; MERVILLE, CHARLES NODIER, PICHOT, ABEL RÉMUSAT, MEMBRE DE L'INSTITUT; CHARLES DE RÉMUSAT, LE COMTE DE SAINTE-AULAIRE, LE COMTE A. DE SAINT-PRIEST, JULES SALADIN, LE BARON DE STAEL, TROGNON, VILLEMAIN, MEMBRE DE L'ACADÉMIE FRANÇAISE; VINCENS-SAINT-LAURENT.

A PARIS,

CHEZ LADVOCAT, LIBRAIRE,

ÉDITEUR DES ŒUVRES DE SHAKSPEARE ET DE SCHILLER,

AU PALAIS-ROYAL.

M. DCCC. XXII.

CHEFS-D'ŒUVRE

DU

THÉATRE ESPAGNOL.

MORATIN.

A PARIS,

CHEZ LADVOCAT, LIBRAIRE,

ÉDITEUR DES ŒUVRES DE SHAKSPEARE ET DE SCHILLER

AU PALAIS-ROYAL.

M. DCCC. XXII.

LE OUI DES JEUNES FILLES,

COMÉDIE EN TROIS ACTES.

NOTICE

SUR

LE OUI DES JEUNES FILLES.

Cette comédie est placée la première dans le recueil des pièces de Moratin. Elle est aussi la première par ordre de mérite. C'est un petit drame composé entièrement suivant les règles de notre théâtre. L'unité de temps, de lieu et d'action y est scrupuleusement observée; on n'y trouve aucune des irrégularités admises sur le théâtre espagnol. Peut-être Moratin, en voulant éviter les défauts de ses prédécesseurs, a-t-il été entraîné trop loin; peut-être a-t-il trop sacrifié l'action, caractère distinctif du théâtre espagnol, à ces longues conversations qui jettent souvent tant de froideur sur notre scène. Mais il n'a pas voulu seulement faire une pièce régulière, il s'est aussi occupé de lui donner un but moral. Il a attaqué un usage funeste, un préjugé barbare établi dans son pays; il a montré les dangers de la contrainte qu'on impose aux jeunes personnes dans le choix d'un époux. Cet abus devait souvent se faire sentir en Espagne, où, par l'institution des majorats, la fortune des familles passait presque toute aux aînés. Les filles, réduites à une modique légitime, se trouvaient presque toujours placées dans l'alternative, ou d'accepter un époux sur le choix duquel leur cœur n'avait point été consulté, ou de s'ensevelir vivantes dans un couvent. Ces violences étaient d'autant plus funestes, qu'elles étaient en quelque sorte passées en loi; les ministres de la religion étant toujours disposés à leur prêter le poids de leur autorité, si imposante alors en Espagne, et à montrer Dieu prêt à s'armer de toutes ses vengeances contre la jeune fille qui ne consentirait pas à un hymen odieux, ou qui préfèrerait le monde au couvent. Moratin paraît avoir été vivement frappé des maux produits par cette tyrannie; il l'a combattue énergiquement dans la pièce que l'on va lire; il l'a encore attaquée dans une autre comédie où il a été moins heureusement inspiré. Il a, dans le *Oui des jeunes filles*, fait sentir parfaitement la nécessité de cette confiance mutuelle qui, sans rien ôter à la puissance paternelle, ni à l'obéissance filiale, place une autorité persuasive et un consentement volontaire où un usage barbare ne permettait que l'ordre absolu d'un maître et la soumission forcée d'un esclave. Moratin a rendu noble et respectable le vieillard que l'on veut imposer pour époux à une jeune fille dont le cœur s'est déjà donné, et il s'est écarté ainsi des voies battues par les écrivains vulgaires, qui n'eussent pas manqué d'en faire un Cassandre bien absurde et bien ridicule. Il y a peu de comique dans sa pièce, et le peu qu'il y en a, est à peu près perdu pour nous, puisqu'il consiste principalement dans le bavardage de dona Irène, bavardage entremêlé de sentences, de formules de dévotion, d'exclamations mystiques, qui peint avec une fidélité parfaite le commérage des vieilles femmes espagnoles, mais qui ne peut être ni bien rendu dans la traduction, ni apprécié par les lecteurs, à moins qu'ils n'aient voyagé en Espagne.

Moratin a su trouver dans une intrigue assez ordinaire des situations attachantes et des scènes pleines d'une sensibilité vraie et d'un intérêt touchant. Enfin (et nous revenons volontiers sur cet éloge) il a voulu qu'on trouvât dans sa pièce autre chose qu'un stérile amusement. Il l'a consacrée en quelque sorte à populariser l'indignation qu'il éprouvait contre un genre d'oppression funeste à la société. Il a senti que, dans le siècle où il vivait, la comédie devait être en Espagne ce qu'elle a été en France du temps de Molière, l'auxiliaire de la raison, de la morale et de la philosophie.

LE OUI DES JEUNES FILLES.

PERSONNAGES.

DON DIÉGO.
DON CARLOS.
DONA FRANCISCA.
DONA IRÈNE.
RITA.
SIMON.
CALAMOCHA.

La scène est dans une auberge à Alcala de Honarès.

LE OUI DES JEUNES FILLES.

ACTE PREMIER.

SCÈNE PREMIÈRE.

Une salle commune avec quatre portes donnant dans des chambres différentes et numérotées ; il y a dans le fond une porte plus grande donnant sur un escalier qui conduit au rez-de-chaussée. Une fenêtre à hauteur d'appui d'un côté, une table au milieu, un banc, des chaises, etc.

DON DIÉGO, SIMON.

DON DIÉGO. *Il sort de sa chambre. Simon, qui est assis sur une chaise, se lève.*

Elles ne sont pas encore rentrées ?

SIMON.

Non, monsieur.

DON DIÉGO.

Elles y mettent le temps, assurément.

SIMON.

Sa tante l'aime tant, à ce qu'il paraît,... et elle ne l'a pas vue depuis qu'on l'a conduite à Guadalaxara.

DON DIÉGO.

Sans doute ; je ne dis pas qu'elle ne devait pas la

voir; mais avec une demi-heure de visite et quatre larmes tout était fini.

SIMON.

C'est aussi de votre part une étrange détermination, que celle de rester ainsi deux jours entiers sans sortir de cette auberge; car enfin on se lasse de la lecture, on se lasse du sommeil, et surtout on se lasse de l'hôtesse, des chaises à moitié rompues, des estampes de l'enfant prodigue, du bruit des clochettes et des grelots, de la conversation enrouée des charretiers et des manans, qui ne permettent pas de goûter un instant de repos.

DON DIÉGO.

Il convient d'en agir ainsi; tout le monde me connaît ici... Le corrégidor, M. l'abbé, le visiteur, le recteur de Malaga.... que sais-je? tous..... Il a fallu me tenir tranquille, et ne pas m'exposer à être rencontré.

SIMON.

Je ne devine pas la cause d'une retraite si absolue. Est-ce qu'il s'agit, dans tout ceci, de quelque chose de plus que d'avoir accompagné dona Irène jusqu'à Guadalaxara, pour retirer sa fille du couvent et de nous en retourner avec elles à Madrid?

DON DIÉGO.

Oui, mon garçon; il s'agit de quelque chose de plus que ce que tu viens de dire.

SIMON.

Achevez.

ACTE I, SCÈNE I.

DON DIÉGO.

Oui, quelque chose.... tu finiras par le savoir, et cela ne peut tarder beaucoup.... Écoute, Simon; pour Dieu, je te recommande de ne pas le dire... Tu es un brave homme, et tu me sers depuis long-temps avec fidélité.... Tu sais que nous avons retiré cette jeune fille du couvent, et que nous l'emmenons à Madrid.

SIMON.

Oui, monsieur.

DON DIÉGO.

Eh bien, je te recommande encore une fois de ne le découvrir à personne.

SIMON.

Il suffit, monsieur. Jamais je n'ai aimé les bavardages.

DON DIÉGO.

Je le sais; et c'est pour cela que je veux te montrer de la confiance. Je n'avais, il est vrai, jamais vu dona Paquita [1]; mais au moyen de ma liaison avec sa mère, j'ai fréquemment entendu parler d'elle. J'ai lu beaucoup de lettres qu'elle écrivait, j'en ai vu quelques-unes de sa tante la religieuse, chez laquelle elle a demeuré à Guadalaxara; en un mot, j'ai eu toutes les informations que je pouvais désirer sur ses inclinations et sa conduite. Maintenant je l'ai vue, j'ai tâché de l'observer pendant ce peu de jours; et, à dire la vérité, tous les éloges qu'on m'avait faits d'elle me paraissent au-dessous de ceux qu'elle mérite.

SIMON.

Oui, certainement.... Elle est très-jolie et...

DON DIÉGO.

Elle est très-jolie, très-gracieuse, très-modeste... et surtout cette candeur, cette innocence! Ah! c'est là ce qu'on ne rencontre pas à Madrid.... et de l'instruction.... oui, mon ami, beaucoup d'instruction.... de sorte que, pour achever de te mettre au fait, ce que j'ai projeté, c'est de....

SIMON.

Il n'y a pas besoin de me le dire.

DON DIÉGO.

Non; pourquoi?

SIMON.

Parce que je le devine, et l'idée me paraît excellente.

DON DIÉGO.

Qu'en dis-tu?

SIMON.

Excellente.

DON DIÉGO.

Tu as donc deviné tout de suite?...

SIMON.

La chose n'est-elle pas claire?... Allons, je vous dis que cela me paraît un très-bon mariage; bon, tout-à-fait bon.

DON DIÉGO.

Oui, mon ami; j'y ai bien réfléchi, et je le regarde comme une idée des plus heureuses.

SIMON.

Oui, assurément.

ACTE I, SCÈNE I.

DON DIÉGO.

Mais je veux absolument qu'on ne le sache qu'après que la chose sera faite.

SIMON.

Et en cela vous faites bien.

DON DIÉGO.

C'est que tous ne voient pas de la même manière, et il ne manquerait pas de gens pour murmurer et dire que c'est une folie et....

SIMON.

Folie ? bonne folie vraiment! avec une jeune personne comme celle-là !

DON DIÉGO.

Sans doute ; tu vois bien les choses : elle est pauvre.... oui, parce que, soit dit entre nous, la bonne dona Irène s'est tellement pressée de faire de la dépense depuis la mort de son mari, que sans ces excellentes religieuses et le chanoine de Castroxeritz qui est aussi son beau-frère, elle n'aurait pas de quoi mettre un pot au feu.... et cependant pleine de vanité et de prétentions, parlant toujours de ses parens et de ses défunts, et débitant des contes à tout bout de champ, qui.... mais cela ne fait rien. Je n'ai pas cherché l'argent, car j'ai de l'argent ; j'ai cherché la modestie, le recueillement et la vertu.

SIMON.

C'est là le principal.... et d'ailleurs la fortune que vous avez, pour qui serait-elle ?

DON DIÉGO.

Sans doute.... et ne sais-tu pas d'ailleurs ce que c'est qu'une femme soigneuse, sachant faire aller la maison, économiser, tenir la main à tout?... mais toujours être à disputer avec des gouvernantes plus méchantes les unes que les autres, gourmandes, intrigantes, bavardes, pleines de vapeurs, vieilles, laides comme des démons.... Non, Simon, une vie nouvelle; j'aurai quelqu'un pour me seconder avec amour et fidélité, et nous vivrons comme de vrais saints.... et laissons les gens parler, murmurer....

SIMON.

Mais, si ce mariage plaît à tous deux, que peut-on dire?

DON DIÉGO.

Oh! je sais bien ce qu'on dira; mais... on dira que le mariage est mal assorti, qu'il y a disproportion d'âge, que....

SIMON.

Mais la différence ne me paraît pas du tout remarquable. Sept à huit ans au plus...

DON DIÉGO.

Comment donc? que nous parles-tu de sept à huit ans? Il n'y a que quelques mois qu'elle a eu seize ans accomplis.

SIMON.

Eh bien, quoi?

DON DIÉGO.

Et moi, quoique grâce à Dieu je sois très-robuste, et.... avec tout cela... mes cinquante-neuf ans.... il n'y a personne qui puisse me les ôter.

ACTE I, SCÈNE I.

SIMON.

Mais ce n'est pas de cela que je parle.

DON DIÉGO.

De quoi parles-tu donc?

SIMON.

Je disais que... Allons, ou vous n'achevez pas de vous expliquer, ou je vous entends au rebours... En somme, cette doña Paquita, avec qui se marie-t-elle?

DON DIÉGO.

Y sommes-nous maintenant? Avec moi.

SIMON.

Avec vous?

DON DIÉGO.

Avec moi.

SIMON.

Nous voilà bien d'accord!

DON DIÉGO.

Que dis-tu?... Allons... qu'est-ce?

SIMON.

Et moi qui croyais avoir deviné.

DON DIÉGO.

Que croyais-tu donc? à qui avais-tu pensé que je la destinais?

SIMON.

A don Carlos, votre neveu, garçon de mérite, instruit, excellent soldat, très-aimable sous tous les rapports... C'est pour lui que je pensais que vous réserviez la jeune personne.

DON DIÉGO.

Eh bien, pas du tout.

SIMON.

Eh bien, à la bonne heure.

DON DIÉGO.

Voyez quelle idée! je devais l'aller marier avec un autre... Qu'il étudie ses mathématiques.

SIMON.

Il les étudie aussi, ou pour mieux dire il les enseigne.

DON DIÉGO.

Qu'il se montre homme de courage, et...

SIMON.

Du courage! pouvez-vous demander plus de courage à un officier qui, dans la dernière guerre, avec un petit nombre de soldats qui osèrent le suivre, prit deux batteries, encloua les canons, fit quelques prisonniers, et revint au camp criblé de blessures et couvert de sang? Ah! vous avez été alors bien satisfait de la valeur de votre neveu, et je vous ai vu plus de quatre fois pleurer de joie quand le roi le récompensa avec le grade de lieutenant-colonel e une croix d'Alcantara.

DON DIÉGO.

Oui, sans doute, cela est vrai; mais ce n'est pas ce dont il s'agit. Je suis celui qui se marie.

SIMON.

Si vous êtes bien sûr qu'elle vous aime, si elle

n'est pas effrayée de la différence d'âge, si son choix est libre...

DON DIÉGO.

Comment ne le serait-il pas, et que gagnerait-on à me tromper? Tu as pu voir si la religieuse de Guadalaxara est une femme de jugement. Pour celle d'Alcala, quoique je ne la connaisse pas, je sais que c'est une dame pleine d'excellentes qualités : juge toi-même si dona Irène doit vouloir le bonheur de sa fille... Eh bien, toutes m'ont donné toutes les sûretés que je puis désirer. La domestique qui l'a servie à Madrid, et pendant plus de quatre ans au couvent, se répand en éloges sur elle, et surtout, elle m'a informé que jamais elle n'avait observé dans cette jeune personne la plus légère inclination pour aucun des hommes, peu nombreux à la vérité, qu'elle a pu voir dans cette retraite. Broder, coudre, lire des livres de dévotion, entendre la messe, courir dans le jardin après les papillons et jeter de l'eau dans les trous de fourmis, tels ont été ses occupations et ses plaisirs... Que dis-tu ?

SIMON.

Moi, rien, monsieur.

DON DIÉGO.

Et tu penses bien que, malgré tant de sûretés, je saisis les occasions qui se présentent pour gagner peu à peu son amitié et sa confiance, et pour obtenir qu'elle s'explique devant moi avec une liberté absolue... quoiqu'il y ait encore du temps... Seulement cette dona Irène est toujours à l'interrompre ;

il n'y a que pour elle à parler; et cependant c'est une bien bonne femme, bonne...

SIMON.

Enfin, monsieur, je désire que tout réussisse comme vous le souhaitez.

DON DIÉGO.

Oui, j'espère, avec l'aide de Dieu, que les choses ne finiront pas mal, quoique le futur ne soit pas trop de ton goût... Tu prenais bien ton temps pour me recommander monsieur mon neveu! Sais-tu que je suis bien fâché contre lui?

SIMON.

Qu'a-t-il donc fait?

DON DIÉGO.

Il a fait des siennes; et il n'y a que peu de jours que j'en ai été informé. L'année dernière, tu le sais, il fut deux mois à Madrid... et cette petite visite m'a coûté une bonne somme... Enfin c'est mon neveu, je n'y ai pas de regret; mais je viens au fait. Le moment arriva de retourner à Sarragosse, à son régiment...Tu dois te souvenir que très-peu de jours après son départ de Madrid, je reçus la nouvelle de son arrivée?

SIMON.

Oui, monsieur.

DON DIÉGO.

Et qu'il continua de m'écrire, bien qu'avec quelque inexactitude, toujours sous la date de Sarragosse?

SIMON.

Cela est vrai.

DON DIÉGO.

Eh bien, l'étourdi n'était pas dans cette ville quand il m'écrivait ces lettres.

SIMON.

Que me dites-vous ?

DON DIÉGO.

C'est comme cela. Le trois de juillet il partit de chez moi, et à la fin de septembre il n'était pas encore arrivé sous ses drapeaux... Ne trouves-tu pas que pour avoir voyagé en poste, il a fait une bien grande diligence ?

SIMON.

Il sera peut-être tombé malade en route, et pour ne pas vous donner d'inquiétude...

DON DIÉGO.

Rien de tout cela. Amours de monsieur l'officier, transports qui lui font perdre la tête... Probablement dans quelqu'une de ces villes... qui sait? S'il rencontre une paire d'yeux noirs, voilà un homme perdu... Que Dieu ne permette pas qu'il se laisse tromper par quelque coquine, de celles-là qui troquent l'honneur contre le mariage.

SIMON.

Oh! il n'y a rien à craindre... S'il trébuche auprès de quelque tricheuse d'amour, il faudra qu'elle soit bien habile pour le tromper.

DON DIÉGO.

Je crois que les voici... oui, grâce à Dieu. Va chercher le cocher, et dis-lui qu'il vienne pour que nous convenions de l'heure à laquelle nous partirons demain.

SIMON.

J'y vais.

DON DIÉGO.

Je t'ai dit que je ne veux pas que ceci transpire... tu t'en souviens ?

SIMON.

Il n'y a pas lieu de craindre que je le conte à personne.

(Il sort par la porte du fond. Les trois femmes entrent par la même porte avec leurs mantilles. Rita pose un mouchoir noué sur la table, prend les mantilles et les ploie.)

SCÈNE II.

DONA IRÈNE, DONA FRANCISCA, RITA, DON DIÉGO.

DONA FRANCISCA.

Nous voici arrivées.

DONA IRÈNE.

Ahi ! quel escalier !

DON DIÉGO.

Soyez les bienvenues, mesdames.

DONA IRÈNE.

Eh bien, à ce qu'il me paraît, vous n'êtes pas sorti ?

(Elle s'assied ainsi que don Diégo.)

DON DIÉGO.

Non, madame; tantôt, un peu plus tard, je ferai un petit tour dehors. J'ai lu un moment, j'ai essayé de dormir ; mais dans cette auberge on ne dort point.

DONA FRANCISCA.

Il est vrai... et quels cousins ! Maudits soient-ils ; la nuit dernière il ne m'ont pas laissée en repos !... Mais voyez (*elle délie le mouchoir et montre ce qu'indique le dialogue*), voyez combien de jolies choses j'apporte : des rosaires en nacre, des croix de cyprès, la règle de saint Benoît, un petit bénitier de cristal... voyez qu'il est joli ! deux cœurs de métal... que sais-je tout ce qu'il y a ici... Ah ! et une clochette de terre bénite pour le tonnerre.... **Mille choses !**

DONA IRÈNE.

Bagatelles que lui ont données les mères : elles étaient folles d'elle.

DONA FRANCISCA.

Comme elles m'aiment toutes ! Et ma tante, ma pauvre tante, elle pleurait tant.... elle se fait déjà vieille.

DONA IRÈNE.

Elle a beaucoup regretté de ne pas vous connaître.

DONA FRANCISCA.

Oui, c'est vrai ; elle disait : **Pourquoi ce monsieur n'est-il pas venu ?**

DONA IRÈNE.

Le père chapelain et le recteur nous ont accompagnées jusqu'à la porte.

DONA FRANCISCA.

Tiens (*elle renoue le mouchoir et le donne à Rita qui l'emporte ainsi que les mantilles, dans la cham-*

bre de dona Irène); serre-moi tout cela dans le grand panier. Regarde ; porte-le comme cela, bien légèrement... Ah ! mon Dieu ! tu viens déjà de casser la sainte Gertrude en sucre !

RITA.

N'importe, je la mangerai.

SCÈNE III.

DONA IRÈNE, DONA FRANCISCA, DON DIÉGO.

DONA FRANCISCA.

Rentrons-nous, maman, où restons-nous ici ?

DONA IRÈNE.

Tout à l'heure, mon enfant ; je veux me reposer un moment.

DON DIÉGO.

La chaleur s'est fait sentir aujourd'hui dans les formes.

DONA IRÈNE.

Et quelle fraîcheur il faisait dans ce parloir ! En vérité c'est un paradis.

DONA FRANCISCA. Elle s'assied près de sa mère.

Eh bien, avec tout cela, cette religieuse si grosse, qui s'appelle la mère Angoisses, suait bien fort.... Ah ! comme elle suait, la pauvre femme !

DON IRÈNE.

C'est ma sœur qui est une femme bien délicate !

elle a beaucoup souffert l'hiver dernier... Mais, en vérité, la bonne dame ne savait que faire pour témoigner son affection à sa nièce... Elle est très-contente de notre choix.

DON DIÉGO.

Je suis charmé qu'il soit aussi agréable à ces personnes auxquelles vous avez des obligations particulières.

DON IRÈNE.

Oui, Trinité est très-contente; et, quant à Circoncision, vous avez pu en juger par vous-même. Il lui en a coûté beaucoup pour se séparer de Paquita; mais elle a senti que, comme il s'agissait de son bien-être, il fallait se résigner sur tout cela. Et vous rappelez-vous comme elle a été affectueuse.

DON DIÉGO.

C'est vrai; tout ce qui manque, c'est que la partie intéressée éprouve la même satisfaction que manifestent tous ceux qui l'aiment.

DONA IRÈNE.

C'est une fille obéissante, et elle ne s'écartera jamais de ce que décide sa mère.

DON DIÉGO.

Tout cela est certain; mais....

DONA IRÈNE.

Elle est d'un bon sang; elle doit penser honnêtement; elle doit se conduire avec l'honneur qui lui appartient.

DON DIÉGO.

Oui, j'en conviens ; mais ne pourrait-elle pas, sans manquer à son honneur ni à son sang...

DONA FRANCISCA, se levant et se rasseyant ensuite.

Dois-je sortir, maman ?

DONA IRÈNE.

Elle ne le pourrait ; non, monsieur. Une jeune personne bien élevée, fille de parens honnêtes, ne peut se dispenser de se conduire, en toute occasion, selon les convenances et le devoir. Cette petite, telle que vous la voyez, est le portrait vivant de son aïeule (à qui Dieu fasse miséricorde), doña Géronima de Peralta... J'ai son portrait chez moi, et vous avez dû le voir. On le fit, selon ce qu'elle me racontait, pour l'envoyer à son oncle, le père Sérapion de Saint-Jean-Chrysostome, élu évêque de Méchoacan.

DON DIÉGO.

Ah !

DONA IRÈNE.

Et il mourut sur mer, ce bon religieux, ce qui fut une désolation pour toute la famille. Aujourd'hui même, nous sommes tous encore à regretter sa mort ; particulièrement mon cousin, don Cucufate, régidor perpétuel de Zamora, ne peut entendre parler de cet illustre prélat sans fondre en larmes.

DONA FRANCISCA.

Mon Dieu, les maudites mouches !...

DONA IRÈNE.

Enfin, il mourut en odeur de sainteté.

DON DIÉGO.

Ceci est une bonne chose.

DONA IRÈNE.

Oui monsieur; mais comme la famille est si déchue depuis ce temps... Que voulez-vous? là où il n'y a pas de richesses... Cependant, quoi qu'il puisse arriver, on s'occupe en ce moment d'écrire sa vie. Et qui sait si un de ces jours on ne l'imprimera pas, avec l'aide de Dieu.

DON DIÉGO.

Oui, sans doute; tout s'imprime aujourd'hui.

DONA IRÈNE.

Ce qu'il y a de certain, c'est que l'auteur, qui est neveu de mon beau-frère, le chanoine de Castroxeritz, y travaille sans relâche, et à l'heure qu'il est, il a déja écrit neuf tomes in-folio, qui comprennent les neuf premières années de la vie du saint évêque.

DON DIÉGO.

Comment? pour chaque année un tome?

DONA IRÈNE.

Oui, monsieur; c'est là le plan qu'il s'est proposé.

DON DIÉGO.

Et à quel âge mourut le vénérable prélat?

DONA IRÈNE.

A quatre-vingt-deux ans, trois mois et quatorze jours.

DONA FRANCISCA.

Je m'en vais, maman?

DONA IRÈNE.

Eh bien oui, va-t'en; bon Dieu! que tu es pressée.

DONA FRANCISCA.

Voulez-vous que je vous fasse une révérence à la française, monsieur Diégo.

DON DIÉGO.

Oui, ma fille; voyons.

DONA FRANCISCA.

Regardez; c'est comme cela.

DON DIÉGO.

Charmante enfant! Vive, vive la Paquita!

DONA FRANCISCA.

Pour vous une révérence, et pour maman un baiser.

SCÈNE IV.

DONA IRÈNE, DON DIÉGO.

DONA IRÈNE.

Elle est très-espiègle, très-étourdie.

DON DIÉGO.

Elle a une grâce naturelle qui enchante.

DONA IRÈNE.

Que voulez-vous? élevée sans artifice, et loin des séductions du monde, contente de se retrouver auprès de sa mère, et bien plus encore de se voir si prochainement établie; il n'est pas étonnant que tout ce qu'elle fait et dit paraisse aimable, surtout à vos yeux, vous qui lui montrez une si constante indulgence.

ACTE I, SCÈNE IV.

DON DIÉGO.

Je voudrais seulement qu'elle s'expliquât librement au sujet de notre union projetée, et...

DONA IRÈNE.

Vous entendriez les mêmes choses que je vous ai déjà dites.

DON DIÉGO.

Oui, je n'en doute pas; mais apprendre que je mérite d'elle quelque attachement, en le lui entendant dire de sa petite bouche si gracieuse, serait pour moi une satisfaction inappréciable.

DONA IRÈNE.

N'ayez pas, sur ce point, la plus légère défiance, et mettez-vous bien dans la tête qu'il n'est pas permis à une jeune fille de dire avec ingénuité ce qu'elle ressent. Il serait déplacé, monsieur Diégo, qu'une demoiselle ayant de la pudeur, et élevée comme Dieu l'ordonne, osât dire à un homme : Je vous aime.

DON DIÉGO.

Bien; si c'était un homme qu'elle trouvât par hasard dans la rue, et qu'elle lui décochât cette faveur à la première vue, assurément la demoiselle ferait fort mal; mais un homme avec qui elle doit se marier dans peu de jours, elle pourrait bien lui dire quelque chose qui... D'ailleurs, il y a certaines façons de s'expliquer...

DONA IRÈNE.

Avec moi, elle use de plus de franchise; à chaque instant nous parlons de vous, et elle manifeste

en tout l'affection particulière qu'elle a pour vous...
Avec quel jugement elle parlait hier soir, après que
vous fûtes vous coucher! je ne sais ce que j'aurais
donné pour que vous eussiez pu l'entendre.

DON DIÉGO.

Comment! elle parlait de moi?

DONA IRÈNE.

Et qu'elle pense bien, au sujet de la préférence
que doit donner une créature jeune comme elle à
un mari d'un certain âge, ayant de l'expérience,
mûr et d'une conduite...

DON DIÉGO.

Bah! elle disait cela.

DONA IRÈNE.

Non; c'est moi qui le lui disais, et elle m'écoutait
avec une attention! comme pourrait le faire une
femme de quarante ans, la même chose... Oh! je
lui ai dit de bonnes choses... et elle, qui a beaucoup
de pénétration, quoiqu'il soit mal à moi de le dire....
Çà, n'est-ce pas une pitié, monsieur, de voir comme
se font les mariages au jour d'aujourd'hui? on marie une enfant de quinze ans avec un chiffon de dix-huit ans, ou bien une de dix-sept avec un autre de
vingt-deux: elle, enfant sans jugement ni expérience, et lui, enfant aussi, sans aucune idée de
sagesse, ni connaissance de ce que c'est que le
monde. Eh bien! monsieur (car c'est là ce que je
voulais vous dire), qui gouvernera la maison? qui
commandera aux domestiques? qui instruira et corrigera les enfans? car il arrive aussi que ces étour-

dis de jeunes gens ont coutume d'être affligés en un instant d'une quantité d'enfans qui fait compassion.

DON DIÉGO.

Certainement, c'est une douleur de voir entourés d'enfans, beaucoup de gens qui manquent du talent, de l'expérience et de la vertu nécessaires pour diriger leur éducation.

DONA IRÈNE.

Ce que je puis vous dire, c'est que je n'avais pas encore dix-neuf ans accomplis quand je me mariai en premières noces avec mon défunt, don Épifanio, à qui Dieu fasse paix. Et c'était un homme tel que, sans faire tort au temps présent, il n'est pas possible d'en trouver un plus respectable, plus rempli d'honneur, et en même temps plus gai et plus agréable dans la conversation. Eh bien, pour vous servir, il avait les cinquante-six bien comptés quand il se maria avec moi.

DON DIÉGO.

Bon âge... Ce n'était pas un enfant; mais...

DON IRÈNE.

C'est où je vais en venir... Ce qui pouvait me convenir à cette époque, ce n'était pas un novice, un morveux... Non, monsieur; et ce n'est pas à dire pour cela qu'il fût maladif, ni d'une santé ruinée; rien de tout cela. Il était sain, grâces à Dieu, comme une pomme, et il ne connut en sa vie d'autre mal qu'une espèce d'épilepsie qui se faisait sentir de temps en temps; mais, lorsque nous fûmes mariés, les attaques devinrent si fréquentes et si fortes, qu'au bout de sept mois je me trouvai veuve et enceinte d'une pauvre petite créature qui naquit ensuite, et qui finit par mourir de la rougeole.

DON DIÉGO.

Diantre.. voyez donc; ce bon don Épifanio laissa de la postérité.

DONA IRÈNE.

Oui monsieur; pourquoi pas?

DON DIÉGO.

Je le dis, parce qu'il y en a ensuite qui s'imaginent... Ce n'est pas que si quelqu'un devait faire cas... Et fut-ce un garçon, ou une fille?

DONA IRÈNE.

Un garçon charmant; un véritable petit ange blanc comme l'argent.

DON DIÉGO.

Assurément c'est une douceur d'avoir ainsi une petite créature qui....

DONA IRÈNE.

Ah! monsieur! ils font passer de mauvais momens; mais qu'importe? c'est un grand plaisir, bien grand!

DON DIÉGO.

Je le crois.

DONA IRÈNE.

Oui, monsieur.

DON DIÉGO.

On sent bien qu'il doit être délicieux de...

DONA IRÈNE.

Comment cela ne serait-il pas ainsi?

DON DIÉGO.

Quel charme de les voir jouer et rire, de les embrasser, et de mériter leurs petites caresses innocentes !

DONA IRÈNE.

Fils de ma vie ! j'en ai eu vingt-deux des trois mariages que j'ai contractés jusqu'à ce jour, et d'un si grand nombre, j'en suis venue à ne conserver que cette jeune fille ; mais je vous assure que...

SCÈNE V.

DONA IRÈNE, DON DIÉGO ; SIMON, entrant par la porte du fond.

SIMON.

Monsieur, le cocher attend.

DON DIÉGO.

Dis-lui que j'y vais... Ah ! donne-moi d'abord mon chapeau et ma canne, je voudrais faire un tour dehors. Ah çà ! je suppose que nous partirons d'assez bonne heure ?

DONA IRÈNE.

Il n'y a pas de difficulté ; à l'heure qui vous conviendra.

DON DIÉGO.

Sur les six heures, n'est-ce pas ?

DONA IRÈNE.

Fort bien.

DON DIÉGO.

Nous aurons le soleil dans le dos... Je dirai au cocher de venir une demi-heure avant.

DONA IRÈNE.

Oui ; il y a toujours mille choses à arranger.

SCÈNE VI.

DONA IRÈNE, RITA.

DONA IRÈNE.

Dieu me pardonne! maintenant que j'y pense... Rita!... On me l'aura laissé mourir... Rita!

RITA.

Madame.

(Elle porte des draps et des oreillers sous le bras)

DONA IRÈNE.

Qu'as-tu fait de la grive? lui as-tu donné à manger ?

RITA.

Oui, madame ; elle a mangé plus qu'une autruche. Je l'ai mise là sur la fenêtre du corridor.

DONA IRÈNE.

As-tu fait les lits.

RITA.

Le vôtre est fait. Je vais faire les autres avant que la nuit vienne, parce qu'autrement, comme il n'y a pas d'autre lumière dans la maison que la lampe de la cuisine, qui n'a pas même de crochet, ce serait à s'y perdre.

DONA IRÈNE.

Que fait ma fille?

RITA.

Elle est à émietter un biscuit pour donner à souper à don Periquito.

DONA IRENE.

Quelle paresse j'ai d'écrire! Mais il le faut; car la pauvre Circoncision doit être bien inquiète.

(Elle rentre dans sa chambre.)

RITA.

Quelles niaiseries! il n'y a pas deux heures, pour ainsi dire, que nous sommes parties, et voilà déjà les courriers qui commencent à aller et venir. Pour moi, je n'aime guère ces femmes hypocrites et faiseuses de protestations.

(Elle entre dans la chambre de dona Francisca.)

SCÈNE VII.

CALAMOCHA entre par la porte du fond, portant des porte-manteaux qu'il pose sur la table. Il a un fouet et des bottes. Il s'assied.

Ah çà, ce doit être ici le numéro 3. Allons, heureusement que je le vois, ce fameux numéro 3. Il n'y a pas dans le cabinet d'histoire naturelle une collection d'insectes plus complète, et en vérité je crains d'entrer.... Ahi! ahi! et quelles douleurs de rhumatisme! Ah, oui! pour le coup, c'est du rhumatisme. Patience, pauvre Calamocha, patience.... et heureusement encore que les chevaux ont dit:

34 LE OUI DES JEUNES FILLES,

Nous n'en pouvons plus ; autrement pour cette fois je n'aurais vu ni le numéro 3, ni les plaies de Pharaon qu'il renferme... Enfin, pourvu que ces pauvres bêtes soient en vie demain matin, ce ne sera pas malheureux. Ils sont sur les dents... (*Rita chante dans sa chambre. Calamocha se lève en se plaignant.*) Tiens!... des séguedilles? Elle ne chante pas mal..... Allons, voici une aventure..... Ahi! je suis éreinté!

SCÈNE VIII.

RITA, CALAMOCHA.

RITA.

Il vaut mieux fermer, afin qu'on ne nous débarrasse pas de nos effets. (*Elle s'efforce d'ôter la clef.*) Voilà assurément une clef bien conditionnée!

CALAMOCHA.

Voulez-vous que je vous aide un peu, ma vie?

RITA.

Grand merci, mon cœur.

CALAMOCHA.

Eh!... Rita!

CALAMOCHA.

Calamocha!

CALAMOCHA.

Singulière rencontre!

RITA.

Et ton maître?

CALAMOCHA.

Nous arrivons tous deux à l'instant.

RITA.

Vraiment?

CALAMOCHA.

Je plaisante peut-être! à peine reçut-il la lettre de dona Paquita, je ne sais où il alla, ni à qui il parla, ni les arrangemens qu'il prit; tout ce que je puis te dire, c'est que le soir même nous partîmes de Sarragosse. Nous avons fait la route avec la rapidité de l'éclair; nous arrivons ce matin à Guadalaxara, et les premières recherches nous apprennent que les oiseaux sont envolés : à cheval aussitôt, et nous voilà encore courant, suant et faisant claquer nos fouets... En somme, les chevaux rendus, et nous ne valant guère mieux, nous nous sommes arrêtés ici, dans l'intention de partir demain. Mon lieutenant est allé au grand collége pour voir un ami, pendant qu'on prépare à souper.... Voilà toute l'histoire.

RITA.

Ton maître est donc près de nous?

CALAMOCHA.

Et plus amoureux que jamais, jaloux, voulant tout tuer.... décidé à couper le sifflet à tous ceux qui lui disputeraient la possession de sa maîtresse idolâtrée.

RITA.

Que dis-tu?

CALAMOCHA.

Ni plus ni moins.

RITA.

Quel plaisir tu me fais! C'est maintenant qu'on voit s'il l'aime.

CALAMOCHA.

Aimer!... Bagatelle! le Maure Gazul ne fut près de lui qu'un pleutre, Médor, qu'un faquin et Gayferos qu'un écolier.

RITA.

Ah! quand mademoiselle le saura!

CALAMOCHA.

Mais finissons. Comment te trouvé-je ici? avec qui es-tu? quand es-tu arrivée? que....

RITA.

Je vais te le dire. La mère de dona Paquita commença, il y a quelque temps, à nous écrire lettres sur lettres, en disant qu'elle avait arrangé son mariage à Madrid avec un cavalier riche, estimé, en un mot, plein de qualités et de perfections, et le meilleur parti qu'on pût désirer. Mademoiselle, poursuivie par de telles propositions, et assaillie sans relâche par les sermons de cette bienheureuse religieuse, se vit dans la nécessité de répondre qu'elle était prête à faire tout ce qu'on lui ordonnerait.... Mais je ne puis t'exprimer combien la pauvre enfant pleura, combien elle fut affligée. Elle ne voulait manger ni ne pouvait dormir..... et en même temps il fallait dissimuler pour que sa tante ne soupçonnât pas la vérité. Tant y a que le premier effroi passé, il fallut chercher des moyens et des expédiens, et nous n'en trouvâmes pas d'autre que d'avertir ton maître, espérant que si son amour était aussi sincère et aussi loyal qu'il nous l'avait juré, il ne consentirait pas à voir sa pauvre Paquita passer au pouvoir d'un inconnu et à perdre pour toujours tant de caresses, tant de larmes et de soupirs étouffés entre les murs de la cour du couvent. A peine la lettre était-elle partie pour sa destination, arrivent le carrosse avec son attelage, le cocher Gasparet avec ses bas bleus, et la mère et le futur qui viennent la chercher. Nous rassemblons précipitamment nos effets, on attache les malles, nous prenons congé de ces bonnes femmes, et en deux coups de fouet nous arrivons avant-hier à Alcala. Nous nous y sommes arrêtés pour que mademoiselle allât voir une autre tante religieuse qu'elle a ici et qui est aussi ridée, aussi sourde que celle que nous avons quittée. Elle l'a vue, toutes les religieuses ont eu le temps de la baiser une à une, et je crois que demain de bonne heure nous partirons. Par cette rencontre, nous....

CALAMOCHA.

Oui, n'en dis pas davantage.... Mais.... le futur est-il dans cette auberge?

RITA.

Voilà sa chambre, voilà celle de la mère, et voici la nôtre.

CALAMOCHA.

Comment, la nôtre, à toi et à moi?

RITA.

Non certainement. C'est là que nous passerons la nuit, mademoiselle et moi, car hier nous nous étions mises toutes trois dans la chambre en face;

à peine était-elle assez grande pour que nous pussions y tenir debout, et il n'y eut pas possibilité de dormir un instant, ni même de respirer.

CALAMOCHA.

Bien.... Adieu.

(Il reprend les effets comme pour s'en aller.)

RITA.

Et où vas-tu ?

CALAMOCHA.

Je sais ce que j'ai à faire..... Mais le futur a-t-il amené avec lui des domestiques, des amis ou des parens pour parer la première botte qui le menace ?

RITA.

Il a un domestique avec lui.

CALAMOCHA.

C'est peu de chose.... Écoute, dis-lui par charité qu'il fasse ses dispositions, car il est en danger. Adieu.

RITA.

Reviendras-tu bientôt ?

CALAMOCHA.

Je le suppose. Ces sortes d'affaires demandent de la diligence, et quoique à peine je puisse me remuer, il faut que mon lieutenant finisse sa visite et vienne un peu soigner son bien, disposer l'enterrement de cet homme, et... Ah çà! voilà notre chambre, n'est-ce pas?

RITA.

Oui, à mademoiselle et à moi.

CALAMOCHA.

Friponne!

RITA.

Adieu, étourdi.

CALAMOCHA.

Adieu, abhorrée.

(Il entre avec les effets dans la chambre destinée à don Carlos.

SCÈNE IX.

DONA FRANCISCA, RITA.

RITA.

Qu'il est mauvais sujet!.... Mais.... Dieu me pardonne! Don Félix ici! C'est maintenant qu'on voit s'il l'aime! Oh! on a beau dire, il y en a de bien sincères, et alors que peut faire une femme?... Les aimer, il n'y a pas de remède; les aimer!... Mais que dira mademoiselle quand elle le verra, elle qui n'a d'yeux que pour lui? Pauvre petite! Ne serait-ce pas dommage que.... La voilà.

DONA FRANCISCA.

Ah! Rita!

RITA.

Qu'y a-t-il? Vous avez pleuré?

DONA FRANCISCA.

N'ai-je donc pas sujet de pleurer? Si tu voyais ma mère.... elle veut absolument que j'aime beaucoup cet homme.... Si elle savait ce que tu sais, elle ne m'ordonnerait pas l'impossible; toujours à me dire qu'il est si bon, et qu'il est si riche, et que je serai si heureuse avec lui..... Elle s'est mise en colère et m'a appelée mauvais sujet, désobéissante..... Malheureuse que je suis! parce que je ne mens pas et que je ne sais pas feindre, on m'appelle mauvais sujet.

RITA.

Mademoiselle, pour Dieu, ne vous affligez pas.

DONA FRANCISCA.

On voit bien que tu ne l'as pas entendue.... Elle dit que don Diégo se plaint de ce que je ne lui dis rien... Je lui parle pourtant beaucoup, et j'ai bien tâché jusqu'à présent de me montrer contente devant lui, quoique bien certainement je ne le sois pas, de rire, de dire des enfantillages.... et le tout pour faire plaisir à ma mère, car sinon...... Mais la Vierge sait bien que tout cela ne part pas du cœur.

RITA.

Allons, allons, il n'y a pas encore de motifs pour tant de tristesse. Qui sait?.... ne vous rappelez-vous plus ce jour de fête que nous eûmes l'année dernière dans la maison de campagne de l'intendant?

DONA FRANCISCA.

Ah! comment pourrais-je l'oublier?.... Mais que vas-tu me conter?

RITA.

Je veux dire que ce cavalier que nous y vîmes avec cette croix verte, si galant, si tendre....

DONA FRANCISCA.

Que de détours! Don Félix. Eh bien?

ACTE I, SCÈNE IX.

RITA.

Qui nous accompagna jusqu'à la ville....

DONA FRANCISCA.

Oui..... et ensuite il revint et je le vis, pour mon malheur, maintes fois.... mal conseillée par toi.

RITA.

Pourquoi, mademoiselle? à qui avons-nous causé du scandale? Jusqu'à présent, personne ne l'a soupçonné dans le couvent. Il n'en a jamais passé les portes; et quand, pendant la nuit, il causait avec vous, il y avait entre vous deux une distance si grande, que vous l'avez maudite plus d'une fois.... Mais ce n'est pas de cela qu'il s'agit; ce que j'ai à vous dire, c'est qu'il n'est pas possible qu'un amant comme celui-là oublie si vite sa chère Paquita.... Songez donc que tout ce que nous avons lu à la dérobée dans les romans, n'équivaut pas à ce que nous avons vu en lui.... Vous rappelez-vous ces trois coups dans la main qui s'entendaient entre onze heures et minuit, et cette guitare pincée avec tant de délicatesse et d'expression?

DONA FRANCISCA.

Ah! Rita! si je me rappelle tout cela! Tant que je vivrai, j'en conserverai la mémoire.... Mais il est absent.... et occupé peut-être par d'autres amours.

RITA.

Pour cela, je ne puis le croire.

DONA FRANCISCA.

Il est homme enfin, et tous les hommes...

RITA.

Quelle folie! détrompez-vous, mademoiselle; avec les hommes et les femmes, il arrive la même chose qu'avec les melons. Il y en a de toutes les sortes; la difficulté est de savoir les choisir. Que celui qui joue de malheur dans son choix, se plaigne de son mauvais sort, mais qu'il ne décrédite pas la marchandise.... Il y a des hommes bien imposteurs, bien perfides; mais il n'est pas probable qu'il soit tel, lui qui a donné des preuves si réitérées de persévérance et d'amour : les conversations sur la terrasse et les entrevues nocturnes ont duré trois mois, et dans tout ce temps, vous savez bien que nous ne vîmes de lui aucune action répréhensible, ni n'entendîmes sortir de sa bouche une parole hardie ou déplacée.

DONA FRANCISCA.

Il est vrai; c'est pour cela que je l'aimais tant, c'est pour cela qu'il est si bien fixé là (*montrant son cœur*) : qu'aura-t-il dit en lisant la lettre?.. Oh! je sais bien ce qu'il aura dit.... Mon Dieu! c'est dommage, assurément. Pauvre Paquita!.. et voilà tout... il n'en aura pas dit plus.... rien de plus...

RITA.

Non, mademoiselle, il n'a pas dit cela.

DONA FRANCISCA.

Qu'en sais-tu?

RITA.

Je le sais bien. A peine aura-t-il lu la lettre, il se

sera mis en route et aura volé près de son amie, pour la consoler.... Mais....

(Elle s'approche de la chambre de dona Irène.)

DONA FRANCISCA.

Où vas-tu?

RITA.

Je veux voir si....

DONA FRANCISCA.

Elle est à écrire.

RITA.

Elle sera bientôt obligée de cesser, car il commence à faire nuit.... Mademoiselle, ce que je vous ai dit est la pure vérité. Don Félix est déjà à Alcala.

DONA FRANCISCA.

Que dis-tu? ne me trompe pas.

RITA.

Voilà sa chambre..... Calamocha vient de me parler.

DONA FRANCISCA.

Vraiment?

RITA.

Oui, mademoiselle, il est allé le chercher pour...

DONA FRANCISCA.

Il m'aime donc!... Ah! Rita! vois si nous avons bien fait de l'avertir.... Mais vois-tu quelle tendresse?.... sera-t-il arrivé en bonne santé? Courir pendant une si longue route, seulement pour me voir.... parce que je le lui ordonne... Quelle reconnaissance je lui dois!... Oh! je lui promets qu'il ne se plaindra pas de moi. Pour toujours, reconnaissance et amour !

RITA.

Je vais chercher des lumières. Je tâcherai de m'arrêter en bas, jusqu'à ce qu'ils reviennent. Je verrai ce qu'il dit et ce qu'il pense faire, parce que nous trouvant tous ici, il pourrait y avoir quelque diablerie entre la mère, la fille, le futur et l'amant; et si nous engageons mal cette contredanse, nous pourrons nous y perdre.

DONA FRANCISCA.

Tu as raison... Mais non, il a de l'esprit, de la résolution, et saura déterminer ce qui convient le mieux... Et comment m'avertiras-tu ? songe qu'aussitôt qu'il arrivera, je veux le voir.

RITA.

Il n'y a pas à s'inquiéter, je l'amènerai par-ici, et quand je ferai entendre cette petite toux sèche..... vous comprenez ?

DONA FRANCISCA.

Oui, bien.

RITA.

Alors vous n'aurez qu'à prendre quelque excuse pour sortir. Je resterai avec la vieille dame ; je lui parlerai de tous ses maris et de ses beaux-frères, et de l'évêque qui est mort sur mer.... D'ailleurs don Diégo est là.

DONA FRANCISCA.

Bien, va, et aussitôt qu'il arrivera...

RITA.

A l'instant....

ACTE I, SCÈNE IX.

DONA FRANCISCA.

Surtout n'oublie pas de tousser.

RITA.

Ne craignez pas.

DONA FRANCISCA.

Si tu voyais combien je suis rassurée !

RITA.

Sans que vous le juriez, je le crois.

DONA FRANCISCA.

Te souviens-tu, quand il me disait qu'il était impossible de m'éloigner de sa mémoire, qu'il n'y avait pas de dangers qui pussent l'arrêter, ni d'obstacles qu'il ne fût prêt à surmonter pour moi ?

RITA.

Oui, je m'en souviens bien.

DONA FRANCISCA.

Ah !... eh bien ! vois comme il m'a dit la vérité.

(Elle entre dans la chambre de dona Irène. Rita sort par la porte du fond.)

FIN DU PREMIER ACTE.

ACTE DEUXIÈME.

SCÈNE PREMIÈRE.

Le théâtre s'obscurcit peu à peu jusqu'au commencement de la scène troisième; où il recommence à être éclairé.

DONA FRANCISCA seule.

Personne ne paraît encore. (*Elle s'approche de la porte du fond et revient.*) Quelle impatience j'éprouve! et ma mère dit que je suis une enfant, que je ne pense qu'à jouer et rire, et que je ne sais ce que c'est que l'amour..... Oui, dix-sept ans pas encore accomplis; mais je sais déjà ce que c'est qu'aimer bien, et l'inquiétude et les larmes qu'il en coûte.

SCÈNE II.

DONA IRÈNE, DONA FRANCISCA.

DONA IRÈNE.
Vous m'avez laissée là seule et dans l'obscurité.

DONA FRANCISCA.
Comme vous étiez à finir votre lettre, maman,

pour ne pas vous déranger, je suis venue ici. Il y fait d'ailleurs beaucoup plus frais.

DONA IRÈNE.

Mais cette fille, que fait-elle? pourquoi n'apporte-t-elle pas une lumière? Pour la moindre chose, elle reste une année..... et moi qui ai un caractère vif comme la poudre.... enfin à la volonté de Dieu... Et don Diégo n'est pas venu?

DONA FRANCISCA.

Je crois que non.

DONA IRÈNE.

Réfléchis bien, ma fille, à ce que je t'ai dit, et songe que je n'aime pas à répéter une chose deux fois : ce monsieur est fâché, et avec grande raison...

DONA FRANCISCA.

Bien; oui madame, je le sais : ne me grondez pas davantage.

DONA IRÈNE.

Ceci n'est point te gronder, ma fille, c'est te conseiller. Comme tu n'as pas assez de jugement pour apprécier le bien qui nous est tombé des nues.... et le besoin que j'en avais; car je ne sais ce que serait devenue ta pauvre mère... toujours malade ou convalescente.... Les médecins, la pharmacie.... Quand on songe que ce bourreau de don Bruno (Dieu veuille le couronner de gloire) se permettait de demander vingt et trente réaux pour chaque cornet de pilules de coloquinte et d'assa-fétida!... Sais-tu qu'un mariage comme celui que tu vas faire ne se rencontre pas souvent? Bien que ce soit les oraisons de tes tantes, véritables saintes, que nous devions remercier de cette fortune, et non ton mérite ni les peines que j'ai prises...Que dis-tu?

DONA FRANCISCA.

Moi, rien.

DONA IRÈNE.

Tu ne dis donc jamais rien? Dieu me soit en aide, ma fille.... En te parlant de cela, il ne te vient rien à dire!

SCÈNE III.

RITA, entrant par la porte du fond, avec des lumières qu'elle pose sur la table; DONA IRÈNE, DONA FRANCISCA.

DONA IRÈNE.

Allons donc, femme; j'ai cru que de toute la nuit tu ne viendrais pas.

RITA.

Madame, j'ai tardé parce qu'il a fallu qu'on allât acheter les chandelles. Comme l'odeur de la lampe vous fait tant de mal...

DONA IRÈNE.

Assurément elle me fait prodigieusement de mal; avec cette migraine dont je souffre.... J'ai fini par être obligée de renoncer aux emplâtres de camphre; ils ne m'ont fait aucun bien. Je crois que les oublies me réussissent mieux... Écoute, laisse une lumière ici, prends l'autre, va dans ma chambre, et ferme les rideaux, pour qu'elle ne se remplisse pas de cousins.

ACTE II, SCÈNE III.

RITA.

C'est bon.

(Elle prend une lumière, et s'avance vers la chambre.)

DONA FRANCISCA, bas à Rita.

Il n'est pas venu?

RITA.

Il viendra.

DONA IRÈNE.

Écoute; cette lettre qui est sur la table, donne-la au garçon d'auberge, pour qu'il la porte de suite à la poste (*Rita sort*); et toi, ma fille, que veux-tu prendre à souper? car il faudra nous coucher de bonne heure, pour partir demain du matin.

DONA FRANCISCA.

Comme les religieuses m'ont fait goûter...

DONA IRÈNE.

Avec tout cela... si tu voulais un potage, pour te soutenir l'estomach. (*Rita rentre avec une lettre à la main.*) Écoute, fais chauffer le bouillon que nous avons gardé du dîner, fais-nous deux tasses de soupe, et apporte-les aussitôt qu'elles seront prêtes.

RITA.

Et rien de plus?

DONA IRÈNE.

Non, rien de plus... Ah!.. et aie soin qu'elle soit chauffée bien à point.

RITA.

Oui, je sais bien.

DONA IRÈNE.

Rita!

Théâtre de Moratin.

RITA.

Encore! que voulez-vous?

DONA IRÈNE.

Recommande bien au garçon de porter la lettre à l'instant... Mais, non, non; il vaut mieux... Je ne veux pas que ce soit lui qui la porte, car ce sont des ivrognes sur lesquels on ne peut pas.... Il faut que tu dises à Simon que je le prie de me faire le plaisir de la jeter dans la boîte, entends-tu?

RITA.

Oui, madame.

DONA IRÈNE.

Ah! écoute.

RITA.

Encore.

DONA IRÈNE.

Quoique maintenant cela ne presse pas... il faut que tout à l'heure tu ôtes la grive de ma chambre, que tu l'accroches par-ici, de manière à ce qu'elle ne tombe pas, et ne se fasse pas de mal. (*Rita sort.*) Quelle mauvaise nuit elle m'a fait passer! Est-ce que ce pauvre animal n'a pas été toute la sainte nuit à réciter le *Gloria patri* et l'oraison du Saint Suaire!.. D'un autre côté, cela était édifiant assurément.... mais quand on veut dormir...

SCÈNE IV.

DONA IRÈNE, DONA FRANCISCA.

DONA IRÈNE.

Il paraît que don Diégo aura fait quelque rencontre qui le retient dehors. C'est un homme bien prudent, bien ponctuel.... et si bon chrétien! si attentif! si sage dans ses discours! Et avec quelle noblesse et quelle générosité il se comporte! Voilà ce que c'est.... un homme ayant du bien et des moyens.... Et quelle maison il a! il la maintient brillante comme l'or! c'est une bien bonne chose. Quel linge blanc! quelle batterie de cuisine! et quel office plein de tout ce que Dieu a créé!.. Mais, toi... il me semble que tu ne fais pas attention à ce que je dis.

DONA FRANCISCA.

Si, madame; je vous écoute; mais je ne voulais pas vous interrompre.

DONA IRÈNE.

Tu seras là, ma fille, comme le poisson dans l'eau; les oiseaux de l'air, tu n'aurais qu'à les désirer pour les avoir; car il t'aime tant, et c'est un cavalier si plein d'honneur et de la crainte de Dieu!... Mais, dis-donc, Francisca, sais-tu que je me fatigue de voir que toutes les fois que je te parle de cela, tu te donnes un air de ne pas me répondre un mot... C'est vraiment une chose bien particulière, mademoiselle!

DONA FRANCISCA.

Maman, ne vous fâchez pas.

DONA IRÈNE.

Ce n'est pas à bonne intention que tu... Et crois-tu que je ne sache pas fort bien d'où vient tout cela? ne vois-tu pas que je connais les folies dont on t'a rempli cette tête de linotte? Dieu me pardonne....

DONA FRANCISCA.

Mais, que savez-vous donc?

DONA IRÈRE.

Est-ce que tu veux me tromper, moi? Ah! ma fille, j'ai trop vécu, j'ai trop d'expérience et de pénétration pour que tu me trompes!

DONA FRANCISCA, à part.

Je suis perdue.

DONA IRÈNE.

Sans consulter sa mère!... comme si elle n'avait pas de mère... Je t'assure que, lors même que cette occasion ne se serait pas présentée, de toute manière, il était bien nécessaire de te retirer du couvent; quand j'aurais dû faire la route seule et à pied, je t'en aurais retirée... Voyez quel beau jugement de fillette! parce qu'elle a demeuré un peu de temps avec des religieuses, ne voilà-t-il pas qu'elle s'est mis dans la tête d'être religieuse aussi! sans rien y connaître et sans... Dans tous les états, on sert Dieu, Paquita; mais complaire à sa mère, la secourir, vivre près d'elle et être la consolation de ses peines, voilà la première obligation d'une fille obéissante; sachez-le, si vous ne le savez pas.

DONA FRANCISCA.

Cela est vrai, maman... Mais je n'ai jamais pensé à vous abandonner.

DONA IRÈNE.

Oui, tu crois que je ne sais pas...

DONA FRANCISCA.

Non, madame, croyez-moi : Paquita ne se séparera jamais de sa mère, et ne lui causera jamais de chagrins.

DONA IRÈNE.

Pense bien, si ce que tu dis est certain.

DONA FRANCISCA.

Oui madame; je ne sais pas mentir.

DONA IRÈNE.

Eh bien, ma fille, tu sais ce que je t'ai dit; tu vois ce que tu perds, et la douleur que tu me causerais, si tu ne te conduis pas en tout comme il convient... Prends-y garde.

DONA FRANCISCA, à part.

Malheureuse que je suis!

SCÈNE V.

DON DIÉGO, DONA IRÈNE, DONA FRANCISCA.

DONA IRÈNE.

Ah! pourquoi donc si tard?

DON DIÉGO.

A peine sortais-je que je rencontrai le père gardien de Saint-Diégo, et le docteur Padilla, et ce n'est qu'après m'avoir bien régalé de chocolat et de petits gâteaux qu'ils ont consenti à me laisser aller... Et ici, comment tout va-t-il?

(Il s'assied près de dona Irène.)

DONA IRÈNE.

Fort bien.

DON DIÉGO.

Et dona Paquita?

DONA IRÈNE.

Dona Paquita est toujours à penser à ses religieuses. Je lui dis, moi, qu'il est temps de changer de batterie et de penser seulement à satisfaire sa mère et à lui obéir.

DON DIÉGO.

Que diantre! elle pense tant à...

DONA IRÈNE.

Pourquoi en être surpris? ce sont des jeunes filles.... qui ne savent ce qu'elles aiment ni ce qu'elles haïssent. Dans un âge comme celui-là, si...

DON DIÉGO.

Non, doucement, il n'en est pas ainsi. Précisément dans cet âge les passions sont beaucoup plus énergiques et plus prononcées que dans le nôtre; et comme la nature se trouve encore imparfaite et faible, les mouvemens du cœur sont d'autant plus violens. (*Il prend la main de dona Paquita, et la fait asseoir près de lui.*) Mais vraiment, dona Paquita, retourneriez-vous au couvent avec plaisir?.. la vérité.

DONA IRÈNE

Mais si elle ne...

DON DIÉGO.

Laissez-la, madame; elle répondra.

DONA FRANCISCA, à sa mère.

Vous savez ce que je viens de vous dire.... Dieu me préserve de vous causer du chagrin.

DON DIÉGO

Mais vous dites cela d'un air si affligé et....

DONA IRÈNE.

Cela est naturel, monsieur; ne voyez-vous pas que....

DON DIÉGO.

Taisez-vous, pour Dieu, dona Irène, et ne me dites pas à moi que cela est naturel : ce qui est naturel, c'est que cette enfant soit pleine de crainte, et n'ose pas dire un mot qui soit en opposition avec ce que sa mère veut qu'elle dise... Mais si elle était libre, sur ma vie, nous saurions à quoi nous en tenir.

DONA FRANCISCA.

Non, monsieur ; ce que dit ma mère, je le dis aussi, la même chose ; parce qu'en tout ce qu'elle commande je lui obéirai.

DON DIÉGO.

Commander, ma fille !... Sur des matières si délicates, les parens qui ont du jugement ne commandent pas ; ils insinuent, ils proposent, ils conseillent : cela est bien, tout cela est excellent ; mais commander !... Et qui peut éviter ensuite les résultats de pareils ordres ?... Combien de fois voyons-nous des mariages malheureux, des unions monstrueuses, accomplis seulement parce qu'un père insensé s'est obstiné à commander lorsqu'il ne l'aurait pas dû ?.. Combien de fois une malheureuse femme trouve-t-elle une mort anticipée dans l'enceinte d'un cloître, parce que sa mère ou son oncle ont voulu absolument gratifier Dieu de ce que Dieu ne voulait pas ? Non, non, cela ne doit pas être ainsi... Écoutez, dona Paquita, je ne suis pas de ces hommes qui se dissimulent leurs défauts. Je sais que ni ma figure ni mon âge ne sont propres à amouracher éperdument qui que ce soit ; mais je n'ai pas non plus cru impossible qu'une jeune personne, judicieuse et bien élevée, parvînt à m'aimer de cet amour constant et tranquille qui ressemble tant à l'amitié, et qui est le seul par lequel les mariages puissent être heureux. Pour l'obtenir, je n'ai été chercher aucune fille de famille, de celles qui vivent dans une liberté décente.... décente ; car je n'inculpe point ce qui ne s'oppose pas à l'exercice de la vertu.

ACTE II, SCÈNE V.

Mais quelle serait, entre elles toutes, celle qui ne serait pas déjà prévenue en faveur d'un autre amant plus aimable que moi? Et dans Madrid, figurez-vous dans un Madrid!... plein de ces idées, je pensai que peut-être je trouverais en vous tout ce que je désirais.

DONA IRÈNE.

Et vous pouvez croire, monsieur Diégo, que....

DON DIÉGO.

Je vais finir, madame, laissez-moi finir. Je ne mets aucunement en doute, ma chère Paquita, l'influence qu'ont dû avoir sur une jeune fille ayant des inclinations aussi honnêtes, les saintes coutumes que vous avez vu pratiquer dans cet innocent asile de la dévotion et de la vertu; mais si malgré tout cela, l'imagination échauffée, des circonstances imprévues, vous avaient fait choisir un sujet plus digne, sachez que je ne veux rien avec violence. Je suis franc : mon cœur et ma langue ne se contredisent jamais; c'est ce que je vous demande aussi, Paquita : sincérité entière. L'attachement que j'ai pour vous ne doit pas faire votre malheur... Votre mère n'est pas capable de vouloir une injustice ; elle sait très-bien qu'on ne rend personne heureux par force. Si vous ne trouvez pas en moi des qualités qui vous plaisent, si vous avez dans le cœur quelque autre petit sentiment, croyez-moi, la moindre dissimulation sur ce point nous causerait à tous de bien grands chagrins.

DONA IRÈNE.

Puis-je parler, maintenant, monsieur?

DON DIÉGO.

Elle, elle doit parler, et sans souffleur ni interprète.

DONA IRÈNE.

Quand je le lui ordonnerai.

DON DIÉGO.

En ce cas, vous pouvez le lui ordonner, car c'est à elle qu'il appartient de répondre.... c'est avec elle que je dois me marier, et non pas avec vous.

DONA IRÈNE.

Je crois, monsieur Diégo, que ce ne sera ni avec elle ni avec moi. Quelle idée avez-vous de nous? Son parrain a bien raison, et il me l'a écrit bien clairement, il y a peu de jours, quand je lui fis part de ce mariage. Quoiqu'il ne l'ait pas vue depuis qu'il la tint sur les fonts de baptême, il l'aime prodigieusement. Tous ceux qui passent par le bourg d'Osma, il les arrête pour leur demander comment elle se porte, et il nous envoie continuellement des complimens par l'ordinaire.

DON DIÉGO.

Eh bien, madame, qu'est-ce qu'a écrit le parrain?... ou, pour mieux dire, quel rapport tout cela a-t-il avec ce dont nous parlons.

DONA IRÈNE.

Oui, monsieur, cela a du rapport; oui, monsieur; et quoique ce soit moi qui le dise, je vous assure qu'un père d'Atocha n'aurait pas fait une lettre mieux tournée que celle qu'il m'envoya sur le mariage de cette enfant;... et ce n'est ni un professeur, ni un bachelier, ni rien de tout cela : c'est un quidam, comme on dit quelquefois, un homme de cape et d'épée, avec un malheureux petit emploi qui lui donne à peine de quoi vivre... Mais il est très-habile; il sait de tout, il a une éloquence et un style qui enchantent... Presque toute la lettre était en latin, ne vous y trompez pas, et il m'y donnait d'excellens conseils;... il faut vraiment qu'il ait deviné ce qui nous arrive en ce moment.

DON DIÉGO.

Mais, madame, il n'arrive rien, et je ne vois pas la moindre chose qui doive vous fâcher.

DONA IRÈNE.

Comment voulez-vous que je ne me fâche pas, en vous entendant parler de ma fille dans des termes qui.... Elle! avoir d'autres amours! d'autres sentimens!... Si cela était... vive Dieu!... je l'assommerais sur place, voyez-vous... Réponds-lui, puisqu'il veut que tu parles, et que je ne gronde pas; conte-lui les amans que tu as laissés à Madrid, quand tu avais douze ans, et ceux que tu t'es faits dans le couvent, auprès de cette sainte femme : dis-le lui pour qu'il se tranquillise et...

DON DIÉGO.

Moi, madame; je suis plus tranquille que vous.

DONA IRÈNE.

Réponds-lui.

DONA FRANCISCA.

Je ne sais que dire, si on s'emporte....

DON DIÉGO.

Non, ma fille; c'est là seulement donner quelque expression à ce qu'on dit; mais nous emporter, non certainement. Dona Irène sait l'estime que j'ai pour elle.

DONA IRÈNE.

Oui, monsieur, je le sais et je suis souverainement reconnaissante des bontés que vous avez pour nous; c'est pour cela même....

DON DIÉGO.

Ne parlons pas de reconnaissance : tout ce que je puis faire est peu de chose... Je veux seulement que dona Paquita soit contente.

DONA IRÈNE.

Comment ne le serait-t-elle pas? Réponds.

DONA FRANCISCA.

Oui, monsieur, je le suis.

DON DIÉGO.

Et que le changement d'état qui s'apprête pour vous ne vous coûte pas le moindre regret.

DONA IRÈNE.

Non, monsieur; tout au contraire, on ne pourrait imaginer un mariage plus au goût de tout le monde.

DON DIÉGO.

Dans cette persuasion, je puis l'assurer qu'elle n'aura pas lieu de s'en repentir par la suite; elle vivra au milieu de nous, chérie et adorée, et j'espère qu'à force de bienfaits, je mériterai son estime et son amitié.

DONA FRANCISCA.

Mille remercîmens, monsieur Diégo... une orpheline pauvre, sans appui, comme moi!....

DON DIÉGO.

Mais douée de qualités si estimables, qu'elles vous rendent digne encore d'une plus grande fortune.

DONA IRÈNE.

Viens ici, viens... viens ici, Paquita.

DONA FRANCISCA.

Maman!
(Elle se jette dans les bras de sa mère, et elles se caressent mutuellement.)

DONA IRÈNE.

Vois-tu combien je t'aime?

DONA FRANCISCA.

Oui, madame.

DONA IRÈNE.

Et combien je cherche ton bonheur? je n'ai pas d'autre désir que de te voir établie avant de mourir.

DONA FRANCISCA.

Je le sais.

DONA IRÈNE.

Fille de ma vie!.. te conduiras-tu toujours bien?

DONA FRANCISCA.

Oui, madame.

DONA IRÈNE.

Ah! tu ne sais pas combien tu es chère à ta mère!

DONA FRANCISCA.

Comment? est-ce que je ne vous aime pas?

DON DIÉGO.

Sortons, sortons d'ici, de peur qu'il vienne quelqu'un, et qu'on nous trouve pleurant tous trois comme trois petits enfans.

DONA IRÈNE.

Oui, vous avez raison.

(Tous deux se lèvent et entrent dans la chambre de dona Irène; Dona Francisca les suit; Rita, qui entre par la porte du fond, l'arrête.)

SCÈNE VI.

RITA, DONA FRANCISCA.

RITA.

Mademoiselle... Eh, st! st!... mademoiselle!

DONA FRANCISCA.

Que veux-tu?

RITA.

Il est là.

DONA FRANCISCA.

Comment?

RITA.

Il vient d'arriver à l'instant même. Je lui ai donné un baiser avec votre permission, et il monte maintenant l'escalier.

DONA FRANCISCA.

Ah, Dieu! que dois-je faire?

RITA.

Belle demande !.. ce qui importe, c'est de ne pas perdre le temps en mignardises d'amour... Au fait... et du jugement... Songez que dans le lieu où nous sommes, la conversation ne peut être bien longue... le voilà.

DONA FRANCISCA.

Oui, c'est lui.

RITA.

Je vais surveiller notre monde... Du courage, mademoiselle, de la résolution.

(Elle entre dans la chambre de dona Irène.)

DONA FRANCISCA.

Ah! je l'avais soupçonné;... mais il ne le mérite pas.

SCÈNE VII.

DON CARLOS, DONA FRANCISCA.

DON CARLOS.

Paquita... chère amie, me voici près de vous...

DONA FRANCISCA.

Soyez le bienvenu.

DON CARLOS.

Pourquoi si triste ?... Mon arrivée ne doit-elle pas vous causer quelque joie ?

DONA FRANCISCA.

Sans doute ; mais il vient de m'arriver tant de choses, que je suis encore bouleversée. Vous savez... oui, vous le savez bien... après que je vous ai eu écrit cette lettre, on vint me chercher... Demain nous serons à Madrid... Ma mère est là.

DON CARLOS.

Où?

DONA FRANCISCA.

Là, dans cette chambre.

DON CARLOS.

Seule?

DONA FRANCISCA.

Non.

DON CARLOS.

Elle est sans doute avec celui qu'on vous promet pour époux. (*Il s'approche de la chambre de dona Irène, s'arrête et revient.*) Tant mieux.... Mais n'y a-t-il pas d'autre personne avec elle?

DONA FRANCISCA.

Personne autre : ils sont seuls... Mais que voulez-vous faire?

DON CARLOS.

Si je n'écoutais que ma colère et ce que m'inspire votre présence, un éclat terrible... Mais j'ai le temps... Lui aussi sans doute sera un homme d'honneur, et il n'est pas juste de l'insulter parce qu'il aime une femme si digne d'être adorée... Je ne connais ni votre mère, ni... Mais c'est assez, maintenant tout doit en rester là... votre réputation doit être considérée avant tout.

DONA FRANCISCA.

Elle est bien déterminée à me marier avec lui.

DON CARLOS.

Peu importe.

DONA FRANCISCA.

Elle veut que la noce ait lieu aussitôt que nous arriverons à Madrid.

DON CARLOS.

Quelle noce?... Non, non, il n'en sera rien.

DONA FRANCISCA.

Tous deux sont d'accord, et disent...

DON CARLOS.

A la bonne heure... ils le disent... mais cela ne peut être.

DONA FRANCISCA.

Ma mère ne me parle pas d'autre chose... Elle me menace, elle m'a remplie de crainte... Lui, insiste de son côté : il me fait tant d'offres, de promesses, et....

DON CARLOS.

Et vous, quelle espérance lui donnez-vous ? Avez-vous promis de l'aimer beaucoup.

DONA FRANCISCA.

Ingrat! ne savez-vous donc pas... Ingrat!

DON CARLOS.

Oui, je ne l'ignore point, Paquita; j'ai été le premier amour.

DONA FRANCISCA.

Et le dernier.

DON CARLOS.

Et je perdrai la vie avant de renoncer à la place que j'occupe dans ce cœur... Il m'appartient tout entier... n'est-ce pas ?

(Il lui presse la main.)

DONA FRANCISCA.

A qui donc pourrait-il appartenir ?

DON CARLOS.

Tendre amie ! quelle douce espérance m'anime... Un seul mot de cette bouche me rassure... me rend capable de tout entreprendre... enfin me voilà ici. Vous m'appelez pour que je vous défende, que je vous délivre, que je remplisse une obligation mille et mille fois promise, eh bien, c'est pour cela même que je viens... Si vous partez demain pour Madrid, j'y vais aussi. Votre mère saura qui je suis... Là, je puis compter sur l'appui d'un vieillard respectable et vertueux qui est mon oncle, mais que je dois plutôt appeler mon père et mon ami. Il n'a point de parent plus proche, ni qui lui soit plus cher que moi : c'est un homme fort riche, et si les dons de la fortune avaient pour vous quelque attrait, cette circonstance ajouterait des douceurs à notre union.

DONA FRANCISCA.

Et que me fait à moi toute la richesse du monde ?

DON CARLOS.

Je le sais, l'ambition ne peut troubler une âme si innocente.

ACTE II, SCÈNE VII.

DONA FRANCISCA.

Aimer et être aimée... Je ne désire rien de plus, et je ne connais pas de plus grande fortune.

DON CARLOS.

Il n'y en a pas d'autre en effet... Mais vous devez vous calmer, et espérer que le sort changera notre affliction présente en un bonheur durable.

DONA FRANCISCA.

Et comment faire pour qu'il n'en coûte aucun chagrin à ma pauvre mère?... Elle m'aime tant!... Je viens de lui dire que je ne la contrarierai pas, que je ne la quitterai jamais, que je serai toujours bonne et soumise... Et elle m'embrassait avec tant de tendresse! elle s'est montrée si satisfaite du peu que je lui ai dit... Ah! je ne sais quel moyen vous pourrez trouver pour nous tirer d'une situation si difficile.

DON CARLOS.

Je le chercherai... N'avez-vous pas confiance en moi?

DONA FRANCISCA.

Et comment ne l'aurais-je pas? Croyez-vous que je vivrais encore, si cette espérance ne me soutenait pas? Seule et isolée du monde entier, que devais-je faire? Si vous n'étiez pas venu, mes chagrins m'auraient tuée. Sans savoir sur qui jeter les yeux, sans pouvoir communiquer à personne la cause de mes douleurs... Mais vous avez su agir avec la loyauté d'un chevalier et d'un amant, et vous venez de me donner par votre arrivée la plus grande preuve de l'attachement que vous avez pour moi.

(Elle s'attendrit et pleure.)

DON CARLOS.

Que ces larmes sont puissantes!... Oui, Paquita, moi seul je suffis pour vous défendre contre tous ceux qui voudraient vous opprimer. Quel obstacle pourrait-on opposer à l'amant qui est aimé de vous? Il n'y a rien à craindre.

DONA FRANCISCA.

Est-il possible?

DON CARLOS.

Non, rien.... L'amour a uni nos âmes par les nœuds les plus forts, et la mort seule pourra les séparer.

SCÈNE VIII.

RITA, DON CARLOS, DONA FRANCISCA.

RITA.

Mademoiselle, votre maman vous demande : je vais apporter le souper et elle se couchera ensuite... Quant à vous, monsieur l'officier, vous pouvez disposer de votre personne comme il vous plaira.

DON CARLOS.

Je sors... Il ne faut pas donner des soupçons anticipés... Je n'ai rien à ajouter.

DONA FRANCISCA.

Ni moi.

DON CARLOS.

A demain... Avec la lumière du jour, nous verrons cet heureux compétiteur.

RITA.

C'est un cavalier très-honorable, très-riche et très-prudent, avec sa grande veste, sa camisole blanche, et ses soixante ans sous la perruque.

(Elle sort par la porte du fond.)

DONA FRANCISCA.

A demain.

DON CARLOS.

Adieu, Paquita.

DONA FRANCISCA.

Couchez-vous et reposez-vous.

DON CARLOS.

Reposer avec un cœur dévoré par la jalousie !

DONA FRANCISCA.

Et d'où naît cette jalousie ?

DON CARLOS.

Bonne nuit... Dormez bien, Paquita.

DONA FRANCISCA.

Dormir, avec un cœur plein d'amour !

DON CARLOS.

Adieu, tendre amie.

DONA FRANCISCA.

Adieu.

(Elle entre dans la chambre de dona Irène.)

SCÈNE IX.

DON CARLOS, CALAMOCHA, RITA.

DON CARLOS, se promenant avec agitation.

Me l'enlever!.... Non... quel qu'il soit, il ne me l'enlèvera pas. Et que sa mère ne soit pas assez imprudente pour s'obstiner à accomplir ce mariage, malgré les répugnances de sa fille... Je serai là, et... Soixante ans!... précisément, il sera fort riche... L'argent! maudit soit-il, puisqu'il cause tant de maux!

CALAMOCHA, Il entre par la porte du fond.

Çà, monsieur, nous avons un demi-chevreau rôti... du moins l'ai-je pris pour un chevreau. Nous avons une magnifique salade de cresson, sans épices ni autre matière étrangère, bien lavée, épluchée et assaisonnée par ces mains pécheresses, tellement qu'on ne peut rien demander de mieux ; du pain frais et du vin de la dîme... De sorte que si nous voulons souper et dormir ensuite, il me semble qu'il serait temps...

DON CARLOS.

Soit... Et où faut-il aller?

CALAMOCHA.

En bas... c'est là que j'ai fait disposer une table étroite et assez peu solide qui ressemble au banc d'un maréchal.

ACTE II, SCÈNE IX.

(Rita entre par la porte du fond, apportant plusieurs plats, une soupière, des cuillères et une serviette.)

RITA.

Qui en veut ?

DON CARLOS.

Bon appétit.

CALAMOCHA.

S'il y a quelque royale infante qui veuille souper du chevreau, qu'elle lève le doigt.

RITA.

La royale infante a déjà mangé une demi-casserole d'andouillettes; mais elle vous remercie, monsieur le militaire.

(Elle entre dans la chambre de dona Irène.)

CALAMOCHA.

Je suis charmé de ton remerciment, prunelle de mes yeux.

DON CARLOS.

Eh bien, descendons-nous ?

CALAMOCHA. Il va jusqu'à la porte du fond et revient. Il s'approche de don Carlos, et ils se parlent à voix basse jusqu'au moment où Calamocha s'avance pour saluer Simon.

Ay, ay, ay ! Eh ! chut ! silence !

DON CARLOS.

Qu'est-ce ?

CALAMOCHA.

Ne voyez-vous pas ce qui arrive par-là ?

DON CARLOS.

C'est Simon !

CALAMOCHA.

Lui-même.... Mais qui diable le.....

DON CARLOS.

Que ferons-nous?

CALAMOCHA.

Que sais-je? le faire jaser, mentir et.... Me donnez-vous la permission?...

DON CARLOS.

Oui, ments tant que tu voudras.... Pour quel objet cet homme peut-il être venu ici?

SCÈNE X.

SIMON, DON CARLOS, CALAMOCHA.

CALAMOCHA.

Simon! Comment, te voilà ici!

SIMON.

Bonjour, Calamocha, comment va?

CALAMOCHA.

A merveille.

SIMON.

Que je suis charmé de.....

DON CARLOS.

Simon! toi à Alcala! qu'y a-t-il donc de nouveau?

SIMON.

Quoi! vous étiez là, mon bon monsieur, comment vous portez-vous?

DON CARLOS.

Et mon oncle?

ACTE II, SCÈNE X.

SIMON.

Fort bien.

CALAMOCHA.

Est-il resté à Madrid, ou bien....

SIMON.

Qui m'aurait jamais dit une chose semblable! j'étais si éloigné de penser.... Et vous toujours plus joli garçon.... Vous venez donc faire une visite à votre oncle, hem?

CALAMOCHA.

Tu es sans doute venu ici avec quelque commission de ton maître?

SIMON.

Et quelle chaleur et quelle poussière j'ai eu pendant tout le chemin, bon Dieu!

CALAMOCHA.

Tu viens peut-être ici pour toucher quelque rente, hem?

DON CARLOS.

Cela pourrait être, comme mon oncle a quelques biens à Ajalvir.... N'est-ce pas pour cela que tu es venu?

SIMON.

Et quel franc vaurien il a pris pour les administrer. Il n'y a pas dans tous les paysans de la contrée un plus rusé coquin.... Eh bien, vous arrivez donc maintenant de Sarragosse.

DON CARLOS.

Imagine toi-même.

SIMON.

Ou bien y allez-vous?

DON CARLOS.

Où.

SIMON.

A Sarragosse. N'est-ce pas là qu'est votre régiment?

CALAMOCHA.

Mais, Simon, nous sommes partis de Madrid l'été dernier, est-ce que tu crois que nous n'avons fait que quatre lieues depuis ce temps là?

SIMON.

Que sais-je? il y en a qui partent par la poste et qui cependant restent plus de quatre mois en route. Les chemins doivent être bien mauvais.

CALAMOCHA, à part, s'éloignant de Simon.

Maudit sois-tu, toi, le chemin et la coquine qui t'a donné de la bouillie.

DON CARLOS

Mais tu ne m'as pas encore dit si mon oncle est à Madrid ou à Alcala, ni pourquoi tu es venu ici, ni...

SIMON.

Bon, bon, tout de suite.... Je vais vous dire..... Si bien donc, que mon maître me dit...

SCÈNE XI.

DON DIÉGO, DON CARLOS, SIMON, CALA-MOCHA.

DON DIÉGO, parlant dans la coulisse. Don Carlos se trouble, et s'éloigne à une extrémité du théâtre.

Non, non, cela n'est pas nécessaire. Il y a de la lumière ici. Bonsoir, Rita.

DON CARLOS, à part.

Mon oncle!...

DON DIÉGO.

Simon!

(Il sort de la chambre de dona Irène, s'acheminant vers la sienne. Il aperçoit don Carlos, sans le reconnaître et s'approche de lui. Simon l'éclaire et pose ensuite la lumière sur la table.)

SIMON.

Me voici, monsieur.

DON CARLOS, à part.

Tout est perdu.

DON DIÉGO.

Allons.... mais qui donc est là?

SIMON.

Un de vos amis, monsieur.

DON CARLOS, à part.

Je me meurs.

DON DIÉGO.

Comment un ami.... quoi.... approche cette lumière.

DON CARLOS.

Mon oncle...

(Il s'approche comme pour baiser la main de don Diégo, qui le repousse d'un air mécontent.)

DON DIÉGO.

Éloigne-toi de ma présence.

DON CARLOS.

Monsieur...

DON DIÉGO.

Va-t'en... Je ne sais comment je ne le... Que fais-tu ici ?

DON CARLOS.

Si vous vous fâchez...

DON DIÉGO.

Que fais-tu ici ?

DON CARLOS.

Mon malheur m'y a amené.

DON DIÉGO.

Toujours quelque nouveau chagrin pour moi ; toujours, mais.... (*S'approchant de don Carlos.*) Que dis-tu ? t'est-il en effet survenu quelque malheur ? dis-moi.... que t'arrive-t-il ?.... pourquoi es-tu ici ?

CALAMOCHA.

Parce qu'il vous est attaché, qu'il vous aime bien et....

DON DIÉGO.

Toi, je ne te demande rien.... Pourquoi es-tu venu de Sarragosse, sans que je le sache ?... pourquoi ma présence te cause-t-elle tant de trouble ?...

ACTE II, SCÈNE XI.

Tu as quelque reproche à te faire, oui, tu as fait quelque folie qui coûtera la vie à ton pauvre oncle.

DON CARLOS.

Non, monsieur, jamais je n'oublierai les maximes d'honneur et de prudence que vous m'avez apprises tant de fois.

DON DIÉGO.

En ce cas, pourquoi es-tu venu?.... Sont-ce des dettes? est-ce quelque désagrément avec tes chefs?.... dissipe mes inquiétudes, Charles, mon fils, tire-moi de cet état d'angoisse.

CALAMOCHA.

Tout cela, voyez-vous, n'est autre chose que....

DON DIÉGO.

Je t'ai déja dit de te taire. (*Prenant don Carlos par la main, il le mène à une extrémité du Théâtre et lui parle à voix basse.*) Viens ici, dis-moi, qu'y a-t-il.

DON CARLOS.

Une légèreté, une faute de soumission à votre égard. Venir à Madrid sans vous en demander préalablement la permission.... Je m'en repens bien vivement en voyant le déplaisir que vous a causé ma présence.

DON DIÉGO.

Et qu'y a-t-il encore?

DON CARLOS.

Rien de plus, monsieur.

DON DIÉGO.

Quel était donc ce malheur dont tu m'as parlé?

DON CARLOS.

Rien : celui de vous trouver dans cette ville..... et de vous avoir tant déplu ; quand j'espérais vous surprendre à Madrid, rester près de vous pendant quelques semaines et m'en retourner satisfait de vous avoir vu.

DON DIÉGO.

Il n'y a rien de plus?

DON CARLOS.

Non, monsieur.

DON DIÉGO.

Penses-y bien.

DON CARLOS.

Sans doute.... Tel était le but de mon voyage, et rien autre chose.

DON DIÉGO.

Ne viens pourtant pas me dire ici.... car il est impossible que ces escapades.... Non, monsieur..... et qui peut permettre qu'un officier s'en aille quand il lui plaît et abandonne ainsi ses drapeaux?.... en vérité, si de tels exemples se renouvelaient souvent, adieu la discipline militaire.... Allons.... cela ne peut être.

DON CARLOS.

Songez donc, mon oncle, que nous sommes en temps de paix ; que Sarragosse n'exige pas un service aussi sévère que d'autres places où on ne laisse point de repos à la garnison.... et enfin, vous pouvez croire que mon voyage suppose l'approbation et la permission expresse de mes supérieurs; que je pense aussi à mon état et à ma réputation et que si je suis venu ici, c'est que j'ai la certitude que je ne fais pas faute.

DON DIÉGO.

Un officier fait toujours faute à ses soldats. Le roi le tient à son poste pour qu'il les instruise, les protége et leur donne des exemples de subordination, de valeur et de vertu.

DON CARLOS.

Sans doute, mais je vous ai dit les motifs...

DON DIÉGO.

Tous ces motifs ne valent rien.... Pourquoi vous a-t-il pris envie de voir votre oncle?.... Ce que votre oncle veut, ce n'est pas de vous voir tous les huit jours; mais bien de savoir que vous vous comportez en homme de jugement et que vous remplissez vos devoirs. Voilà ce qu'il veut.... Mais (*il élève la voix et se promène avec agitation*) je prendrai mes mesures pour que ces folies ne se renouvellent pas.... Ce que vous avez à faire maintenant, c'est de partir à l'instant même

DON CARLOS.

Mais, monsieur...

DON DIÉGO.

Il n'y a pas de mais..... il faut que ce soit à l'instant. Vous ne passerez pas la nuit ici.

CALAMOCHA.

Mais les chevaux sont hors d'état de se mettre en route.... à peine peuvent-ils faire un pas.

DON DIÉGO.

Eh bien, (*à Calamocha*) prenez vos chevaux, vos bagages et allez à l'auberge du faubourg... (*A don Carlos.*) Vous ne passerez pas la nuit ici.... Allons, (*à Calamocha*) toi, bon sujet, remue-toi un peu; en bas avec tous les effets. Payer la dépense faite ici, emmener les chevaux et partir..... Aide-le, toi (*à Simon*); combien d'argent as-tu sur toi?

SIMON.

Je dois avoir cinq ou six onces.

(Il tire quelques pièces d'or de sa bourse et les donne à don Diégo.)

DON DIÉGO.

Donne-les moi... Allons, (*à Calamocha*) que fais-tu donc?... ne t'ai-je pas dit que ce doit être à l'instant même.... Dépêche-toi, et toi (*A Simon*), va avec lui, et ne les quitte pas qu'ils ne soient partis.

(Les deux domestiques entrent dans la chambre de don Carlos.)

SCÈNE XII.

DON DIÉGO, DON CARLOS.

DON DIÉGO.

Tenez, (*il lui donne l'argent que Simon a tiré de sa bourse*) avec cela, il y a assez pour faire le voyage.... Enfin, quand j'ordonne qu'il en soit ainsi, je sais bien ce que je fais... Ne sens-tu pas que c'est entièrement pour ton bien, et que ce que tu viens de faire est une véritable extravagance?... et ne va

ACTE II, SCÈNE XII.

pas t'affliger pour cela, ni croire que c'est faute d'attachement... tu sais bien combien je t'ai toujours aimé; et en te conduisant comme tu le dois, je continuerai d'être ton ami comme je l'ai été jusqu'à présent.

DON CARLOS.

Je le sais.

DON DIÉGO.

Voilà qui est bien; maintenant obéis à l'ordre que je te donne.

DON CARLOS.

J'obéirai sans faute.

DON DIÉGO, aux deux domestiques qui sortent avec les effets, de la chambre de don Carlos, et qui s'en vont par la porte du fond.

A l'auberge du faubourg. (*A don Carlos.*) Tu peux y dormir pendant que tes chevaux mangeront et se reposeront.... Et ne va pas t'aviser de revenir ici sous aucun prétexte, ni de rentrer dans la ville.... prends-y garde; et à trois ou quatre heures du matin, à cheval; figure-toi bien que je saurai l'heure où tu partiras. Tu m'as entendu?

DON CARLOS.

Oui, monsieur.

DON DIÉGO.

Songe qu'il faut que tu m'obéisses.

DON CARLOS.

Oui, monsieur; je ferai ce que vous ordonnez.

DON DIÉGO.

Fort bien.... Adieu.... tout est pardonné... Bon voyage... et je saurai aussi quand tu arriveras à Sarragosse. Ne t'imagine pas que j'ignore ce que tu as fait la dernière fois.

DON CARLOS.

Qu'ai-je donc fait?

DON DIÉGO.

Puisque je te dis que je le sais et que je te le pardonne, que demandes-tu de plus? Ce n'est pas maintenant le moment de parler de cela : va-t'en.

DON CARLOS.

Adieu, portez-vous bien.

(Il s'éloigne et revient.)

DON DIÉGO.

Sans baiser la main à ton oncle. Hem?

DON CARLOS.

Je n'osais pas.

(Il baise la main à don Diégo.)

DON DIÉGO.

Et embrasse-moi... Qui sait? nous ne nous reverrons peut-être pas.

DON CARLOS.

Que dites-vous? Que Dieu ne permette pas qu'il en soit ainsi.

DON DIÉGO.

Qui sait, mon fils. As-tu quelques dettes? te manque-t-il quelque chose?

DON CARLOS.

Non, mon oncle; maintenant, non.

DON DIÉGO.

C'est beaucoup, car tu as l'habitude de ne rien

ménager... Comme tu comptes sur la bourse de l'oncle... Enfin voilà qui est bien : j'écrirai à M. Aznar pour qu'il te compte cent doublons sur mon ordre, et tâche de les bien employer... Joues-tu ?

DON CARLOS.

De ma vie, je n'ai joué, mon oncle.

DON DIÉGO.

Prends-y bien garde... Ainsi, bon voyage ; ne te fatigue pas ; des journées ordinaires et rien de plus... Pars-tu content ?

DON CARLOS.

Non, mon oncle ; car vous m'aimez, vous me comblez de bienfaits, et je vous récompense mal.

DON DIÉGO.

Qu'il ne soit plus question du passé... Adieu.

DON CARLOS.

Conservez-vous quelque ressentiment contre moi ?

DON DIÉGO.

Non, non, certainement... Je me suis un peu fâché ; mais maintenant tout est fini... Ne me donnes plus de chagrins (*en lui mettant les deux mains sur les épaules*) ; comporte-toi toujours comme un homme de bien.

DON CARLOS.

N'en doutez pas.

DON DIÉGO.

Comme un officier d'honneur.

DON CARLOS.

Je vous le promets.

DON DIÉGO.

Adieu, Carlos.

(Ils s'embrassent)

DON CARLOS, à part, en sortant.

Et je la quitte... et je la perds pour toujours!

SCÈNE XIII.

DON DIÉGO seul.

Tout a tourné à merveille!... Il le saura ensuite, cela vaut mieux... D'ailleurs ce n'est pas la même chose de le lui écrire ou bien de... quand la chose sera faite, peu importe... Mais toujours ce respect pour son oncle, toujours la même soumission...

(Il essuie ses larmes, prend la lumière et entre dans sa chambre. Le théâtre reste vide et dans l'obscurité pendant quelques instans.)

SCÈNE XIV.

DONA FRANCISCA, RITA. Elles sortent de la chambre de dona Irène ; Rita tient une lumière et la pose sur la table.

RITA.

Il règne ici un grand silence.

DONA FRANCISCA.

Ils sont sans doute couchés... Ils doivent être rendus de fatigue.

RITA.

Nécessairement.

DONA FRANCISCA.

Une route si longue !

RITA.

Que ne fait pas entreprendre l'amour, mademoiselle !

DONA FRANCISCA.

Oui, tu peux bien le dire, l'amour ; et moi, que ne ferais-je pas pour lui ?

RITA.

Ah ! laissez faire, ce ne sera pas là le dernier miracle. Quand nous arriverons à Madrid, ce sera alors... Le pauvre don Diégo, quel mécompte il va éprouver ! Et d'un autre côté cependant c'est un si brave homme, qu'on ne peut s'empêcher de le plaindre...

DONA FRANCISCA.

Ah ! voilà ce qui fait mon malheur. S'il eût été un homme méprisable, ma mère n'aurait pas favorisé ses prétentions, et je ne serais pas obligée de dissimuler ma répugnance... Mais tout est changé, Rita ; don Félix est ici, et je ne crains plus personne : mon bonheur est entre ses mains, et je me regarde comme la plus heureuse des femmes.

RITA.

Ah ! j'avais oublié... elle me l'avait cependant bien recommandé... En vérité, avec ces amours, j'ai aussi la tête toute... Je vais la chercher.

(Allant vers la chambre de dona Irène.)

DONA FRANCISCA.

Que vas-tu chercher ?

RITA.

La grive ; j'avais oublié de l'ôter de la chambre.

DONA FRANCISCA.

Bien, apporte-la. Qu'elle ne commence pas à prier comme la nuit dernière... Elle est restée près de la fenêtre... Marche avec précaution, n'éveille pas maman.

RITA.

Oui ; mais voyez donc quel bruit de chevaux on entend en bas... Jusqu'à ce que nous soyons arrivées à notre rue du Loup, numéro sept, au second étage, il ne faut pas penser à dormir... et cette maudite porte cochère qui fait un bruit...

DONA FRANCISCA.

Tu peux prendre la lumière.

RITA.

Il n'est pas nécessaire ; je sais où est la cage.

(Elle entre dans la chambre de doña Irène.)

SCÈNE XV.

SIMON, il entre par la porte du fond, **DONA FRANCISCA**.

DONA FRANCISCA.

Je croyais que vous étiez tous couchés.

SIMON.

Mon maître doit l'être ; mais moi je ne sais pas encore où j'établirai mon bivouac, et cependant j'ai bien sommeil.

ACTE II, SCÈNE XV.

DONA FRANCISCA.

Quels nouveaux voyageurs viennent d'arriver tout à l'heure?

SIMON.

Aucuns. Il y en a, au contraire, qui étaient ici et qui viennent de partir.

DONA FRANCISCA.

Des muletiers?

SIMON.

Non, mademoiselle; un officier et son domestique qui, à ce qu'il paraît, vont à Sarragosse.

DONA FRANCISCA.

Qui dites-vous?

SIMON.

Un officier de cavalerie et son domestique.

DONA FRANCISCA.

Et ils étaient ici?

SIMON.

Oui, mademoiselle; ici même, dans cette chambre.

DONA FRANCISCA.

Je ne les ai pas vus.

SIMON.

Il paraît qu'ils sont arrivés ce soir, et... probablement, ils auront terminé promptement l'affaire qui les amenait.... de sorte qu'ils sont partis.... Bonne nuit, mademoiselle.

(Il entre dans l'appartement de don Diégo.)

SCÈNE XVI.

RITA, DONA FRANCISCA.

DONA FRANCISCA.

Dieu de mon âme! Qu'entends-je?.. je ne puis me soutenir.... malheureuse!

(Elle s'assied sur une chaise près de la table.)

RITA. Elle apporte la cage de la grive qu'elle laisse sur la table, ouvre la porte de la chambre de don Carlos, et revient.

Mademoiselle, je suis à moitié morte.

DONA FRANCISCA.

Ah! il est donc certain..... Tu le sais aussi?

RITA.

Ne me questionnez pas, je ne crois pas encore ce que j'ai vu.... Il n'y a personne ici.... ni bagages ni effets, ni.... Mais comment pourrais-je me tromper, quand moi-même je les ai vus sortir.

DONA FRANCISCA.

C'étaient eux?

RITA.

Oui, mademoiselle; eux deux.

DONA FRANCISCA.

Mais s'en sont-ils allés hors de la ville?

RITA.

Je ne les ai perdus de vue que quand ils ont eu dépassé la porte des Martyrs, qui est à un pas d'ici.

DONA FRANCISCA.

Et c'est le chemin d'Arragon?

ACTE II, SCÈNE XVI.

RITA.

Positivement.

DONA FRANCISCA.

Indigne!.... homme indigne!

RITA.

Mademoiselle....

DONA FRANCISCA.

En quoi a pu t'offenser une malheureuse!

RITA.

Je suis toute tremblante.... Mais.... cela est incompréhensible.... je ne parviens pas à m'expliquer quels motifs il a pu avoir pour cette résolution subite.

DONA FRANCISCA.

Ne l'ai-je donc pas aimé plus que ma vie? N'a-t'il pas vu ma tendresse sans borne?

RITA.

Je ne sais que dire en considérant une action si infâme.

DONA FRANCISCA.

Que pourrais-tu dire? qu'il ne m'a jamais aimée. qu'il se joue de ses sermens.... Est-ce donc pour cela qu'il est venu?.... pour me tromper, pour m'abandonner ainsi?

(Elle se lève, Rita la soutient.)

RITA.

Il ne me paraît pas naturel de penser que son voyage ait eu un autre but... de la jalousie.... quelle raison aurait-il eu d'en concevoir? et cela même ne devrait que le rendre plus amoureux.... Il n'est point poltron, et il n'est pas possible de croire qu'il ait eu peur de son rival.

DONA FRANCISCA.

Tu t'épuises vainement en conjectures ; dis que c'est un perfide, dis que c'est un monstre de cruauté, et tu auras dit toute la vérité.

RITA.

Rentrons, il peut venir quelqu'un, et....

DONA FRANCISCA.

Oui, allons-nous-en.... allons pleurer.... et dans quelle situation il me laisse!... Conçois-tu bien toute sa noirceur?

RITA.

Oui, mademoiselle ; maintenant je le connais.

DONA FRANCISCA.

Comme il a su feindre.... et avec qui? avec moi... ai-je donc mérité d'être trompée si indignement?... était-ce la récompense que méritait ma tendresse? Dieu de ma vie, quel est mon crime?... quel est-il?

(Rita prend la lumière, et elles entrent toutes les deux dans la chambre de dona Francisca.)

FIN DU DEUXIÈME ACTE.

ACTE TROISIÈME.

SCÈNE PREMIÈRE.

Il fait nuit. — Il y a sur la table un chandelier dont la lumière est éteinte, et la cage de la grive.

SIMON dort étendu sur le banc, DON DIÉGO sort de son appartement en robe de chambre.

DON DIÉGO.

Si je ne dors pas ici, du moins j'y serai plus au frais... En vérité, une alcove pareille... Comme il ronfle... Laissons-le dormir jusqu'au jour qui ne peut pas beaucoup tarder à paraître. (*Simon s'éveille en entendant don Diégo et il se met sur séant.*) Qu'est-ce ? prends garde de tomber, mon ami.

SIMON.

Vous étiez ici, monsieur ?

DON DIÉGO.

Oui, je suis sorti, car il n'y a pas moyen de rester dans cette chambre.

SIMON.

Eh bien! moi, grâce à Dieu, quoique mon lit soit un peu dur, j'ai dormi comme un empereur.

DON DIÉGO.

Mauvaise comparaison! Dis que tu as dormi comme un pauvre homme qui n'a ni argent, ni ambition, ni inquiétudes, ni remords.

SIMON.

En effet, vous avez raison... Et quelle heure peut-il être?

DON DIÉGO.

L'horloge de Saint-Juste vient de sonner, et, si je ne me suis pas trompé, elle a sonné trois heures.

SIMON,

Ah! en ce cas, nos cavaliers doivent déjà être en route, brûlant le pavé.

DON DIÉGO.

Oui, il est probable qu'ils sont partis... Il me l'a promis, et j'espère qu'il obéira.

SIMON.

Mais si vous aviez vu dans quelle douleur je l'ai laissé plongé...

DON DIÉGO.

Il l'a fallu.

SIMON.

Je le sais.

DON DIÉGO.

As-tu jamais vu une arrivée plus intempestive?..

SIMON.

Cela est vrai. Sans votre permission, sans vous avertir, sans avoir un motif urgent... sans doute il a eu très-grand tort... quoique d'un autre côté il ait bien assez d'excellentes qualités pour qu'on lui par-

ACTE III, SCÈNE I.

donne cette légèreté. Je suis sûr... Il me semble que la punition se bornera là. Hem ?

DON DIÉGO.

Comment ! Eh ! sans doute, c'est beaucoup que je l'aie fait partir... car tu vois dans quelle circonstance il venait me surprendre. Je t'assure que quand il est parti, j'ai éprouvé un serrement de cœur... (*On entend au loin frapper trois coups dans la main, et un instant après le son d'un instrument.*) Qu'entends-je là ?

SIMON.

Je ne sais... quelqu'un qui passe dans la rue ; sans doute quelques laboureurs.

DON DIÉGO.

Silence.

SIMON.

Diable ! nous avons un concert à ce qu'il paraît.

DON DIÉGO.

Oui, et ils ne jouent pas mal.

SIMON.

Et quel sera l'amant malheureux qui vient fredonner à cette heure-ci dans une petite rue si sale ? Je parierais que c'est quelque intrigue d'amour avec la servante de l'auberge, qui a l'air d'un singe.

DON DIÉGO.

Cela peut être.

(*On entend jouer de la guitare en dehors.*)

SIMON.

Les voilà qui commencent : écoutons... En vérité,

je vous assure que le fripon de barbier joue fort joliment.

DON DIÉGO.

Non, il n'y a pas de barbier qui sache jouer ainsi, quelque bien qu'il fasse la barbe.

SIMON.

Voulez-vous que nous nous mettions un peu à la fenêtre pour voir...

DON DIÉGO.

Non, laissons-les... Pauvres gens! qui peut savoir l'importance qu'ils attachent à leur musique.... Je n'aime à déranger personne.

(Dona Francisca sort de sa chambre avec Rita : toutes deux s'approchent de la fenêtre. Don Diégo et Simon se retirent à l'autre bout du théâtre et observent.)

SIMON.

Monsieur, eh! vite... ici de côté.

DON DIÉGO.

Que veux-tu ?

SIMON.

On a ouvert la porte de cette chambre, et j'entends une robe de femme qui effleure le plancher.

DON DIÉGO.

Oui, retirons-nous.

SCÈNE II.

DONA FRANCISCA, RITA, DON DIÉGO, SIMON.

RITA.

Allez doucement, mademoiselle.

DONA FRANCISCA.

Ne faut-il pas suivre le mur?

(On recommence à préluder sur l'instrument.)

RITA.

Oui, mademoiselle.... Mais on recommence à jouer... Silence.

DONA FRANCISCA.

Ne bouge pas... laisse... Sachons d'abord si c'est lui.

RITA.

Qui voulez-vous que ce soit?... Le signal ne peut nous avoir trompées.

DONA FRANCISCA.

Tais-toi. (*On répète le morceau précédent.*) Oui, c'est lui... Mon Dieu!... Va, réponds... Quel bonheur!... c'est lui.

(Rita s'approche de la fenêtre, l'ouvre, et frappe trois fois dans ses mains. La musique cesse.)

SIMON.

Avez-vous entendu?

DON DIÉGO.

Oui.

LE OUI DES JEUNES FILLES,

SIMON.

Que veux dire tout ceci ?

DON DIÉGO.

Tais-toi.

(*DONA FRANCISCA se met à la fenêtre. Rita reste derrière elle. Les points suspensifs marquent les interruptions plus ou moins longues qui doivent avoir lieu.*)

C'est moi... Et que devais-je penser, en voyant ce que vous venez de faire ? Que signifie ce départ ? (*Quittant la fenêtre où elle retourne ensuite*) Chère Rita, pour Dieu, prends bien garde, et si tu entendais quelque bruit, avertis-moi de suite... Pour toujours... Malheureuse que je suis !... C'est bon... jetez là... Je ne vous entends pas... Ah ! don Félix, je ne vous ai jamais vu si craintif. (*On jette du dehors une lettre qui tombe sur le théâtre. Dona Francisca la cherche à tâtons, et ne la trouvant pas elle se remet à la fenêtre.*) Non, je ne l'ai point ramassée. Mais elle est ici, sans aucun doute... Je ne saurai donc pas, jusqu'à ce que le jour ait paru, les motifs que vous avez pour m'abandonner à mon désespoir ?... Oui, je veux le savoir de votre bouche : votre Paquita vous l'ordonne... Et dans quel état croyez-vous qu'est mon cœur ? ... Il ne peut plus suffire aux sentimens qui l'accablent... Parlez.

(*Simon s'avance un peu, accroche la cage et la fait tomber.*)

RITA.

Mademoiselle, allons-nous-en vite.... il y a du monde ici.

DONA FRANCISCA.

Malheureuse !... conduis-moi.

RITA.

Allons... Ahie!

(En se retirant elle heurte Simon; toutes deux rentrent précipitamment dans leur chambre.)

DONA FRANCISCA.

Je suis morte.

SCÈNE III.

DON DIÉGO, SIMON.

DON DIÉGO.

Quel cri ai-je entendu là?

SIMON.

C'est un des fantômes qui, en s'en allant, s'est heurté contre moi.

DON DIÉGO.

Approche-toi de cette fenêtre, et regarde sur le plancher si tu ne trouves pas un papier... Nous voilà bien.

SIMON.

Je ne trouve rien, monsieur.

DON DIÉGO.

Cherche bien; il doit être de ce côté.

SIMON.

On l'a donc jeté de la rue?

DON DIÉGO.

Oui... Quel peut être cet amant?... Seize ans et élevée dans un couvent! Toutes mes illusions sont dissipées.

SIMON.

Le voilà.

(Il trouve la lettre et la donne à don Diégo.)

DON DIÉGO.

Descends et va chercher de la lumière à l'écurie ou dans la cuisine où il doit y avoir une lampe, et reviens vite.

(Simon sort par la porte du fond.)

SCÈNE IV.

DON DIÉGO seul.

A qui dois-je m'en prendre? quel est le coupable, ou elle, ou sa mère, ou ses tantes, ou moi?.... Sur qui... sur qui doit tomber cette colère, que, malgré tous mes efforts, je ne saurais réprimer?... La nature l'avait faite si aimable à mes yeux! Quelles espérances charmantes je conçus pendant un moment! quelle félicité je me promettais! Jaloux... moi?... et à quel âge m'avisé-je d'être jaloux?.. C'est une honte!... Mais cette agitation que j'éprouve, cette indignation, ces désirs de vengeance, d'où viennent-ils? comment dois-je les appeler? Voilà encore que... oui.

(En entendant un bruit à la porte de la chambre de dona Francisca, il se retire à une extrémité du théâtre.)

SCÈNE V.

RITA, DON DIÉGO, SIMON.

RITA. Elle observe, écoute, s'approche ensuite de la fenêtre, et cherche la lettre par terre.

Ils s'en sont allés... Dieu sait si sa lettre doit être bien écrite ; mais le seigneur don Félix n'en est pas moins un scélérat fieffé... Pauvre chère enfant de mon âme !... elle mourra... il n'y a pas de remède... il n'y a ni gens ni chiens dans la rue... Plût à Dieu que nous ne les eussions pas connus ! Et ce maudit papier !... nous serions bien avancées si nous ne le trouvions pas... Que dira-t-il ? des mensonges, des mensonges, et rien que des mensonges.

(Simon entre avec une lumière, Rita reste stupéfaite.)

SIMON.

Voilà de la lumière.

RITA.

Je suis perdue.

DON DIEGO, s'approchant d'elle.

Rita, te voilà ici ?

RITA.

Oui, monsieur, parce que...

DON DIÉGO.

Que cherches-tu à cette heure-ci ?

RITA.

Je cherchais... Je vais vous dire... C'est que nous avons entendu un si grand bruit...

SIMON.

Oui, n'est-ce pas?

RITA.

Certainement... un bruit... Et voyez, c'était la cage de la grive; oui, c'était la cage, il n'y a pas de doute... Bon Dieu, si elle était morte; mais non, elle vit encore; c'est sans doute quelque chat... nécessairement.

SIMON.

Oui, quelque chat.

RITA.

Pauvre bête! comme elle a encore l'air tout étourdie!

SIMON.

Et avec raison... Est-ce que tu crois que si le chat l'avait prise....

RITA.

Il l'aurait croquée...

SIMON.

Sans sel ni poivre;... et il n'aurait pas seulement laissé les plumes.

DON DIÉGO.

Donne-moi cette lumière.

RITA.

Ah! laissez; nous allumerons celle-ci, car puisqu'on ne dort pas....

(Elle allume la chandelle qui est sur la table.)

DON DIÉGO.

Et dona Paquita, dort-elle?

RITA.

Oui, monsieur.

SIMON.

Diable, il est très-heureux que le bruit de la cage....

DON DIÉGO.

Allons.

(Diégo entre dans sa chambre; Simon le suit, portant une lumière.)

SCÈNE VI.

DONA FRANCISCA, RITA.

DONA FRANCISCA.

As-tu trouvé la lettre?

RITA.

Non, mademoiselle.

DONA FRANCISCA.

Et ils étaient ici tous deux quand tu es sortie de la chambre?

RITA.

Je ne sais : ce qu'il y a de certain, c'est que le domestique apporta une lumière, et que je me trouvai tout à coup, comme par enchantement, placée entre lui et son maître, sans pouvoir m'échapper, ni savoir quelle défaite leur donner.

(Rita prend la lumière et se remet à chercher près de la fenêtre.)

DONA FRANCISCA.

C'était eux sans aucun doute;... ils étaient ici quand je parlai à la fenêtre... Et cette lettre?

RITA.

Je ne la trouve pas, mademoiselle.

DONA FRANCISCA.

Ils l'auront... Ne prends pas une peine inutile. Il ne manquait que cela à mon malheur.... Ne la cherche plus, ils l'ont.

RITA

Du moins, par-ici...

DONA FRANCISCA.

Je ne sais plus où j'en suis.

(Elle s'assied.)

RITA.

Quel homme ! Sans s'être expliqué ;... sans dire seulement...

DONA FRANCISCA.

Au moment où il allait le faire, tu m'as avertie, et il a fallu nous retirer. Mais tu ne sais pas avec quelle crainte il me parlait, quelle agitation il faisait paraître. Il me dit que dans cette lettre, je verrais les motifs trop justes qui l'obligeaient à partir ; qu'il l'avait écrite pour la laisser à une personne sûre qui me l'aurait remise, dans la supposition qu'il lui serait impossible de me voir : toutes défaites, Rita, d'un homme perfide qui a promis ce qu'il ne voulait pas accomplir. Il vint, il trouva un rival, et il aura dit : Pourquoi donc irai-je quereller les gens, et me faire maintenant le défenseur d'une femme.... Il y a tant de femmes !... Qu'on la marie ; je n'y perds rien : ma tranquillité doit passer avant la vie de cette malheureuse.... Pardon, mon Dieu, pardon de l'avoir tant aimé !

RITA, *regardant la chambre de don Diégo.*

Ah! mademoiselle; je crois que les voilà déjà qui sortent.

RITA.

DONA FRANCISCA.

N'importe, laisse-moi.

RITA.

Mais si don Diégo vous voit dans cet état...

DONA FRANCISCA.

Puisque tout est perdu, que puis-je craindre? et crois-tu que j'aie seulement assez de force pour me lever?... Qu'ils viennent, il m'importe peu.

SCÈNE VII.

DON DIÉGO, SIMON, DONA FRANCISCA, RITA.

SIMON.

Je vois ce que j'ai à faire; il n'en faut pas davantage.

DON DIÉGO.

Écoute; fais seller tout de suite le cheval barbe, pendant que tu vas à l'auberge; s'ils sont partis, tu reviens, tu montes à cheval, et d'un temps de galop, tu les rattrapes... (*Apercevant Francisca et Rita.*) toutes deux ici. Eh!.. Allons! pars, ne perds pas de temps.

SIMON.

Je pars.

(*Simon sort par la porte du fond.*)

DON DIÉGO.

Vous vous levez bien matin, dona Paquita.

DONA FRANCISCA.

Oui, monsieur.

DON DIÉGO.

Dona Irène n'a pas encore sonné?

DONA FRANCISCA.

Non, monsieur. (*A Rita.*) Mais il vaut mieux que tu y ailles, dans le cas où elle serait éveillée et voudrait s'habiller.

(Rita sort.)

SCÈNE VIII.

DON DIÉGO, DONA FRANCISCA.

DON DIÉGO.

Vous n'avez pas bien dormi cette nuit?

DONA FRANCISCA.

Non, monsieur; et vous?

DON DIÉGO.

Ni moi non plus.

DONA FRANCISCA.

Il a fait trop chaud.

DON DIÉGO.

Est-ce que vous seriez incommodée?

DONA FRANCISCA.

Quelque peu.

DON DIÉGO.

Qu'éprouvez-vous?

(Il s'assied près d'elle.)

DONA FRANCISCA.

Ce n'est rien ;... un peu de... rien ; je n'ai rien.

DON DIÉGO.

Ce doit être quelque chose, car je vous vois très-abattue, très-inquiète, très-chagrine.... Qu'avez-vous, Paquita ? ne savez-vous pas que je vous aime bien tendrement ?

DONA FRANCISCA.

Oui, monsieur.

DON DIÉGO.

Eh bien, pourquoi n'avez-vous pas plus de confiance en moi ? Pensez-vous que je n'aurais pas beaucoup de plaisir à trouver l'occasion de vous être utile ?

DONA FRANCISCA.

Je le sais.

DON DIÉGO.

Eh bien, comment, sachant que vous avez un ami, ne lui ouvrez-vous pas votre cœur ?

DONA FRANCISCA.

Parce que cela même m'oblige à me taire.

DON DIÉGO.

Cela voudrait-il dire par hasard que je suis la cause de votre chagrin ?

DONA FRANCISCA.

Non, monsieur, vous ne m'avez offensée en rien, ce n'est pas de vous que j'ai sujet de me plaindre.

DON DIÉGO.

De qui donc, ma fille ?... Approchez-vous ; parlons, s'il se peut une fois, sans détours ni dissimulation. Dites-moi, n'est-il pas certain que vous regardez avec quelque répugnance le mariage que l'on vous propose? Parions que si l'on vous laissait une entière liberté dans votre choix, vous ne vous marieriez pas avec moi.

DONA FRANCISCA.

Ni avec un autre.

DON DIÉGO.

Est-il possible que vous n'en connaissiez pas quelque autre qui soit plus aimable que moi, que vous aimiez bien et qui vous paye de retour, comme vous le méritez?

DONA FRANCISCA.

Non, monsieur; non, monsieur.

DON DIÉGO.

Réfléchissez-y bien.

DONA FRANCISCA.

Ne vous dis-je pas que non?

DON DIÉGO.

Dois-je croire par hasard que vous conservez pour la retraite où vous avez été élevée une inclination telle, que vous préfériez l'austérité du couvent à à une vie plus...

DONA FRANCISCA.

Pas davantage; non monsieur, je n'ai jamais pensé ainsi.

DON DIÉGO.

Je n'insiste pas pour en savoir davantage;... mais de tout ce que je viens d'entendre il résulte une

ACTE III, SCÈNE VIII.

très-grave contradiction : vous n'avez pas, à ce qu'il paraît, d'inclination pour l'état religieux. Vous m'assurez que vous n'avez aucun sujet de plainte contre moi, que vous êtes persuadée de l'estime que j'ai pour vous, que vous ne pensez pas à vous marier avec un autre, et que je ne dois pas craindre que personne me dispute votre main... D'où viennent donc ces larmes? d'où naît cette tristesse profonde qui, en si peu de temps, a altéré vos traits de manière à les rendre à peine reconnaissables? Tout cela annonce-t-il que vous m'aimez uniquement, que vous vous marierez volontiers avec moi dans quelques jours? Est-ce ainsi que se manifestent l'allégresse et l'amour?

(Le théâtre s'éclaire peu à peu par la naissance du jour.)

DONA FRANCISCA.

Quels motifs vous ai-je donné de concevoir de pareilles défiances?

DON DIÉGO.

Comment donc? et si je passe par-dessus toutes ces considérations, si je presse les préparatifs de notre union, si votre mère continue de l'approuver et que le moment arrive....

DONA FRANCISCA.

Je ferai ce que ma mère m'ordonne, et je me marierai avec vous.

DON DIÉGO.

Et ensuite, Paquita?....

DONA FRANCISCA.

Ensuite, et tant que je vivrai, je serai femme de bien.

DON DIÉGO.

Je n'en puis douter..... Mais si vous me considérez comme celui qui doit être jusqu'à la mort votre compagnon et votre ami, dites-moi, ces titres ne me donnent-ils pas quelques droits pour mériter de vous plus de confiance? ne dois-je pas obtenir que vous me disiez la cause de votre douleur? et ce n'est pas pour satisfaire une impertinente curiosité, mais bien pour m'employer de tout mon pouvoir à vous consoler, à améliorer votre sort, à vous rendre heureuse si mes efforts et mes soins pouvaient y réussir.

DONA FRANCISCA.

Tout bonheur est fini pour moi.

DON DIÉGO.

Pourquoi?

DONA FRANCISCA.

Jamais je ne dirai pourquoi.

DON DIÉGO.

Mais, quel obstiné, quel imprudent silence, quand vous-même enfin vous devez présumer que je n'ignore pas ce qui s'est passé!

DONA FRANCISCA.

Si vous l'ignorez, don Diégo, au nom du ciel, ne feignez point de le savoir; et si en effet vous le savez, ne me le demandez pas.

DON DIÉGO.

C'est bon: une fois que vous n'avez rien à me dire, que cette affliction et ces larmes sont volontaires, aujourd'hui nous arriverons à Madrid, et dans huit jours vous serez ma femme.

DONA FRANCISCA.

Et je comblerai les vœux de ma mère.

DON DIÉGO.

Et vous serez malheureuse pour la vie.

DONA FRANCISCA.

Je le sais bien.

DON DIÉGO.

Voilà les fruits de l'éducation! voilà ce que l'on ose appeler bien élever une jeune fille, en lui enseignant à démentir et à cacher les passions les plus innocentes, sous une perfide dissimulation. Elles sont réputées honnêtes dès l'instant qu'on les voit instruites dans l'art de se taire et de mentir. On s'obstine à vouloir que le tempérament, l'âge et le caractère, n'aient aucune influence sur leurs inclinations ou que leur volonté se plie aux caprices de qui les gouverne. Pourvu qu'elles ne disent pas ce qu'elles sentent, pourvu qu'elles feignent de détester ce qu'elles désirent le plus, pourvu qu'elles se prêtent à prononcer, quand on le leur ordonne, un *oui* parjure, sacrilége, origine de tant de scandales, il est convenu qu'elles sont bien élevées, et on appelle une excellente éducation celle qui leur impose la crainte, l'astuce et le silence d'un esclave.

DONA FRANCISCA.

Il est vrai..... tout cela est certain..... Voilà ce qu'on exige de nous, voilà ce que nous apprenons par les leçons que l'on nous donne..... Mais le motif de mon affliction est beaucoup plus grave.

DON DIÉGO.

Quel qu'il soit, ma fille, il faut que vous vous calmiez...... Si votre mère vous voit dans cet état, que dira-t-elle?.... Voyez, je crois qu'elle est déjà levée.

DONA FRANCISCA.

Mon Dieu !

DON DIÉGO.

Oui, Paquita, il faut que vous repreniez un peu d'empire sur vous-même..... Ne vous abandonnez point ainsi à la douleur.... ayez confiance en Dieu... Allons.... nos malheurs ne sont pas toujours aussi grands que l'imagination nous les représente.... Voyez dans quel désordre vous êtes! quelle agitation! que de larmes! Allons, me donnez-vous votre parole de vous présenter.... là.... avec sérénité?

DON FRANCISCA.

Et vous, monsieur.... vous connaissez le caractère de ma mère. Si vous ne me défendez pas, sur qui dois-je jeter les yeux? qui aura pitié d'une infortunée?

DON DIÉGO.

Votre bon ami.... moi.... Comment me serait-il possible de vous abandonner,... aimable créature,.. dans la situation douloureuse où je vous vois?

(Il lui presse la main.)

DONA FRANCISCA.

Quoi! vraiment !

ACTE III, SCÈNE VIII.

DON DIÉGO.

Vous connaissez mal mon cœur.

DONA FRANCISCA.

Non, je le connais bien.

(Elle veut se mettre à genoux, don Diégo l'arrête et tous deux se lèvent.)

DON DIÉGO.

Que faites-vous, ma fille?

DONA FRANCISCA.

Je ne sais... Combien est indigne de tant de bonté une femme si ingrate envers vous!... ingrate, non! malheureuse! oh, oui, bien malheureuse, don Diégo!

DON DIÉGO.

Je sais bien que vous reconnaissez autant qu'il est en vous l'amour que je vous porte..... Tout le reste a été..... que sais-je?.... une méprise de ma part et pas autre chose..... Mais vous êtes innocente. Vous n'avez aucune faute à vous reprocher dans tout ceci.

DONA FRANCISCA.

Venez-vous?

DON DIÉGO.

Pas à présent, Paquita. J'irai vous rejoindre dans un moment.

DONA FRANCISCA.

Venez bientôt.

(Elle se dirige vers la chambre de dona Irène, revient et baise la main à don Diégo.)

DON DIÉGO.

Oui, à l'instant.

SCÈNE IX.

SIMON, DON DIÉGO.

SIMON.

Ils sont là, monsieur.

DON DIÉGO.

Comment?

SIMON.

Comme je sortais de la porte, je les vis au loin, qui étaient déjà en route. Je commençai à crier et à faire des signes avec mon mouchoir. Ils s'arrêtèrent, et à peine fus-je arrivé près d'eux et eus-je fait connaître à votre neveu l'ordre dont j'étais chargé, qu'il tourna bride. Il est en bas; je lui ai recommandé de ne pas monter, jusqu'à ce que je vous eusse averti, dans le cas où il y aurait eu du monde ici et où vous ne voudriez pas qu'on le vît.

DON DIÉGO.

Et qu'a-t-il dit quand tu t'es acquitté de ton message?

SIMON.

Pas un mot.... il est à moitié mort;... pas un mot, vous dis-je?.... Pour moi, je suis tout ému de compassion de l'avoir vu comme cela.... Si....

DON DIÉGO.

Allons, ne commence pas à intercéder pour lui.

SIMON.

Moi, monsieur!

DON DIÉGO.

Oui.... et je n'entends pas que.... Compassion ! c'est un étourdi.

SIMON.

Comme je ne sais pas ce qu'il a fait....

DON DIÉGO.

C'est un mauvais sujet, qui me fera mourir... Je t'ai déjà dit que je ne voulais pas d'intercesseurs...

SIMON.

Cela suffit, monsieur.

DON DIÉGO.

Dis-lui de monter.

(Simon sort par la porte du fond. Don Diégo s'assied d'un air inquiet et mécontent.)

SCÈNE X.

DON CARLOS, DON DIÉGO.

DON DIÉGO.

Approchez, mon petit monsieur, approchez..... où as-tu été depuis que nous nous sommes vus ?

DON CARLOS.

A l'auberge du faubourg.

DON DIÉGO.

Et tu n'en es pas sorti pendant toute la nuit, hem ?

DON CARLOS.

Si monsieur, je suis entré dans la ville et....

DON DIÉGO.

Pourquoi faire? asseyez-vous.

DON CARLOS.

Il était indispensable que je parlasse à une personne....

DON DIÉGO.

Indispensable!

DON CARLOS.

Oui, monsieur..... Je lui dois beaucoup d'égards et il ne m'était pas possible de retourner à Sarragosse, sans l'avoir vue avant.

DON DIÉGO.

Ah! si c'était une nécessité si grande.... Mais venir voir cette personne à trois heures du matin. Cela me paraît une singulière incartade..... Pourquoi ne lui avez-vous pas écrit une lettre? tenez, je dois avoir ici..... avec cette lettre que tu lui aurais envoyée, dans un moment plus opportun... il n'était pas nécessaire de la faire lever la nuit, ni de déranger personne.

(Il lui donne le papier qui a été jeté par la fenêtre. Don Carlos, aussitôt qu'il le reconnaît, le lui rend et se lève comme pour sortir.)

DON CARLOS.

Eh bien, si vous savez tout, pourquoi me rappelez-vous? pourquoi ne me permettez-vous pas de poursuivre ma route? ce serait le moyen d'éviter une explication dont ni vous ni moi ne pouvons sortir satisfaits.

DON DIÉGO.

Votre oncle veut savoir ce que c'est que tout ceci, il veut que vous le lui disiez.

ACTE III, SCÈNE X.

DON CARLOS.

A quoi bon en savoir davantage ?

DON DIÉGO.

Parce que je le veux et que je l'ordonne, entends-tu ?

DON CARLOS.

A la bonne heure.

DON DIÉGO.

Assieds-toi ici. (*Don Carlos s'assied.*) Où as-tu connu cette jeune personne ? Qu'est-ce que c'est que cet amour ? quelles circonstances l'ont fait naître ?... quelles obligations y a-t-il entre vous deux ? où, quand l'as-tu vue ?

DON CARLOS.

En retournant à Sarragosse, l'année dernière, j'arrivai à Guadalaxara, sans intention de m'y arrêter ; mais l'intendant que j'allai voir à sa maison de campagne, voulut absolument m'y retenir un jour entier, parce que c'était l'anniversaire de la naissance de sa femme. Il me promit que le lendemain il me laisserait continuer mon voyage. Parmi les personnes invitées, je trouvai dona Paquita que l'intendante avait fait sortir ce jour-là de son couvent pour lui procurer quelque distraction.... Je ne sais ce que je vis en elle, qui fit naître dans mon âme une inquiétude, un désir constant, irrésistible, de la voir, de l'entendre, de me trouver auprès d'elle, de lui parler, de me rendre agréable à ses yeux.... L'intendant dit, entre autres plaisanteries, que j'avais le cœur très-tendre et il lui vint à l'idée de supposer que je m'appelais don Félix de Tolède, nom que donna Caldéron à quelques amans de ses comédies. Je me prêtai à cette fiction, parce que dès lors je conçus le projet de rester quelque temps dans la ville et d'éviter ainsi que la nouvelle vous en parvînt.... J'observai que dona Paquita me traita avec une attention particulière, et quand le soir nous nous séparâmes, je restai plein de vanité et d'espérances en me voyant préféré à tous mes concurrens de ce jour, qui furent nombreux... Mais je ne voudrais pas vous offenser en vous rapportant....

DON DIÉGO.

Poursuis.

DON CARLOS.

J'appris qu'elle était fille d'une dame de Madrid, veuve et pauvre, mais d'une famille honnête. Il fallut confier à mon ami les projets d'amour qui m'obligeaient de rester chez lui : et lui, sans y applaudir ni les désapprouver, trouva les défaites les plus ingénieuses pour que personne de sa famille ne trouvât étrange mon séjour à Guadalaxara. Comme sa maison de campagne est aux portes de la ville, j'allais et venais facilement pendant la nuit.... J'obtins que dona Paquita lut quelques-unes de mes lettres, et par les courtes réponses que j'ai reçues, j'achevai de me précipiter dans une passion qui, tant que je vivrai, me rendra malheureux.

DON DIÉGO.

Bah !.... Allons, continue.

DON CARLOS.

Mon domestique qui, comme vous savez, est un

ACTE III, SCÈNE X.

homme d'expédient, et qui connaît le monde, sut par mille artifices, que son esprit inventif lui suggérait à chaque instant, écarter les nombreux obstacles qui se présentaient dans le principe.... Le signal était trois coups dans la main, auxquels on répondait de la même manière, par une petite fenêtre qui donnait sur une des rues latérales du couvent. Nous nous parlions toutes les nuits, furtivement, avec la prudence et les précautions convenables... Je fus toujours pour elle don Félix de Tolède, officier dans un régiment, estimé de mes chefs et homme d'honneur; jamais je ne lui en dis davantage. Jamais je ne lui parlai ni de ma famille, ni de mes espérances; jamais je ne lui donnai à entendre qu'en se mariant avec moi, elle pourrait aspirer à une meilleure fortune, parce qu'il ne me convenait pas de vous nommer et que je ne voulus pas l'exposer à ce que des vues d'intérêt, et non l'amour, la fissent incliner à accueillir mes vœux. Chaque fois je la trouvai plus tendre, plus belle, plus digne d'être adorée..... Je restai environ trois mois dans les lieux qu'elle habitait; mais enfin il fallut nous séparer; et une nuit, nuit funeste, je lui dis adieu, je la laissai plongée dans un évanouissement mortel et je m'en fus, égaré par l'amour, où mon devoir m'appelait... Ses lettres adoucirent pour moi pendant quelque temps le tourment de l'absence, et dans la dernière que je reçus, il y a peu de jours, elle me dit comment sa mère faisait des arrangemens pour la marier. Elle ajoutait qu'elle perdrait plutôt la vie que de donner sa main à un autre que moi; elle me rappelait mes sermens et m'exhortait à les remplir; je montai à cheval, je partis précipitamment, j'arrivai à Guadalaxara, je ne la trouvai pas, je vins ici..... Le reste, vous le savez, il est inutile de vous le dire.

DON DIÉGO.

Et quels projets étaient les tiens en faisant ce voyage?

DON CARLOS.

De la consoler, de lui jurer de nouveau un amour éternel; de me rendre à Madrid, de vous voir, de me jeter à vos pieds, de vous raconter tout ce qui s'était passé, et de vous demander, non pas des richesses, ni des héritages, ni des protections, non, rien de tout cela... mais seulement votre consentement et votre bénédiction pour former un lien si désiré, sur lequel, elle et moi, nous fondions toute notre félicité.

DON DIÉGO.

Eh bien, tu vois, Carlos, qu'il est temps de penser tout différemment.

DON CARLOS.

Oui, monsieur.

DON DIÉGO.

Si tu l'aimes, je l'aime aussi. Sa mère et toute sa famille applaudissent à ce mariage. Quant à elle..., quelles que soient les promesses qu'elle t'a faites.... elle-même, il n'y a pas une demi-heure; m'a dit qu'elle était prête à obéir à sa mère et à me donner la main, et...

DON CARLOS.

Oui, mais pas son cœur.

(Il se lève.)

ACTE III, SCÈNE X

DON DIÉGO.

Que dis-tu?

DON CARLOS.

Non, non, jamais... ce serait l'offenser... Vous célébrerez vos noces quand vous voudrez; elle se comportera toujours comme il convient à son honnêteté et à sa vertu; mais j'ai été le premier, l'unique objet de son amour, je le suis, je le serai... Vous vous appellerez son mari; mais si quelquefois ou souvent même vous la surprenez et voyez ses beaux yeux inondés de larmes, c'est pour moi qu'elle les versera... Ne lui demandez jamais le motif de ses accès de mélancolie... moi, moi, j'en serai la cause... Les soupirs qu'elle tâchera en vain d'étouffer, seront des témoignages de tendresse adressés à un ami absent.

DON DIÉGO.

Quelle témérité est celle-là?

(Il se lève avec colère, et s'avance vers don Carlos qui se retire.)

DON CARLOS.

Je vous l'ai dit... je ne pouvais dire un mot sans vous offenser... Mais finissons cette odieuse conversation.... Vivez heureux et ne me haïssez pas; car je n'ai voulu en rien vous déplaire... La plus grande preuve que je puisse vous donner de mon obéissance et de mon respect, c'est de partir d'ici à l'instant même... Mais ne me refusez pas au moins la consolation de savoir que vous me pardonnez...

DON DIÉGO.

Quoi! réellement, tu pars?

DON CARLOS.

A l'instant, monsieur, et cette absence sera bien longue...

DON DIÉGO.

Pourquoi?

DON CARLOS.

Parce qu'il ne me convient pas de la revoir de ma vie... Si les bruits qui courent d'une prochaine guerre venaient à se réaliser... alors...

DON DIÉGO.

Que veux-tu dire?

(Il prend don Carlos par le bras et l'amène sur le devant de la scène.)

DON CARLOS.

Rien... Que je désire la guerre parce que je suis soldat.

DON DIÉGO.

Carlos! quelle horreur... As-tu bien le cœur de me tenir un tel langage?

DON CARLOS.

Quelqu'un vient : c'est peut-être elle... Que le ciel conserve vos jours.

(Il regarde avec inquiétude du côté de l'appartement de dona Irène, s'éloigne de don Diégo et s'avance vers la porte du fond. Don Diégo le suit et veut l'arrêter.)

DON DIÉGO.

Où vas-tu?... Non, Carlos, non, tu ne dois pas t'en aller.

DON CARLOS.

Il le faut... Je ne dois pas la voir... un seul de nos regards pourrait vous causer des inquiétudes cruelles.

DON DIÉGO.

J'ai déjà dit que cela ne doit pas être... Entre dans cette chambre.

DON CARLOS.

Mais si...

DON DIÉGO.

Fais ce que je t'ordonne.

(Don Carlos entre dans la chambre de don Diégo.)

SCÈNE XI.

DONA IRÈNE, DON DIÉGO.

DONA IRÈNE.

Eh bien, monsieur Diégo, est-il déjà l'heure de partir... Bonjour... Est-ce que vous priez?

(Elle éteint la lumière qui est sur la table.)

DON DIÉGO.

Oui, je suis bien disposé à prier en ce moment.

(Il se promène avec inquiétude.)

DONA IRÈNE.

Si vous voulez, on peut dès à présent préparer le chocolat, et avertir le cocher de mettre les chevaux aussitôt que... Mais qu'avez-vous, monsieur?... Y aurait-il quelque chose de nouveau?

DON DIÉGO.

Oui, il ne laisse pas d'y avoir du nouveau.

DONA IRÈNE.

Qu'est-ce donc?... dites-le, pour Dieu... Allons... ne savez-vous pas combien je suis facile à émouvoir...

La moindre chose qui survient à l'improviste me cause une révolution... Depuis la dernière fausse couche que j'ai faite, il m'est resté une excessive délicatesse de nerfs... et il y a cependant près de dix-neuf ans, si ce n'est vingt; mais depuis lors, comme je vous le disais, une bagatelle me bouleverse... Ni les bains, ni les bouillons de vipère, ni la conserve de tamarin, rien ne m'a soulagée, de manière que...

DON DIÉGO.

Allons, ne parlons maintenant ni de fausses couches, ni de conserves... Il y a des choses plus sérieuses qui doivent nous occuper... Que font ces jeunes filles?

DONA IRÈNE.

Elles sont à rassembler leurs effets, et à faire leur malle pour que tout soit prêt et qu'il n'y ait pas de retard.

DON DIÉGO.

Fort bien! asseyez-vous. Il n'y a pas à se troubler ni à crier, pour rien de ce que je vais dire. (*Tous deux s'asseyent.*) Songez bien qu'il ne faut pas que le jugement nous abandonne lorsque nous en avons le plus besoin... Votre fille est amoureuse...

DONA IRÈNE.

Eh bien, ne vous l'avais-je pas dit déjà mille fois? Oui, monsieur, elle est amoureuse, et il suffisait que je le disse pour que...

DON DIÉGO.

Ce maudit défaut d'interrompre à chaque mot! laissez-moi parler.

ACTE III, SCÈNE XI.

DONA IRÈNE.

Bien. Allons, parlez.

DON DIÉGO.

Elle est amoureuse; mais elle n'est pas amoureuse de moi.

DONA IRÈNE.

Que dites-vous?

DON DIÉGO.

Ce que vous entendez.

DONA IRÈNE.

Mais, qui vous a conté ces extravagances?

DON DIÉGO.

Personne. Je le sais, je l'ai vu; personne ne me l'a conté; et quand je vous le dis, je suis bien sûr que c'est la vérité..... Allons, que signifient ces larmes?

DONA IRÈNE.

Malheureuse que je suis!

(Elle pleure.)

DON DIÉGO.

A quel propos vient cela?

DONA IRÈNE.

Parce qu'on me voit seule et sans moyens, et parce que je suis une pauvre veuve, il semble que tous me méprisent et se conjurent contre moi.

DON DIÉGO.

Madame Irène...

DONA IRÈNE.

A la fin de mes ans et avec mes infirmités, me voir traitée de cette manière : comme une malheureuse, comme une cendrillon, autant dire.... Qui croirait cela de vous?... Dieu me pardonne!... si mes trois défunts étaient en vie... si seulement le dernier défunt vivait encore, lui qui avait le caractère d'un vrai serpent....

DON DIÉGO.

Écoutez, madame; ma patience est à bout.

DONA IRÈNE.

Il suffisait de lui répliquer pour le voir devenir à l'instant comme une furie de l'enfer. Et un jour de procession, je ne sais pour quelle bagatelle, il accabla de gourmades un commissaire ordonnateur, et si ce n'eût été que deux religieux carmes se mirent à la traverse, il l'écrasait contre un pilier, sous le portique de Santa-Crux.

DON DIÉGO.

Mais est-il possible que vous ne veuillez pas faire attention à ce que je vais vous dire?

DONA IRÈNE.

Non, monsieur, je le sais déjà; je n'ai pas le poil d'une sotte; non, monsieur.... Vous n'aimez plus ma fille, et vous cherchez des prétextes pour esquiver l'obligation que vous avez contractée... Fille de mon âme et de mon cœur!

DON DIÉGO.

Madame Irène, faites-moi le plaisir de m'entendre, de ne pas me répliquer, de ne plus dire d'absurdités; et aussitôt que vous saurez ce dont il s'agit, pleurez, gémissez, criez, et dites tout ce que vous

ACTE II, SCÈNE XI.

voudrez;... mais jusque-là ne me faites pas mourir d'impatience, pour l'amour de Dieu.

DONA IRÈNE.

Dites ce qu'il vous plaira.

DON DIÉGO.

Ne recommençons pas à pleurer une autre fois, ni à....

DONA IRÈNE.

Non, monsieur, je ne pleure plus.

(Elle essuie ses larmes.)

DON DIÉGO.

Eh bien, donc, il y a environ un an, un peu plus ou moins, que dona Paquita a un autre amant; ils se sont parlé maintes fois, ils se sont écrit, se sont promis amour, fidélité, constance.... et enfin, il existe dans leur cœur une passion si tendre, que les obstacles et l'absence, loin de la diminuer, ont contribué efficacement à la rendre plus vive. Dans cet état de choses...

DONA IRÈNE.

Mais ne voyez-vous pas bien, monsieur, que tout cela est un bavardage inventé par quelque mauvaise langue qui ne nous veut pas de bien?

DON DIÉGO.

Allons-nous recommencer une autre fois?.. Non, madame, ce n'est pas un bavardage. Je vous répète encore que je suis bien instruit.

DONA IRÈNE.

Que pouvez-vous savoir, monsieur? et quelle apparence de vérité y a-t-il dans tout ceci? Quoi! la fille de mes entrailles, enfermée dans un couvent, jeûnant les quatre temps et vigile, accompagnée de ces saintes religieuses?.. elle qui ne sait pas ce que c'est que le monde, qui n'est pas encore sortie de la coquille comme on dit? On voit bien que vous ne connaissez pas le caractère de Circoncision. C'est bien elle qui est capable d'avoir fermé les yeux sur le moindre faux pas de sa nièce.

DON DIÉGO.

Il ne s'agit ici d'aucun faux pas, madame dona Irène; il s'agit d'une inclination honnête, dont jusqu'à présent nous n'avions eu aucune connaissance; votre fille est une jeune personne très-honnête, qui n'est pas capable de faire de faux pas... Ce que je dis, c'est que la mère Circoncision, la Solitude et la Chandeleur, et toutes les mères, et vous, et moi tout le premier, nous nous sommes trompés solennellement. La jeune fille veut se marier avec un autre et non avec moi... Nous sommes arrivés trop tard. Vous avez compté trop légèrement sur la volonté de votre fille... Mais pourquoi tant nous fatiguer à parler? Lisez ce papier et vous verrez si j'ai raison.

(Il lui donne la lettre de don Carlos. Dona Irène, sans la lire, se lève avec beaucoup d'agitation, s'approche de la porte de sa chambre et appelle. Don Diégo se lève et cherche vainement à la retenir.)

DONA IRÈNE.

J'en perdrai la tête!... Francisquita... sainte vierge du Marais!... Rita, Francisca!

DON DIÉGO.

Mais à quoi bon les appeler?

DONA IRÈNE.

Si, monsieur, je veux qu'elle vienne et que la pauvre enfant se détrompe sur notre compte.

DON DIÉGO.

Elle a renversé tous mes projets... Voilà ce qui arrive à qui compte sur la prudence d'une femme.

SCÈNE XII.

DONA FRANCISCA, RITA, DONA IRÈNE, DON DIÉGO.

RITA.

Madame.

DONA FRANCISCA.

Vous m'appellez?

DONA IRÈNE.

Oui, ma fille; oui, parce que M. Diégo nous traite d'une manière, qui ne peut plus se tolérer. Quelle amour as-tu, mon enfant? à qui as-tu donné parole de mariage? qu'est-ce que c'est que cette intrigue?... Et toi, coquine; toi aussi tu dois le savoir... Nécessairement tu le sais... Qui a écrit ce papier? Que dit-il?...

(Elle présente la lettre ouverte à dona Francisca.)

RITA, à part, à dona Francisca.

C'est sa lettre.

DONA FRANCISCA.

Quelle noirceur! Monsieur Diégo, est-ce ainsi que vous tenez votre parole?

DON DIÉGO.

Dieu sait que ce n'est pas ma faute !... Venez ici, (*il prend dona Francisca par la main et la place auprès de lui*) il n'y a rien à craindre.... Et vous, madame, écoutez, taisez-vous et ne me mettez pas dans le cas de faire un éclat fâcheux... Donnez-moi ce papier (*prenant la lettre des mains de dona Irène*). Paquita, vous vous souvenez du signal de cette nuit.

DONA FRANCISCA.

Tant que je vivrai, je m'en souviendrai.

DON DIÉGO.

Eh bien, voilà le papier qui a été jeté par la fenêtre... Il n'y a pas lieu de vous effrayer, je vous l'ai déjà dit.

(Il lit.)

« Tendre amie, si je ne puis réussir à vous par-
» ler, je ferai mon possible pour que cette lettre
» parvienne entre vos mains. A peine me séparai-je
» de vous, que je rencontrai dans l'auberge celui
» que j'appelais mon ennemi, et en le voyant, je
» ne sais comment je n'expirai pas de douleur. Il
» m'ordonna de sortir à l'instant de la ville, et il
» fallut lui obéir. Je m'appelle don Carlos et non
» don Félix... Don Diégo est mon oncle. Vivez heu-
» reuse et oubliez pour toujours votre malheureux
» ami.

» Carlos de Urbina. »

DONA IRÈNE.

Quoi ! il y a cela ?

DONA FRANCISCA.

Malheureuse!

DONA IRÈNE.

Quoi! c'est donc la vérité que disait monsieur, coquine fieffée? tu te souviendras de moi.

(Elle s'avance avec colère vers dona Francisca, et paraît vouloir la maltraiter; Rita et don Diégo cherchent à l'arrêter.)

DONA FRANCISCA.

Ma mère... Pardon.

DONA IRÈNE.

Non, non; il faut que je la tue...

DON DIÉGO.

Quelle est cette nouvelle folie?

DONA IRÈNE.

Il faut que je la tue.

SCÈNE XIII.

DON CARLOS, DON DIÉGO, DONA IRÈNE, DONA FRANCISCA, RITA.

DON CARLOS. Il sort précipitamment de la chambre; il prend dona Francisca par un bras, l'emporte au fond du théâtre, et se met devant elle pour la défendre. Dona Irène se trouble et se retire.

Arrêtez... Devant moi, personne ne lui fera la moindre offense.

DONA FRANCISCA.

Carlos!

DON CARLOS, s'approchant de don Diégo.

Pardonnez ma hardiesse;... j'ai vu qu'on la maltraitait et je n'ai pu me contenir.

Théâtre de Moratin.

DONA IRÈNE.

Qu'est-ce qui m'arrive, mon Dieu!... Qui êtes-vous?.. quelle est cette conduite?.. quel scandale!..

DON DIÉGO.

Il n'y a ici aucun scandale... Voilà celui qui est aimé de votre fille;... les séparer et les tuer, c'est la même chose... Carlos... il n'importe,... embrasse ta femme.

(Carlos s'approche de dona Francisca; ils s'embrassent, et tous deux se jettent aux genoux de don Diégo.)

DONA IRÈNE.

Quoi, c'est votre neveu...

DON DIÉGO.

Oui, madame; mon neveu, qui avec ses coups dans la main, et sa musique et sa lettre, m'a fait passer la nuit la plus terrible que j'aie eue de ma vie... Qu'est cela, mes enfans, qu'est cela?

DONA FRANCISCA.

Vous nous pardonnez donc, et vous faites notre bonheur?

DON DIÉGO.

Oui, charme de mon âme; oui.

(Il les relève avec des témoignages de tendresse.)

DONA IRÈNE.

Est-il possible que vous vous déterminiez à faire un sacrifice...

DON DIÉGO.

J'ai pu les séparer pour toujours, et goûter tranquillement la possession de cette aimable fille; mais ma conscience ne le permet pas... Carlos! Paquita!

quelle douloureuse impression laisse dans mon âme l'effort que je viens de faire!... car enfin je suis homme, misérable et faible.

DON CARLOS, en lui baisant la main.

Si notre amour, si notre reconnaissance peuvent suffire pour vous consoler d'une si grande perte....

DONA IRÈNE.

Voyez donc ce bon don Carlos! en vérité...

DON DIÉGO.

Lui et votre fille s'aimaient avec transport, tandis que vous et les tantes de Francisca vous fondiez des châteaux en l'air, et me remplissiez la tête d'illusions qui ont disparu comme un songe... Voilà ce qui résulte de l'abus de l'autorité, de l'oppression qu'on fait souffrir à la jeunesse; voilà les sûretés que donnent les pères et les tuteurs; voilà comme on doit se fier au oui des jeunes filles... Par un heureux hasard, j'ai su à temps combien j'étais dans l'erreur... Malheur à ceux qui le savent trop tard!

DONA IRÈNE.

Enfin, que Dieu les protége, et que pendant longues années ils jouissent de... Approchez, monsieur, approchez; je veux vous embrasser. (*Elle embrasse don Carlos.*) Ma fille, Francisquita, allons, tu as fait un bon choix... Assurément c'est un garçon de bonne mine,... la peau un peu brune;... mais il a un coup d'œil des plus séduisans.

RITA.

Oui, dites-lui tout cela, elle n'y avait pas fait attention... Mademoiselle, un million de baisers...

(*Elles s'embrassent.*)

DONA FRANCISCA.

Peut-on éprouver une plus vive joie?... et toi, qui m'aimes tant !... toujours, toujours tu seras mon amie.

DON DIEGO.

Charmante Paquita, reçois les premiers embrassemens de ton nouveau père... Je ne crains plus la solitude terrible qui menaçait ma vieillesse. (*Prenant par la main don Carlos et Francisca.*) Vous serez le charme de mon cœur; et le premier fruit de votre amour... oui, mes enfans, il le faut absolument, celui-là est pour moi; et quand je le tiendrai dans mes bras, je pourrai dire : c'est à moi que cet innocent enfant doit son existence; si ses parens vivent, s'ils sont heureux, c'est moi qui en ai été la cause.

DON CARLOS.

Benie soit une bonté si grande!

DON DIEGO.

Enfans, bénie soit la bonté de Dieu !

FIN DU TROISIÈME ET DERNIER ACTE.

LE VIEILLARD
ET LA JEUNE FILLE,

COMÉDIE EN TROIS ACTES.

NOTICE
SUR LE VIEILLARD
ET LA JEUNE FILLE.

Dans le *Oui des jeunes filles*, don Diégo dit, en unissant à son neveu la femme qu'il avait d'abord choisie pour lui-même : « Par un heu- » reux hasard, j'ai su à temps combien j'étais » dans l'erreur... Malheur à ceux qui le savent » trop tard! » C'est ce malheur que Moratin a voulu peindre dans sa comédie du *Vieillard et la jeune fille*. Cette pièce n'est qu'un nouveau développement donné à la vérité morale qui a été si bien présentée dans la comédie précédente. Dans le *Oui des jeunes filles*, on voit un vieillard respectable, deux jeunes gens aimables et vertueux prêts à devenir malheureux pour la vie, parce qu'une mère, retranchée dans son autorité absolue, ne suppose pas même que sa fille puisse former des vœux contraires au mariage qu'elle lui impose, et parce que cette pauvre enfant, dominée par la crainte et l'ascendant de sa mère, se garde bien de laisser connaître l'état de son cœur. Mais tout se découvre à temps, et trois êtres intéressans échappent aux malheurs dont allait les accabler l'abus de l'autorité maternelle. Dans le *Vieillard et la jeune fille*, le sacrifice est consommé. Une jeune fille abusée, subjuguée par son tuteur, a cru se venger de l'infidélité de son amant en contractant des nœuds que son cœur repoussait. Un vieillard imprudent a épousé une fille de dix-neuf ans, sans étudier son caractère et ses inclinations, sans s'informer si son cœur était libre, si son consentement était volontaire. Bientôt les soupçons, les querelles, les divisions, viennent troubler son ménage. Sa jeune épouse a reconnu que la prétendue infidélité de l'amant préféré n'était qu'une imposture de son tuteur, et elle pleure l'instant d'égarement où elle a contracté un hymen odieux. Le vieillard maudit trop tard son imprudence; les deux amans maudissent la perfidie du tuteur qui a fait un abus si coupable de son autorité : tel est le tableau que présente cette comédie. Il pouvait sans doute fournir le sujet d'un drame intéres-

sant ; mais Moratin ne l'a point envisagé ainsi.
Il semble n'y avoir cherché qu'un cadre pour
mettre en action, et plus souvent encore en
discours, des maximes fort sages sur les limites de l'autorité des parens, sur les devoirs
des époux, sur la folie d'un vieillard qui prend
une jeune femme. Il ne faut point chercher
dans cette pièce l'intérêt qui s'attache aux personnages mis en scène dans le *Oui des jeunes
filles*. Don Roch est loin de ressembler à don
Diégo. La sottise irréparable qu'il a faite le rend
malheureux, sans qu'on soit tenté de le plaindre. Ce n'est plus qu'un vieillard quinteux,
avare, jaloux, haï par sa femme, humilié par
sa sœur, et bafoué par son domestique, qui lui
reproche à chaque instant sa conduite et jusqu'à
ses infirmités. Ce caractère n'offre rien de comique, et il s'accorde même assez mal avec le
but moral que Moratin s'est proposé dans sa
pièce. Isabelle et don Juan sont dans une position tout aussi désavantageuse. Leur malheur
est sans remède : la mort seule de don Roch
pourrait les réunir, et cet événement n'est pas
admissible dans une comédie composée selon
les règles de notre théâtre. Les longues conver-

sations des deux amans n'offrent guère que des lamentations sans objet et sans intérêt ; et comme leur passion devient criminelle, on leur saurait plus de gré de s'y abandonner un peu moins. L'action est presque nulle, le dénoûment prévu dès le commencement est de peu d'effet ; cette comédie, en un mot, n'offre nulle part le charme répandu sur l'action et sur les caractères tracés dans le *Oui des jeunes filles*. Cependant elle a obtenu beaucoup de succès en Espagne, où elle est regardée comme une production très-estimable. Cela s'explique facilement : les Espagnols, dont le goût, en ce qui concerne le théâtre, est d'ailleurs très-différent du nôtre, sont un peuple à la fois spirituel et raisonnable. Ils ont trouvé, dans cette pièce, de quoi se satisfaire sous ce double rapport ; car elle offre souvent un dialogue vif, animé, semé de traits heureux, en même temps que des maximes sages, des tirades pleines de force et de raison, contre des usages vicieux, des travers condamnables, et des préjugés enracinés.

LE VIEILLARD

ET LA JEUNE FILLE.

PERSONNAGES.

DON ROCH, vieillard.
DON JUAN, amant de doña Isabelle.
DOÑA ISABELLE, femme de don Roch.
DOÑA BÉATRICE, veuve, sœur de don Roch.
BLASA, servante.
GINÈS, domestique de don Juan.
MUGNOZ, vieillard, domestique de don Roch.

La scène est à Cadiz dans une salle de la maison de don Roch.

LE VIEILLARD
ET LA JEUNE FILLE.

ACTE PREMIER.

SCÈNE PREMIÈRE.

Une salle proprement meublée, avec une table, un canapé, des chaises, etc. Au fond du théâtre est une porte du bureau de don Roch, à droite est la porte de l'escalier, et en face une autre porte qui communique dans les appartemens.

DON ROCH, MUGNOZ.

DON ROCH.

Mugnoz!

MUGNOZ, en dehors.

Monsieur.

DON ROCH.

Viens ici.

MUGNOZ.

Songez donc qu'il n'y a personne pour garder la porte et le vestibule.

DON ROCH.

Est-ce que tu n'as pas mis la barre de fer et poussé le verrou ?

MUGNOZ.

Si, monsieur.

DON ROCH.

En ce cas, il n'y a rien à craindre, tant que nous ne nous éloignerons pas; et si Moustache aboie, tu descendras aussitôt.

MUGNOZ.

Et dans quel dessein m'avez-vous appelé?

DON ROCH.

Pour te communiquer une affaire importante.

MUGNOZ.

Oh! je n'ai pas la tête maintenant à donner des conseils.

DON ROCH.

Tu es un singulier corps, Mugnoz.

MUGNOZ.

Je sais bien.....

DON ROCH.

Tu ne sais rien de ce que je vais te dire.

MUGNOZ.

Oui, sans doute; je suis un enfant à qui tout échappe : j'ai si peu de malice!

DON ROCH.

Écoute-moi un moment, et écoute avec attention. L'honneur de ma maison et mon repos....

ACTE I, SCÈNE I.

MUGNOZ.

Voilà bien ce que je prévoyais, allons.

DON ROCH.

Exigent....

MUGNOZ.

Exigent que vous déclariez ce qui vous occupe et ce que vous voulez, sans aller chercher des détours inutiles.

DON ROCH.

Prends ton rosaire et écoute.

MUGNOZ.

Je le prends et j'écoute.

DON ROCH.

Il serait superflu de te répéter, car tu n'as pas dû l'oublier, combien tu t'es rendu digne d'estime et d'attachement depuis que tu es chez moi. Tellement que mes trois femmes défuntes t'ayant toujours, par des raisons que tu connais, détesté de tout leur cœur, j'ai été constamment sourd à leurs plaintes et je t'ai conservé ma confiance. Il y a seize ans et demie trois mois et deux semaines que tu manges mon pain....

MUGNOZ.

Et je l'ai mangé de bon appétit. Ensuite?

DON ROCH.

Je dis que cela suffit pour que je puisse compter sur ta reconnaissance, lorsque me fiant à toi....

MUGNOZ.

Venons au fait.

DON ROCH.

M'y voici. Tu sauras, Mugnoz, que celui qui cause tout mon mal, celui qui me réduit à ne plus savoir où donner de la tête, c'est ce don Juan.... Eh bien, que dis-tu donc?

MUGNOZ, à part.

Moi? est-ce que j'ai dit un mot?

DON ROCH.

Je jurerais....

MUGNOZ, à part.

Il entend ce qu'on ne dit pas, et quand on parle il n'entend rien. (*Haut.*) Poursuivez, monsieur.

DON ROCH.

Je dis donc que l'auteur de ma disgrâce est ce don Juan, qui est arrivé à Cadix hier matin, et qui, acceptant l'offre que je lui fis de ma maison, est venu s'installer ici. Plût à Dieu que je ne l'y eusse jamais invité!

MUGNOZ.

La faute en est à vous. Qui diantre vous a poussé.... J'enrage.... prenez-y garde; quand on offre avec tant d'instances le gîte, le lit et la table à un homme....

DON ROCH.

Ce n'est pas sans raison, Mugnoz, que je lui ai fait cette invitation. Il était à Madrid auprès de don Alvaro de Silva, son oncle, avec lequel j'étais en arrangement pour prendre à mon compte cette affaire de la douane... tu sais ce que je veux dire. L'oncle mourut et je fus bien obligé, puisqu'il l'avait fait son héritier, de traiter avec le neveu; dans différentes lettres que j'écrivis, en envoyant les comptes de quelques sommes arriérées, je lui offris de venir loger chez moi quand il reviendrait à Cadix. Mais qui aurait cru qu'il accepterait ces offres? Un homme du monde, qui connaît dans cette ville tant de personnes qui ont son âge et ses goûts, qu'avait-il à faire chez moi?.... et certainement mes instances ne m'étaient pas dictées par l'affection que je lui porte; je ne puis en éprouver pour un homme qu'alors je ne connaissais pas même de vue. Seulement, comme il m'écrivait qu'il partait de Madrid et qu'il me remettrait ici l'argent dont il m'était encore redevable, par pure honnêteté je lui fis cette offre, croyant bien qu'elle ne serait pas acceptée.

MUGNOZ, allant vers la porte.

Eh bien, vous voilà détrompé.

DON ROCH.

Sans doute, je le suis; mais j'ai encore quelque chose à te dire : hier soir, en entrant dans la salle, je remarquai qu'il était dans le cabinet avec ma femme.

MUGNOZ.

Bien !

DON ROCH.

Je m'approchai, mais je ne pus entendre un mot de ce qu'ils disaient; je vis seulement que le seigneur don Juan, qui avait l'air de lui faire des reproches, voulait se lever pour sortir, et qu'elle employait les gestes et les paroles pour le retenir. Voyant cette scène d'un fort mauvais œil, je reculai quelques pas, et je fis un peu de bruit. J'entre, et je la trouve cousant des cordons à ma robe de chambre, et lui très-occupé à regarder les cartes et les gravures.

MUGNOZ.

Quelle promptitude de démon !

DON ROCH.

Que dois-je faire dans une si étrange situation, mon ami Mugnoz ? que ta sagacité vienne à mon secours : tire-moi d'une si grande peine ; que dois-je faire ? Je n'ai pas voulu me fier à ma sœur, parce que je lui vois faire des cachotteries avec Isabelle ; et je soupçonne que toutes deux....

MUGNOZ.

Sont de bonnes pièces. Enfin, ce que j'ai prédit arrive au pied de la lettre : mon maître, vieux et infirme, se marie avec une jeune fille. Je dis bien alors que cela ne pouvait pas bien aller. Mais il fallut....

DON ROCH.

Tu m'assassines, Mugnoz, avec ces discours. Quoi ! lorsque je cherche dans tes conseils quelque soulagement à mes peines, tu te mets à me quereller en face, sans me dire....

MUGNOZ.

Comme on ne me dit pas, à moi, un mot du mariage, je n'avais pas pensé que, le susdit mariage venant à tourner mal, je pusse vous être utile en rien.

DON ROCH.

Tout cela est passé.

ACTE I, SCÈNE I.

MUGNOZ.

Il y a un mois, personne ne se souvenait de Mugnoz, et maintenant.... On a bien raison de dire que tout est changement dans cette vie. Combien de longues et brillantes assemblées il y a eu ici ! quelles merveilles, quelles louanges sur le compte de la mariée ! Parmi tant de barbons qui se réunissaient chez vous, il n'y en a pas eu un seul qui vous ait dit : Don Roch, considérez combien est peu sage la résolution que vous avez prise de vous marier. Vous avez déjà enterré trois femmes; n'en prenez pas une quatrième qui vous enterre vous-même. Renoncez-y, au nom de Dieu; ce qui serait tout naturel à un autre âge est tout-à-fait déplacé dans un âge aussi avancé; c'est une extravagance.

DON ROCH.

Mugnoz, laissons là le passé; dis-moi ce que je dois faire.

MUGNOZ.

N'a-t-on pas lieu de rire en voyant un septuagénaire infirme qui se marie ? Et avec qui encore se marie-t-il ? avec une enfant qui brille à peine de l'éclat de ses dix-neuf ans. Et ensuite, sans songer au danger qui le menace, il reçoit chez lui un homme qui la connaît depuis le berceau, qui a passé son enfance près d'elle, et qui a toujours eu, et qui entretient encore avec elle des relations agréables à l'un et à l'autre.

DON ROCH.

Quoi donc ! cette amitié date de si loin ?

MUGNOZ.

Comment, vous ne savez donc pas qui elle est?

DON ROCH.

Je sais qu'elle était au pouvoir de son tuteur, don Juan Antonio de Lara, qui l'a élevée.

MUGNOZ.

Fort bien; mais vous saurez aussi que la jeune fille allait fort souvent chez votre ami don Alvaro, dont elle était très-proche voisine. C'est là qu'elle a connu l'heureux neveu : lui, bien entendu, lui rendait ses visites; car c'est un jeune homme attentif et galant. On formait de petites réunions; et pendant que les papas faisaient la partie, eux jouaient aussi de leur côté, et ce n'était que danses et divertissemens. Enfin, leur attachement mutuel naquit dans le jeune âge; s'il est répréhensible, s'il y a lieu de soupçonner que des petits jeux il puisse passer à des choses plus sérieuses, transition qui, à leur âge, ne serait pas bien étonnante, c'est à vous d'en juger, car pour moi je n'y entends absolument rien.

DON ROCH.

Ah! Mugnoz, que Dieu ait pitié de moi! Je vois ce que c'est. J'allais si rarement dans cette maison, qu'il est tout simple que j'aie ignoré ce qui s'y passait; et quand j'y allais je parlais d'affaires avec don Alvaro.... Allons, allons, cette inclination ne date pas d'hier. En vérité, rien n'empêche qu'il n'y ait au moins seize ans que leur amour a commencé.

ACTE I, SCÈNE I.

MUGNOZ.

C'est une chose claire.

(Il va pour sortir.)

DON ROCH.

Tu t'en vas?

MUGNOZ.

Je m'en vais.

DON ROCH.

Non, Mugnoz. Dis-moi ce que tu penses de cette affaire, et ce que je puis faire.

MUGNOZ.

Parbleu, j'ai la tête rompue de m'entendre tant demander mon avis. Pourquoi hésitez-vous? Que votre hôte et son domestique sortent de chez vous à l'instant même; que votre sœur, qui est de trop ici, s'en aille aussi demeurer chez elle. Gardez votre femme, monsieur; gardez-la, car elle est jeune et jolie; et vous, vous n'êtes rien moins que jeune et galant. Vous ne lui permettrez jamais ni festins, ni sérénades, ni liaisons avec d'autres femmes, ni promenades, ni rien en un mot qui puisse la distraire de son aiguille et de son ménage; et ne pensez pas encore que cela atteigne le but. Pour le moment... Mais, au bout de tout cela,.... il faut toujours.... Enfin, je ne dis rien.... Faites ce que vous voudrez; c'est assez de conseils comme cela.

DON ROCH.

Attends, Mugnoz. Dis-moi, faut-il donc que j'emploie tant de soins et de vigilance pour conserver mon honneur?

MUGNOZ.

Et si, pendant que nous nous occupons ici de le conserver, votre hôte est dans la salle à courtiser madame, nous n'avancerons pas les affaires.

DON ROCH.

Il n'y a rien à craindre; je le tiens enfermé dans ce petit cabinet de mon bureau. J'ai fait semblant de vouloir empêcher la chatte de s'enfuir; j'ai ôté la clef, et maintenant il ne peut sortir sans que j'aille lui ouvrir.

MUGNOZ.

Superbe invention! Eh bien, vous leur donnerez donc leur congé?

DON ROCH.

Sans plus tarder; et je suis déterminé à ce qu'aucun d'eux ne passe la nuit chez moi.

MUGNOZ.

Ne vaut-il pas mieux encore qu'ils s'en aillent avant le dîner?

DON ROCH.

Oui, sans doute; et il le faut.

MUGNOZ.

Je vois venir votre sœur, cette chère veuve, la conseillère et la compagne de madame. Eh bien, vous pouvez commencer; vous savez que l'occasion perdue ne se retrouve pas.

DON ROCH.

Nous verrons; mais je doute que je vienne à bout de ce dont nous venons de convenir.

MUGNOZ.

Pourquoi ?

DON ROCH.

Que sais-je si....

MUGNOZ.

Allons, allons, monsieur. (*A part.*) Gare que mon homme n'aille s'entraver les jambes dans une toile d'araignée.

SCÈNE II.

DON ROCH, DONA BÉATRICE.

DONA BÉATRICE.

Roch, rapporte du chocolat, car la boîte de pastilles est vide.

DON ROCH.

Déjà vide?

DONA BÉATRICE.

Sans doute. Ne semble-t-il pas qu'elles devaient durer toujours?

DON ROCH.

Comment donc! qui a pu consommer tant de chocolat? Cela va mal, Béatrice; jamais je n'ai vu un tel désordre dans ma maison; en vérité on dirait une auberge. J'ai plus dépensé depuis un mois, que je ne dépensais en un an quand j'étais seul avec Mugnoz. Je veux remédier à tout cela. Toi, ma sœur, il faut que tu fasses ton paquet, et que tu t'en ailles. Laisse-moi avec ma femme; je n'ai pas besoin de tant de cotillons autour de moi. Quand je me suis marié, tu es arrivée avec ta servante pour recevoir la future, lui faire les honneurs de la maison, et lui tenir compagnie. Il y avait alors quelque raison pour que tu vinsses ici. Mais en supposant que tu lui fusses nécessaire pour l'instruire sur quelques particularités de mon caractère ou autres choses semblables, les quatre ou cinq semaines qui se sont écoulées depuis mon mariage me paraissent, ma chère Béatrice, plus que suffisantes pour toutes ces instructions. Ton mari, à qui Dieu fasse paix, t'a nommée son héritière, et il t'a laissé assez d'argent, de bijoux et de terres pour que tu ne t'amuses pas à le pleurer; quant à moi, tu ne m'es nécessaire en rien, en rien absolument. S'il s'agissait....

DONA BÉATRICE.

Dis-moi, toute cette harangue ne signifie-t-elle pas en substance qu'il faut que je m'en aille?

DON ROCH.

Oui.

DONA BÉATRICE.

Oui? Eh bien, il ne me plaît pas de m'en aller.

DON ROCH.

Pourquoi donc?

DONA BÉATRICE.

Parce que je connais mieux que toi les projets que tu médites. Tu veux chasser tout le monde de chez toi; d'abord parce qu'à chaque maravédis que tu es obligé de dépenser, il semble que l'on t'arrache l'âme; et en second lieu pour tracasser à ton aise par tes ridicules singularités cette jeune fille, qui, en vérité, ne le mérite pas du tout. Afflige-toi de son malheur, et ne l'augmente pas.... Une fille sans parens, abandonnée à un tuteur, à un fripon, qui, au lieu de lui procurer un bon mariage, la marie avec un cadavre, uniquement parce que, voyant l'amour que tu montrais pour Isabelle, il pensa que tu ne lui demanderais pas des comptes, qu'il n'aurait pas pu rendre. Ah ! mon frère, cette infortunée ne mérite pas qu'on ajoute à ses peines. Mais toi, tu ne fais attention à rien de tout cela : tu crois qu'il n'est rien qui ne te soit dû ; qu'elle est trop heureuse d'être ta femme ; et au lieu de chercher à lui plaire et à lui rendre sa situation agréable, tu vas te faire son tyran. Tu voudras sans doute lui ôter la douceur qu'elle trouve dans ma société, comme sœur et comme amie ; tu voudras enfin qu'elle ne soit pas ta compagne, mais bien ton esclave ; et murant ta maison comme une forteresse enchantée, tu lui interdiras toute visite, et tu lui défendras de sortir jamais pour goûter aucun de ces divertissemens qui sont nécessaires à une jeune femme. Cela n'est pas bien, mon frère ; tu dois la traiter avec amour, réprimer ces singulières appréhensions auxquelles tu t'abandonnes quelquefois, et surtout te souvenir de la distance qu'il y a entre ton âge et le sien.

DON ROCH.

Mais, t'ai-je dit rien de tout cela ? Est-ce que je la tyrannise ? est-ce que par hasard je voudrais la tuer ? manqué-je d'attentions pour elle ? et n'ai-je pas tâché....

DONA BÉATRICE.

Oui, tu tâches de lasser sa patience; et je ne conçois pas comment elle te supporte.

DON ROCH.

Holà! Voudrais-tu qu'elle ne fît pas les choses qu'elle doit faire? Veux-tu qu'ayant une femme chez moi, j'aille chercher quelqu'un pour mettre ma perruque et brosser mon habit? Il serait plaisant, sur ma foi, que pour la mettre de bonne humeur, je ne disse mot quand la goutte, le rhumatisme ou la colique me donnent quelque assaut (hier encore j'ai pensé mourir); et que, cachant soigneusement mes douleurs, je fisse des cabrioles et des éclats de rire. Tu voudrais....

DONA BÉATRICE.

Je ne veux rien de semblable.

DON ROCH.

Qu'ayant la tête couverte de cheveux blancs, je fusse un petit maître bien paré, s'amusant avec les dames, mignard, sautillant, dirigeant les contredanses.

DONA BÉATRICE.

Qui te dit de rien faire de pareil?

DON ROCH.

Vous autres, qui vous payez toujours de pareille monnaie. Est-ce que je ne te connais pas? crois-tu que tu m'en imposes?

DONA BÉATRICE.

Tu es vraiment l'homme le plus insupportable que je connaisse.

ACTE I, SCÈNE III.

DON ROCH.

Et toi, tu es une précieuse qui fais la savante et la renchérie.

DONA BÉATRICE.

Oui, parce que je devine toutes tes finesses.

DON ROCH.

Béatrice....

DONA BÉATRICE.

Eh! laisse tout cela, et rapporte-moi du chocolat bien vite.

DON ROCH, en s'en allant.

Finalement, tout s'est passé en dispute, et il n'y a rien de terminé. Ah! mon Dieu! si je ne puis parvenir à la chasser!... huit et huit font seize.... et la semaine dernière, le sucre à la rose, les petits gâteaux.... C'est une chose effroyable que la dépense que l'on fait ici.

(Il ouvre avec sa clef la porte du fond, et sort par la porte de gauche.)

SCÈNE III.

DONA BÉATRICE, GINÈS.

DONA BÉATRICE.

Qui cherches-tu?

GINÈS.

Mon maître.

DONA BÉATRICE.

Il était là dans le bureau. Le voilà qui sort.

SCÈNE IV.

DON JUAN., GINÈS.

DON JUAN.

Prends cette lettre, Ginès, cours au port et demande après don Pédro de Arizabal, capitaine de vaisseau. C'est un grand brun, qui causait avec moi hier soir; te souviens-tu? Dis-lui qu'ayant encore à me procurer certaines choses qui me manquent, je ne puis aller le voir. Remets-lui ce papier, attends la réponse, car il faut qu'il t'en donne une écrite ou verbale, et reviens à l'instant.

GINÈS.

J'y vais; mais, monsieur, je désirerais savoir s'il s'agit dans ce message du projet que vous avez de quitter Cadix.

DON JUAN.

Oui, Ginès, j'y ai pensé. Aujourd'hui même je veux partir, ou au plus tard demain.

GINÈS.

Et où allons-nous?

DON JUAN.

Où je serai loin de ma patrie. Mon cousin don Augustin est auditeur à Guatemala; le sang et l'amitié nous unissent. Là, rien ne me manquera.

GINÈS.

Et ici, monsieur?

DON JUAN.

Ici, je n'éprouve que chagrins et malheurs. Laisse-moi, Ginès, je suis hors de moi.

GINÈS.

On n'a jamais rien vu de plus étrange; et moi, monsieur, qui ignore la cause de ce qui se passe, vous me voyez confondu.

DON JUAN.

Ah! cette femme ingrate m'arrache la vie! tout cela t'est connu. Ginès, tu sais que nous nous aimâmes dès l'enfance, qu'elle était en tutelle, et moi au pouvoir de mon oncle. Mon oncle pensait à me marier à Madrid avec une femme fort riche.... tu en as eu connaissance. Cachant l'amour que j'éprouvais pour Isabelle, je ne refusai pas et ne voulus pas non plus donner ma parole. A cette époque, mon oncle voyant que ses affaires traînaient en longueur, résolut d'aller à Madrid. Moi, qui étais soumis à sa volonté, j'allai avec lui. Qui m'eût dit que cette absence serait si funeste à mon amour? Je lui fis mes adieux, et jamais je ne la trouvai plus tendre. Elle soupira, pleura, me supplia de ne pas l'abandonner..... trompeuse, perfide qu'elle était! Nous arrivons à Madrid et dans une absence si cruelle, je ne me consolais qu'en lisant ses lettres; elle m'écrivit mille tendresses et je lui répondis de la même manière. Au bout de trois mois, ses lettres cessèrent tout à coup; et moi, malheureux, ignorant en quoi j'avais pu donner lieu à ce silence, mon imagination se perdait à en chercher les causes. Mais un ami, qui était alors à Cadix, m'écrivit qu'Isabelle se mariait ; mais sans me dire avec qui, ni comment l'ingrate avait pu oublier en un jour tant d'années d'espérance. C'est à cette époque, Ginès, que mon oncle mourut subitement ; ce fut le plus grand de mes malheurs, car je ne connus pas d'autre père que lui, et il en avait pour moi la tendresse. Il me nomma son héritier ; et, après avoir terminé les affaires qui l'avaient appelé à Madrid, je laissai don Louis de Miranda avec pleins pouvoirs pour poursuivre, en mon nom, la rentrée de quelques créances. Je préparai en toute hâte mon départ, croyant pouvoir rester caché à Cadix jusqu'à ce que j'apprisse si l'ingratitude de cette femme était réelle ou supposée. Je cherchai mille moyens pour atteindre ce but ; et choisissant le plus mauvais, je résolus de descendre ici, parce que, connaissant la singulière existence de ce don Roch, sachant qu'il ne voyait personne et que sa maison est une prison éternellement fermée, je pensai qu'il me serait facile de demeurer chez lui sans que personne remarquât ma présence à Cadix. J'arrive enfin, et je trouve la perfide Isabelle mariée. Quel moment ! lorsque hier, à mon arrivée, don Roch me dit qu'il était de gala en sa qualité de nouveau marié, et qu'il appela aussitôt sa femme pour me faire admirer son choix ! Elle vint, accompagnée de dona Béatrice. Si tu avais vu !... il n'est pas possible de se figurer le trouble, l'horreur que j'éprouvai... Je ne lui dis pas un mot. Elle, la cruelle, voulait dissimuler ; mais je la vis oppressée, toute en larmes, hors d'elle-même, regarder de côté et d'autre ; elle n'avait pas la force de parler. Pour lui, c'est un imbécile qui n'aperçut rien de tout cela. Juste ciel, voilà donc la récompense de tant d'amour! Je ne sais ce qui se passe en moi... Je ne sais...

GINÈS.

Et lui avez-vous parlé tête à tête ?

DON JUAN.

J'étais hier soir avec elle dans un de ses appartemens. Qu'elle était belle ! comme l'infidèle cherchait à modérer ma fureur, et à me tromper de nouveau ! Mais à peine commençait-elle à s'expliquer, que son mari survint. Maintenant je ne puis ni ne veux lui parler. Que pourrait-elle dire ? comment pourrait-elle soutenir qu'elle n'a pas été inconstante, et qu'elle m'aimait sincèrement ? comment...

GINÈS.

Peut-être, monsieur, a-t-elle été contrainte par son tuteur ; elle est bien jeune encore, et elle était si tyrannisée....

DON JUAN.

Ah ! Ginès, il n'y a pas d'excuses à sa conduite ; tu en chercherais vainement. Je suis malheureux... Mais une fuite précipitée va m'éloigner de ma patrie ; et elle, va rester libre et fière de son triomphe, sans que je puisse même lui dire qu'elle est une ingrate, une infidèle ! Écoute, Ginès, rends-moi cette lettre.

GINÈS, lui rendant la lettre.

Que voulez-vous faire ?

DON JUAN.

Je ne sais. Mon esprit est si troublé, que j'hésite, je tremble, je forme mille résolutions ; mille idées contradictoires bouleversent mon âme en même temps. Rentre, serre tous mes papiers dans la malle ; ceux qui ne sont pas ici sont restés à l'auberge. Me suivras-tu ?

GINÈS.

Moi, monsieur, je vous suivrais avec joie au bout du monde. Je suis seulement affligé de votre malheur ; plût à Dieu que je pusse l'alléger en quelque façon !

DON JUAN.

Bien, Ginès ; ne m'abandonne pas.

GINÈS.

Vous ne me verrez jamais changer ; je vous ai toujours été sincèrement attaché.

DON JUAN.

Fais ce que je t'ai dit. Combien de chagrins m'environnent ! La mort seule peut y remédier.

SCÈNE V.

DON JUAN, DON ROCH.

DON JUAN.

Monsieur Roch, tous nos comptes étant définitivement arrangés, vous pouvez entrer dans votre cabinet pour vérifier le paiement ; vous trouverez les valès.

DON ROCH.

Quoi ! toute la somme est en papier ?

DON JUAN.

Il est si difficile de trouver de l'argent ! Et d'ail-

ACTE I, SCÈNE V.

leurs, comment voulez-vous que je me risquasse à porter tant d'argent pendant une pareille route?

DON ROCH, à part.

Pourvu que tu t'en ailles, tout est à merveille. (*Haut.*) Ainsi donc je vous donnerai le reçu en marge.

DON JUAN.

Ne vous inquiétez pas de cela.

DON ROCH.

Votre oncle était un excellent payeur ; j'ai fait des affaires long-temps avec lui. Il estimait ses amis; brave homme, gai, aimant la plaisanterie. Pauvre don Alvaro! Combien, tous les frais payés, vous reste-t-il net de son héritage?

DON JUAN.

Les fermes de Chiclana et le majorat.

DON ROCH.

Parbleu, mon ami, le lot n'est pas mauvais. Aujourd'hui on dépense beaucoup; et si l'on n'est pas fort riche, le peu que l'on possède est bientôt dissipé. Vous voilà dans une bonne position : maintenant vous prendrez une maison à vous, vous l'arrangerez à la moderne ; vous la ferez bien décorer, et au premier jour vous vous marierez: comme la future ne sera pas non plus nu-pieds,... vous vivrez comme un grand seigneur. Et quand, quand donc songez-vous à chercher une maison?

DON JUAN, à part.

Quel imbécile! (*Haut.*) Je ne m'occupe pas de cela, parce que si par hasard je ne trouvais point ce qu'il me faut, il ne manque pas à Cadix d'excellentes auberges pour ceux qui ont de l'argent. (*A part, voyant Isabelle.*) La voici; je ne veux pas lui parler.

DON ROCH.

Eh bien; enfin, vous décidez donc....

DON JUAN.

Si vous voulez signer nos comptes, venez.

(Il entre dans le bureau de don Roch.)

SCÈNE VI.

DON ROCH, DONA ISABELLE.

DON ROCH.

Il me quitte avant que je lui aie dit ce que je voulais; cet homme a des manières bien ridicules et bien étranges. Isabelle!

DONA ISABELLE.

Monsieur.

DON ROCH.

Eh bien! ma sœur veut donc nous quitter; te l'a-t-elle dit?

DONA ISABELLE.

Non, monsieur.

DON ROCH.

Il paraît pourtant qu'elle pense à retourner chez elle. Cette pauvre femme ne laisse pas d'être déjà infirme; et, quoique jeune encore, les inquiétudes et les chagrins avancent bien la vieillesse. Qu'en penses-tu? Seras-tu fâchée qu'elle nous quitte?

DONA ISABELLE.

Oui, monsieur. Engagez-la à rester.

DON ROCH, à part.

Oui! Il y a quelque chose là-dessous. (*Haut.*) Il est vrai que, comme elle demeure si près de nous, et que ses fenêtres sont vis-à-vis des nôtres, tu pourras lui parler tous les jours sans sortir de chez toi.

DONA ISABELLE.

Son caractère est très-aimable, et me convient si bien, que je voudrais qu'elle ne nous quittât jamais.

DON ROCH, à part.

Oui! Il y a quelque chose là-dessous.

SCÈNE VII.

DON ROCH, DONA ISABELLE, MUGNOZ.

MUGNOZ.

Monsieur, le caissier de M. Guillaume est venu...

DON ROCH.

Combien de fois est-il donc venu? Ne lui ai-je pas dit qu'on attendait les marchandises du Ferrol; et que, jusqu'à ce qu'elles soient enregistrées à la douane....

MUGNOZ.

Eh bien! qu'est-ce? Ce n'est pas là ce qui l'a amené ici. Vraiment, la patience d'un saint ne me suffirait pas. Il dit qu'à neuf heures précises il vous attend dans son bureau, et que là vous pourrez recevoir le montant des laines que vous avez vendues à l'anglais Anson,.... Manson.... Que sais-je comment s'appelle cet anglais.

DON ROCH.

Oui, je sais ce que c'est. Et c'est précisément ce jour-ci qu'ils attendent pour payer!

MUGNOZ.

Il paraît qu'il veut partir au premier vent favorable.

DON ROCH.

Précisément; et il faut que j'y aille. Il faut que pour une bagatelle ils dérangent un homme et le fassent sortir de chez lui quand il leur plaît. Et toi, Mugnoz, tu ne me sers à rien dans ces occasions; s'il s'agit d'écrire quatre lignes, tu ne sais pas; tu vas chercher une lettre, et tu ne peux pas lire l'adresse; pour moi....

MUGNOZ.

Eh, Dieu me pardonne, ne savez-vous pas tout cela depuis long-temps. Il paraît que vous avez envie de disputer. Si je suis ignorant, qu'y pouvons-nous faire. Vous craignez, je crois, de sortir maintenant sans savoir sur qui faire tomber votre mauvaise humeur.

DON ROCH.

Mugnoz, est-ce que tu te fâches pour cela? Je l'ai dit, parce que s'il était possible que tu m'aidasses en certaines choses....

MUGNOZ.

Bah! Bah! Diantre soit de la prétention.

DON ROCH.

Allons, Mugnoz, ne te fâche pas; prends une prise...

MUGNOZ.

Au diable la prise! J'en ai ici.

DON ROCH.

Jette-le, il est mauvais.

MUGNOZ.

Je l'aime comme cela.

DON ROCH.

Celui-ci est de ce bon tabac du père de la Merci; te souviens-tu?

(Il lui donne sa tabatière, Mugnoz l'ouvre et la lui rend, voyant qu'elle est vide.)

MUGNOZ.

Il n'y a rien dans cette boîte.

DON ROCH.

C'est vrai. J'ai oublié d'y mettre du tabac; je la remplirai tout à l'heure, Mugnoz.

MUGNOZ, à part.

Que la foudre t'écrase!

SCÈNE VIII.

DON ROCH, DONA ISABELLE.

DON ROCH.

Ce Mugnoz est insupportable.

DONA ISABELLE.

Ce qui me déplaît le plus en lui, ce sont les réponses qu'il fait à tout ce qu'on lui dit.

DON ROCH.

C'est son caractère comme cela. (*A part.*) Il ne lui plaît pas parce qu'il est vieux. (*Haut.*) Donne-moi ma perruque; cette robe de chambre et ce bonnet, mets-les là, afin qu'en rentrant je sache où les trouver. Hier j'ai passé presque toute la matinée à chercher mon bonnet, parce que madame ma sœur me l'avait si bien serré, qu'elle ne savait plus elle-même où elle l'avait mis. Il faut que les choses soient toujours à leur place.

DONA ISABELLE.

Où est la boîte à perruque? Je ne la trouve pas.

DON ROCH.

Eh! morbleu! elle est là, sous ce buffet.... Va doucement, qu'elle ne tombe pas. Prends mon bonnet; mets-le où je t'ai dit : voilà qui est bien. Tu trouveras dans le coffre une veste de couleur de musc, avec des boutons d'argent, et un surtout blanchâtre; apporte-le-moi. (*Isabelle sort; don Roch reste seul sur le théâtre, en camisole.*) Cette jeune fille!... ah! mon Dieu! Et le pis, c'est que mon don Juan ne s'en aille pas. Cependant je vais sortir, et ils resteront seuls; la danse ira bien; il n'y a que Mugnoz.... Et voilà Mugnoz qui se fâche contre moi, je ne sais pourquoi. Ma petite Isabelle, te dépêches-tu?

(Isabelle rentre portant des habits.)

DONA ISABELLE.

Tout était sens dessus dessous.

DON ROCH.

C'est que tu n'es pas encore bien au courant, et que tu ne sais pas où l'on serre mes habits.... Ah! si tu avais vu du temps de ma défunte Nicolasa, c'était alors une autre musique. Quelle exactitude! quelle propreté! C'était une femme très-agréable; et, quoique jeune, car elle avait à peine quarante ans quand elle mourut, jamais, jamais cette femme ne pensait....

DONA ISABELLE.

Sortez-vous sans manteau?

DON ROCH.

Non, certes; il fait un vent qui glace... Quant à elle, pour ce qui est d'aimer les galans, ou bien comme d'autres écervelées.... Bah! jamais.

DONA ISABELLE.

Faut-il apporter la capote?

DON ROCH.

Comment?

DONA ISABELLE.

Si vous voulez que j'apporte la capote?

DON ROCH.

La redingote.

DONA ISABELLE.

Justement; c'est cela que je vous demandais.

DON ROCH.

Oui, assurément... bien laborieuse, continuellement occupée à son ménage. (*Pendant qu'il dit ces paroles, dona Isabelle brosse son habit.*) Et les deux autres, la Paca et la Manuelita, c'étaient d'honnêtes femmes, tellement que je ne saurais dire qui des deux avait le plus de vertu; toutes à leur mari, rien de plus; mais aussi elles avaient de la religion.

DONA ISABELLE.

Dieu m'accorde la patience. Ah! malheureuse!

(Elle sort.)

DON ROCH.

Si cette femme n'est pas stupide, elle doit apercevoir nécessairement quel est le but de mes propos détournés. Dieu veuille qu'ils produisent quelque effet.

(Isabelle rentre avec la capote qu'elle passe à don Roch.)

DONA ISABELLE.

Vous manque-t'il quelque chose?

DON ROCH.

Non, rien. Fais nettoyer cette salle; qu'on range bien tous ces meubles : je ne sais comment ma sœur... Ah! elle a bien connu Manuelita. C'était une femme qui poussait la propreté à l'extrême : quand tu voudras, tu peux demander à ma sœur, si de son temps toute la maison n'était pas brillante comme un plat d'argent. C'était une excellente femme! Ah! celle-là, à la bonne heure.

SCÈNE IX.

DONA ISABELLE et BLASA.

DONA ISABELLE.

Qu'est-ce donc qui se passe en moi, malheureuse Isabelle !

BLASA.

Savez-vous, madame, que don Juan part.

DONA ISABELLE.

Je n'en savais rien : comment donc ?

BLASA.

J'ai vu Ginès qui rassemble ses effets et qui les emballe en toute hâte. Il est si déplaisant que je n'ai pu tirer de lui une maudite parole, mais ils s'en vont.

DONA ISABELLE.

Soit, qu'ils s'en aillent; qu'est-ce que cela te fait à toi ?

BLASA.

Rien. Seulement je m'étonne qu'étant arrivés hier à dix heures du matin, ils repartent aujourd'hui à neuf heures.

DONA ISABELLE.

Ils auront trouvé un logement plus à leur goût; qui sait ? Je crois que Béatrice appelle.

SCÈNE X.

DONA ISABELLE, DON ROCH.

DON ROCH. Il prononce la première phrase en entrant sur la scène. Dona Isabelle est à une assez grande distance de lui.

Il est impossible autrement. Je le soutiens toujours, il y a ici quelque embûche secrète. A force de m'amuser, il est déjà plus de neuf heures; je vais là bas, et je reviens bien vite après avoir dépêché cette affaire. Le soupçon qui me travaille n'est pas bon pour une tête aussi délicate que la mienne. Je reviens vite.

SCÈNE XI.

DONA ISABELLE.

Dans ses paroles et dans ses actions, je trouve une sorte de mystère.... il parle toujours d'une manière ambiguë, il m'observe et ne s'explique pas même avec Béatrice. Comment finira tout ceci? il est parti; je suis malheureuse.... en quoi ai-je pu l'offenser?

SCÈNE XII.

DONA ISABELLE, DON JUAN.

DON JUAN. En sortant du cabinet de don Roch, il voit dona Isabelle et semble vouloir rentrer.

Elle est encore ici.

DONA ISABELLE.

Ne t'en vas pas; nous sommes seuls. Ah! Dieu! tu t'éloignes de moi, de ton Isabelle?

DON JUAN.

Laisse-moi.

DONA ISABELLE.

Non; je ne te laisserai pas. Accable de ta colère celle qui t'aime; don Juan, je n'en ignore pas la cause, mais écoute-moi, tu sauras....

DON JUAN.

Que puis-je apprendre? que tu es une ingrate; que tu m'as oublié; que... Je sais déjà tout cela.

DONA ISABELLE.

Don Juan.

DON JUAN.

Ingrate!

DONA ISABELLE.

Écoute-moi; ai-je donc si peu de pouvoir sur toi?

DON JUAN.

Non; ne compte plus sur tes artifices, car quelque jour... Mais il est trop tard; la patience finit aussi chez les amans.

DONA ISABELLE.

Ces larmes ne suffisent-elles pas?...

DON JUAN.

Elles sont feintes.

DONA ISABELLE.

Elles ne le sont pas.

DON JUAN.

Laisse-moi, éloigne-toi.

DONA ISABELLE.

Dis-moi donc, cruel : qu'exiges-tu d'une femme qui s'humilie devant toi?

(Dona Isabelle s'éloigne avec précipitation vers l'autre extrémité du théâtre. Don Juan la suit.)

DON JUAN.

Que puis-je exiger, et que peux-tu dire qui tempère mon indignation? que tu as été contrainte par ton tuteur, jusqu'au pied des autels; que là, tu as fait un serment qui répugnait à ton cœur ; que jeune, faible et opprimée, tu as dû céder, et que, tout en soupirant pour moi, tu as formé, sans pouvoir l'éviter, un nœud que la mort seule doit rompre : voilà toutes les raisons que tu peux me donner. Eh bien, toutes ces raisons réunies ne suffiraient pas pour te disculper. Non, je ne puis croire que tu m'aies aimé... Inhumaine! sais-tu quel coup tu m'as porté?

DONA ISABELLE.

Monsieur, je vous aimais sincèrement. Les témoignages de ma tendresse étaient vrais, ils n'avaient rien de trompeur, et je puis affirmer que toutes les puissances du monde se fussent alors déclarées contre moi, sans que... Mais tu ignores, qu'ayant déjà été en butte à tant de persécutions, à tant de ruses employées pour hâter ma perte, la jalousie seule put m'amener à oublier ton amour... Ou plutôt je ne l'oubliai pas; mais en proie au désespoir et à une sorte de frénésie, je consentis à ce qui me répugnait le plus. Ma résolution ne fut pas inspirée par l'ingratitude, elle le fut par la vengeance.

DON JUAN.

Isabelle jalouse! et de qui? sur quels motifs?... Tu me trompes.

DONA ISABELLE.

Je ne te trompe pas.

DON JUAN.

Eh bien, que s'est-il donc passé, Isabelle? à qui mon bonheur faisait-il envie? qui a pu t'abuser? dis-le moi.

DONA ISABELLE.

Mon tuteur n'était que trop instruit de notre amour. Il jugea sa victoire assurée, quand il vit que le sort nous éloignait l'un de l'autre. Alors il me déclara qu'il fallait absolument que je me mariasse avec don Roch; je refusai, il insista. Souvenir amer! Il chercha mille moyens et sut que don Alvaro pensait à te marier à Madrid. Aussitôt il vit le but de ses intrigues complétement atteint. Il forgea deux lettres...

DON JUAN.

Que dis-tu?

DONA ISABELLE.

Oui, don Juan ; dans ces lettres, deux de ses amis lui annonçaient que tu étais marié, conformément aux volontés de ton oncle.... il disposa tout pour qu'elles arrivassent...

DON JUAN.

Ah! infâme, qui m'as arraché ce que j'avais de plus cher au monde!

DONA ISABELLE.

Il fit en sorte que je les visse ; sa ruse détestable réussit.... Ah! qu'une femme bien éprise est facile à tromper! il renouvela ses instances, et enfin....

DON JUAN.

Laisse, laisse-moi, que j'aille percer le cœur de ce traître.

DONA ISABELLE le retenant.

Don Juan, ah! malheureux! il est trop tard, que veux-tu faire? n'ajoute pas aux maux qui m'accablent déjà. Je mourrai bientôt de regret et de douleur ; notre triste destinée n'a pas voulu qu'un amour si tendre fût couronné par l'hymen. Il n'y a pas de remède ; vis, don Juan ; peut-être un sort plus heureux t'est-il réservé.... surtout ne sacrifie pas un meilleur avenir, à une femme infortunée qui n'est plus à toi. Mes soucis, mes douleurs, je supporterai tout avec patience ; pourvu que tu sois heureux, Isabelle ne demande rien de plus.

DON JUAN.

Juste ciel! où suis-je? chaque mot que tu prononces me donne la mort. Par pitié, ne te montre point aussi tendre.... Mais pourquoi m'arrêté-je ici? qu'y a-t-il à espérer? il ne me reste rien à savoir; je vois trop maintenant ton amour et mon malheur.

DONA ISABELLE.

Non, don Juan, si tu t'éloignes ainsi, tout mon courage va m'abandonner. Quand même tu resterais à Cadix, je vivrais éloignée de tes yeux..... Qui t'oblige de quitter cette maison avec tant de précipitation? Mon cœur bat plus à l'aise, quand je jouis seulement de ta vue; ne refuse pas cette consolation à ta chère Isabelle.

DON JUAN.

Quel aveuglement! y as-tu réfléchi? Tais-toi, tais-toi, infortunée; ne sollicite pas ce qui peut nous perdre l'un et l'autre. Comment veux-tu que nous cachions l'amour qui nous enflamme? comment veux-tu que je puisse supporter de voir un autre jouir du bonheur que tu destinais à moi seul et que moi seul j'ai mérité? Veux-tu que je descende à un tel excès d'indignité? Ah! cruelle! ne suffit-il pas, dis-moi, ne suffit-il pas que je te perde pour toujours, sans ajouter à mes peines des transports de jalousie qui ne peuvent produire que la rage et le désespoir? Adieu, laisse-moi.

DONA ISABELLE.

Tu t'en vas? c'est ainsi que tu t'éloignes? Quelle cruauté! tu me quittes? tu ne me reverras pas? Ah! malheureuse! reviendras-tu?

DON JUAN.

Je ne sais, je ne sais; mais il faut absolument que je m'en aille. L'absence ne pourra éteindre dans nos cœurs l'amour dont ils sont consumés, mais elle nous épargnera une faute qui me semble prochaine et inévitable, si nous restons ensemble : il convien que tous deux nous la prévenions.

DONA ISABELLE.

Seigneur, donnez-moi la force de résister à une si grande douleur.

(Don Juan sort par la porte de droite, et dona Isabelle par la porte opposée.)

FIN DU PREMIER ACTE.

ACTE DEUXIÈME.

SCÈNE PREMIÈRE.

DON ROCH, MUGNOZ.

DON ROCH. *Il observe si personne ne l'écoute, et ensuite il appelle Mugnoz.*

Je crois que nous sommes seuls. Entre, Mugnoz.

MUGNOZ.

De quoi s'agit-il?

DON ROCH.

De rien autre que de te demander compte de la commission que je t'ai donnée, et de ce que tu as pu observer.

MUGNOZ.

Quelle commission? celle d'acheter de l'onguent?

DON ROCH.

Que diable! en sortant ne te dis-je pas qu'ils restaient à la maison tous deux?

MUGNOZ.

Qui, tous deux?

DON ROCH.

Don Juan et Isabelle; ne t'ai-je pas dit de voir....

MUGNOZ

Ah! oui, je m'en souviens; je n'ai rien vu.

DON ROCH.

Non? Don Juan s'en est donc allé tout de suite?

MUGNOZ.

Non; il a tardé un bon moment.

DON ROCH.

Fort bien; mais dans cet intervalle, ne se parlèrent-ils pas?

MUGNOZ.

Que sais-je?

DON ROCH.

Ne t'ai-je pas recommandé qu'aussitôt que je serais sorti, tu fusses aux écoutes pour savoir si ces deux....

MUGNOZ.

Je suis resté à la porte de la maison, où je me suis presque endormi.

DON ROCH.

Tu n'as donc rien fait de ce que je t'ai dit?

MUGNOZ.

Rien.

DON ROCH.

Diable! rien; cela est donc certain. On peut ainsi négliger....

MUGNOZ.

Je m'entends.

DON ROCH.

Que signifient toutes ces réticences, Mugnoz? et quel mystère peut-il y avoir dans tout ceci?

MUGNOZ.

Je vais vous le dire clairement et en peu de mots. C'est que je ne veux pas me mettre à faire l'espion; je ne veux pas faire des rapports entre mari et femme. Je connais parfaitement ces sortes d'affaires. Un mari jaloux devient un véritable diable de l'enfer à l'égard de celle par qui il se croit trompé : pour éclaircir ses soupçons, il charge un domestique d'observer les paroles et jusqu'aux pensées de sa femme. Celui-ci observe, écoute, raconte ce qu'il a vu, et il s'ensuit une complication de tous les diables; il y a des disputes, des cris, des pleurs, des juremens, des coups de bâton. La femme reconnaît bientôt (et cela n'est pas difficile) que toute cette bourrasque a été causée par le misérable délateur. Elle ourdit une intrigue; si bien que le mari, devenu furieux, s'indigne contre l'espion, l'accable de reproches et le chasse de la maison. Bonsoir, voilà sa place perdue; et qu'on me dise que les femmes n'ont pas les moyens d'amener ce résultat quand il leur plaît! Le mari jette feu et flamme; et que croyez-vous tenir? rien. La dame arrive, il entre en fureur, fort bien; mais viennent ensuite les minauderies, les évanouissemens, les larmes, les protestations d'amour; que sais-je? si bien qu'elle détruit en un moment tout ce que le maître et le valet avaient projeté. Et je crois que, quand un mari a la cervelle à moitié dérangée par ces maudites caresses, les affaires du pauvre diable de domestique sont en bien mauvais état; car la femme ne perd pas de temps. On commence à dire que le malheureux faiseur de rapports est un indigne imposteur, raisonneur, paresseux, sale, même un peu ivrogne, et qui plus est, un peu voleur. Le mari en est alors à ne pouvoir plus dire qu'*amen;* et il n'y a pas de remède. Elle obtient de cette manière tout ce qu'elle veut; et.... suffit, je m'entends.

DON ROCH.

Mugnoz, pour l'amour de Dieu!

MUGNOZ

Quand je vous dis que je ne puis pas; non, je ne puis pas; c'est une chose dite; il n'y a point à y revenir : on perd son temps à appeler un vieux chien qui ne veut pas venir.

DON ROCH.

Écoute, Mugnoz, prends une corde....

MUGNOZ.

Pourquoi faire?

DON ROCH.

Et pends-moi.

MUGNOZ.

Quand à soixante-dix ans on se marie avec une jeune fille aux yeux noirs, on n'a besoin ni de corde, ni de poison.

DON ROCH.

Toujours à m'attaquer sur mon âge.

MUGNOZ.

Toujours à me demander conseil.

DON ROCH.

Toi-même tu m'as conseillé tout à l'heure sur ce qui est arrivé hier soir, et tu m'as dit....

MUGNOZ.

Je me repens de ce que j'ai dit.

DON ROCH.

Écoute, Mugnoz; aussi vrai que je suis chrétien, je ne puis plus te supporter davantage; tu me fais maudire ma condition.

MUGNOZ.

Eh! qu'ai-je donc fait de mal? Est-ce moi qui ai fait le mariage? ai-je donné mon consentement pour faire venir ici l'hôte, la sœur, le coquin de Ginès, et la servante qui rogne mes déjeuners? dois-je en supporter le châtiment, quand je n'en suis ni auteur ni complice? Que signifie tout ceci?

DON ROCH.

Mugnoz, approche. Qui songe à t'imputer la faute de ce qui se passe? Je dis seulement que j'ai regretté que tu eusses mis si peu de zèle à faire ce que je t'ai recommandé : il est tout simple que sachant qu'ils restaient à la maison, et jugeant.... Le chien n'a-t-il pas aboyé?

MUGNOZ.

Non, il n'a pas aboyé et ne pense pas à aboyer.

DON ROCH.

Je jugeai que le moyen le plus prudent était d'observer......

MUGNOZ.

Je me souviens fort bien qu'il n'y a pas dix mois, vous disiez : Mugnoz, les temps sont bien changés; me voilà veuf. Que je me trouve bien de n'avoir plus ni querelles, ni tracasseries! Il y a dix mois, pas davantage. Je n'oublie pas les choses si facilement. Cependant vous êtes marié, accablé de soucis, le passé est oublié; tourmenté de votre situation présente, indécis sur ce que vous devez faire, vous venez me dire : Mugnoz, que penses-tu? donne-moi un conseil, un avis... Et à quoi bon? pour défaire ce qui est fait? il n'y a pas de remède. Ne vous êtes-vous pas marié? Que celui qui vous a mis là vous en tire.

DON ROCH.

Je ne te dis pas, Mugnoz, que nous devions chercher des moyens de me démarier; non, certes.

MUGNOZ.

Comment, non certes? Ah! voilà qui m'enchante. Ainsi donc le meilleur moyen d'obtenir du repos, qui était de se séparer d'elle...

DON ROCH.

Ah! Mugnoz, ne me parle plus de cela. Nous séparer! non certes, sous quelque prétexte que ce soit. Les torts seraient de mon côté alors.... Ce à quoi je prétends c'est à chasser de la maison tous ces hôtes incommodes; pour y parvenir il faut absolument que tu me secondes : voilà ce que je veux. Car quoique j'aie dit à ma sœur de s'en aller, et que j'observe toujours soigneusement les paroles de don Juan, pour savoir quelle est son intention; Béatrice m'étourdit et me fait tant de beaux raisonnemens que je suis réduit à me taire; et don Juan, affectant des manières mystérieuses, ne répond jamais nettement; de sorte....

MUGNOZ.

Quelle patience il faut avoir!

DON ROCH.

De sorte que je ne sais comment sortir de cet embarras. Je sais bien qu'ils finiront par s'en aller; mais, en attendant, il n'est pas bien que don Juan et Isabelle, quand je leur en laisse le temps, aient de longues conférences ensemble ; et justement aujourd'hui pour me tourmenter ce diable d'Anglais veut me remettre l'argent des laines. J'y suis allé, il était déja sorti; de sorte qu'il faut nécessairement que j'y retourne. Il ne s'agit de rien moins que de dix mille réaux; je suis bien forcé d'y retourner.

MUGNOZ.

Et que veut dire cela?

DON ROCH,

Qu'il faut que tu m'aides. Mugnoz, je t'en prie au nom de Dieu. Un stratagème... Je l'ai médité dans la rue en revenant; un stratagème m'est venu à l'idée, et il est admirable pour le but que je me propose.

MUGNOZ.

Qu'est-ce que c'est que ce stratagème?

DON ROCH.

Une bagatelle, qui doit réussir à merveille.

MUGNOZ.

Eh bien, dites la bagatelle.

DON ROCH.

Comment?

MUGNOZ.

Dites-la bien vite.

DON ROCH.

Il s'agit seulement de faire tout à l'heure comme si nous sortions tous deux : tu replieras ensuite ton manteau, et tu iras te cacher dans ta chambre. Moi, je m'en vais. Alors, observant si le silence règne dans cette pièce, tu montes pas à pas, et, voyant qu'il n'y a personne ici, tu te caches en prenant bien garde qu'on ne puisse t'apercevoir. Enchantées de ce que tu es aussi sorti, elles viendront ici bavarder sans aucune contrainte. Isabelle découvrira ses secrets, Béatrice causera avec elle, et de cette manière nous saurons tout ce qu'il y a à savoir.... Tu ris?

MUGNOZ.

Ah! que je suis peu disposé à ricaner! Cependant parfois il n'est pas au pouvoir d'un homme de garder son sérieux.

DON ROCH.

Mais... à quel propos.... qu'est-ce que c'est que ce rire?

MUGNOZ.

Il est en situation, monsieur.

DON ROCH.

Pourquoi?

MUGNOZ.

Pourquoi? ce projet d'embuscade est charmant. Une chose seulement m'inquiète, mais il est vrai qu'elle est peu essentielle.

DON ROCH.

Quelle est cette chose ?

MUGNOZ.

Le réduit, le coin, le trou de lapin où devra être caché la sentinelle.

DON ROCH.

C'est vrai, je n'y avais pas pensé. Sous le canapé, l'endroit est commode.

MUGNOZ.

Je le vois.

(En disant cela il s'éloigne et revient ensuite.)

DON ROCH.

Mugnoz, Mugnoz, mon cher Mugnoz, songes-y bien. Nous sommes dans un mauvais pas. Si cette diable d'affaire ne me coûte pas la vie, je dois vivre éternellement. Mugnoz, mon ami Mugnoz, pour Dieu, réfléchis bien.

MUGNOZ.

Qu'y a-t-il de nouveau ? quelque autre projet meilleur ?

DON ROCH.

Il faut absolument...

MUGNOZ.

Je vous entends, il le faut, c'est bien.

DON ROCH.

Songe....

MUGNOZ.

Tout l'enfer serait déchaîné dans la maison, que je crois qu'on n'y verrait pas plus de ruses et d'artifices. Morbleu! est-ce donc une plaisanterie? Moi, me blottir comme un lapin! j'aimerais mieux... Fait-on jouer ainsi à la vieillesse le rôle des enfans? il faut que je sois comme une bûche, comme un crible.....

DON ROCH.

Mugnoz, écoute, Mugnoz, je ne veux plus rien de toi. Je vois enfin comme tu reconnais mon affection. Quelle fidélité! quelle reconnaissance! J'ai cru que ton âpreté et ton air renfrogné n'étaient qu'une apparence, rien de plus. Et moi, imbécile, qui n'ai pas voulu le chasser, quoi qu'aient pu me dire ses maîtresses..... Mais qu'il ait oublié si vite..... quelle ingratitude! Combien de fois je lui ai offert de l'argent! Il sait que je lui en ai prêté, il sait que j'ai été un protecteur pour tous ses parens, il sait que dans mon testament je lui ai laissé tout ce que je puis en conscience lui laisser.

MUGNOZ.

Je sais cela, moi?

DON ROCH.

Quoi! tu ne connais donc pas les dispositions que j'ai faites?

MUGNOZ.

Non certainement.

DON ROCH.

Eh bien, un an de gages à dater du moment où je cesserai de vivre. J'ordonne que si j'ai quelque dette à réclamer de toi, elle soit annulée; j'ordonne aussi....

ACTE II, SCÈNE I.

MUGNOZ.

Je ne dois rien à personne.

DON ROCH.

Il pourrait arriver qu'à cette époque tu me dusses quelque chose.

MUGNOZ.

J'en conviens.

DON ROCH.

Je te laisse un habillement neuf à ton choix, et toute ma garde-robe. Je te laisse aussi ma tabatière d'argent; je te laisse en somme, comme je te l'ai dit, tout ce que je puis te laisser; et pour une chose aussi facile que celle que je te demande, tu entres en fureur comme un tigre..... Mais tout est fini, j'espère que tu ne tarderas pas à te repentir. Va-t'en, je ne te force pas; tu ne veux point faire ce que je demande, va-t'en.

MUGNOZ.

Je n'ai point dit que je ne voulais pas.

DON ROCH.

Qu'est-ce donc que tu as dit?

MUGNOZ.

Que sais-je?

(On sonne à la porte. Mugnoz veut s'en aller; don Roch le retient.)

DON ROCH.

Je ne veux plus de détours; dis ce que tu veux faire.

MUGNOZ.

On a sonné.... Nous verrons.

DON ROCH.

Il n'y a pas de *nous verrons*; parle clairement.

MUGNOZ.

Je vais ouvrir.

DON ROCH.

Non ; avant il faut prendre un parti.

MUGNOZ.

Eh bien, je ferai ce que vous ordonnez.

DON ROCH.

Vraiment ?

MUGNOZ.

Vraiment.

SCÈNE II.

DON ROCH, ensuite DON JUAN.

DON ROCH.

Ah! quel homme ! quel caractère opiniâtre et orgueilleux! Enfin, il a dit qu'il obéirait. Eh bien, don Juan, quoi de bon ?

DON JUAN.

Rien, absolument.

DON ROCH.

Un peu fatigué peut-être. Vous venez sans doute de courir la ville pour chercher un logement. C'est le diable ! vraiment, c'est le diable ! Cette maison que je possède, voyez comme elle est petite, antique, toute dégradée, sans aucune commodité ; elle me coûte l'impossible, et je regrette infiniment de n'en pas trouver une autre. Pour vous citer un exemple : il me vient un hôte, il faut entasser pêle-mêle tous les meubles, transporter des matelas, et dans ce remue-ménage les effets s'abîment inévitablement; tout cela vient cependant de ce qu'on n'a pas seulement deux chambres libres où on puisse mettre des lits : c'est une chose très-gênante.

DON JUAN.

Je le vois....

DON ROCH.

Que disiez-vous?

DON JUAN.

Je disais que vous avez parfaitement raison de vous plaindre.

DON ROCH.

Ah! qui pourrait dire le contraire? Cela est au point que ma sœur, voyant l'embarras qu'il y a dans la maison, s'est décidée à retourner chez elle... Car ici, en vérité,.... il faut le voir pour s'en faire une idée; c'est une confusion horrible. Moi, je vous traite sans façon, et cela ne peut pas être autrement. Vous le voyez, pour vous donner un lit pour une seule nuit, pas davantage, il a fallu bouleverser la maison; et certainement je regrette de toute mon âme de ne pas pouvoir vous conserver... (*A part.*) Rien! C'est comme si je parlais à un mort. (*Haut.*) Béatrice vient : je vais à mon bureau; car c'est aujourd'hui jour de courrier, et j'ai encore quelques lettres à fermer.

SCÈNE III.

DON JUAN, DONA BÉATRICE.

DON JUAN.

Comment puis-je supporter un pareil imbécile ? Qui m'arrête ? qu'ai-je besoin d'en voir davantage, puisque je ne trouve aucun soulagement à mes maux ?

DONA BÉATRICE.

Ginès a rassemblé tous tes effets, et je crois, selon les apparences, que tu vas partir. Moi, mon cher Juan, je viens seulement pour te dire que dans quelque lieu, dans quelque temps que ce soit, tu peux disposer de moi ; je suis toujours la même et je te souhaite toute sorte de bonheur : je t'ai connu dès ton enfance, et c'est pour cela que j'ai tant d'attachement pour toi.

DON JUAN.

Cela est vrai, madame ; et j'en suis bien reconnaissant.

DONA BÉATRICE.

Quelle tristesse ! quelle tristesse ! As-tu donc quelque chagrin ?

DON JUAN.

Je n'ai rien.

DONA BÉATRICE.

Tu es si sérieux ! ce n'est pas là ton humeur habituelle, non, certainement. (*Pendant que Béatrice dit ceci, don Juan se promène pensif sur le théâtre.*) Le trouble, la douleur que je remarque chez elle et chez lui.... Hier soir... Ah! mon Dieu! mes soupçons ne sont que trop fondés. Écoute, mon cher Juan, il faut éclaircir ce mystère. Parlons bas, qu'as-tu, dis-le-moi, qu'as-tu ?

DON JUAN.

J'ai.... Je ne sais, laissez-moi.

DONA BÉATRICE.

Écoute; personne ne nous entend, nous pouvons parler en toute sûreté : mon frère est dans son bureau, occupé de ses comptes. Isabelle....

DON JUAN.

Ah! laissez-moi.

DONA BÉATRICE.

Je t'entends, et je sais tout maintenant. Tu fais bien de t'en aller et je te conseille de ne pas apporter à ton départ le moindre délai. Hâte-toi; l'honneur passe avant tout le reste : tu es sage, tu es homme de bien, tu ne sais pas combien je te tiens compte de ta conduite.

DON JUAN.

Mais.... à propos de quoi?

DONA BÉATRICE.

Je sais tout; dispense-toi de feindre avec moi : personne ne me l'a conté, mais depuis hier j'observe et.... Écoute, je sais comment s'est passé ton enfance, les occasions que vous avez eues, les dispositions aimantes que tu as toujours montrées, la tendresse;... enfin, je me souviens de tout. Dieu en a disposé autrement; qu'y faire? Je vois bien quelle douleur tu as dû éprouver, je le sens ; mais quel moyen d'y remédier ? aucun. Mon cher Juan, mets un long espace de pays entre elle et toi, et cela bien vite, bien vite. Pour le reste, il faut laisser faire au temps.

DON JUAN.

Quand détruira-t-il cette passion?

(Il s'assied.)

DONA BÉATRICE.

Je ne puis te rien dire que tu ne te sois déja dit à toi-même : je ne désire que ton bien. Si tu n'as pas de maison où aller, j'en ai une à ta disposition : mais si tu veux rester à Cadix... ce que je n'approuve pas.... Enfin, si tu y restes, songe bien à jeter tes vues d'un autre côté; ne va pas non plus te consumer dans la solitude ; tes amis qui t'aiment et qui sont nombreux t'offriront des distractions ; ne donne point matière à la médisance. C'est une mauvaise action que de troubler la paix d'un ménage et d'en chasser l'amour et le repos, pour y introduire la discorde. Tu l'as aimée, je le crois; elle t'a payé de retour, rien de plus naturel; mais elle n'est plus à toi.

DON JUAN.

Si un misérable ne lui avait pas fait violence, et n'avait pas, par d'infâmes moyens, circonvenu son innocence, je ne la verrais pas au pouvoir d'un autre; elle serait à moi. Si nos cœurs ont été créés pour s'aimer, s'ils devaient être unis par le nœud le plus saint... Ah! qui a pu les séparer? qui a pu rompre ce nœud?.... Quel tourment!

ACTE II, SCÈNE III.

DONA BÉATRICE.

Le mal est encore très-récent et je ne suis point surprise de t'entendre parler ainsi; mais plus tard...

DON JUAN.

Oui, plus tard, quand je serai mort.

DONA BÉATRICE.

Au nom de Dieu....

DON JUAN.

Et il y a sur la terre de la justice, de la vertu, du respect pour la religion! c'est ainsi qu'on use du pouvoir paternel envers une jeune fille innocente, et que, se prévalant du prétexte de l'éducation, on tyrannise un jeune cœur où l'amour se fait déjà sentir! Quelle iniquité! quel odieux sacrifice! Quant à elle, troublée par la pudeur et par le respect, timide, abusée, isolée.... il n'est que trop vrai, elle ne pouvait faire que ce qu'elle a fait. Tant de moyens réunis contre ma chère Isabelle!... Et moi qui l'ignorais, éloigné d'elle de cent lieues, dévoré par de tristes soupçons! Elle, jalouse sans motif, luttant contre mille embûches! Malheureuse! à quelle affliction, à quelle douleur elle dut être en proie!.....
Et la pitié, la vertu, habitent sur la terre! Je ne le crois pas.

(Il se lève.)

DONA BÉATRICE.

Ah, mon Dieu! tu me désespères, mon cher Juan. Dans quel abattement, dans quelle désolation je te vois!

DON JUAN.

Ginès!

DONA BÉATRICE.

Un homme raisonnable doit songer....

DON JUAN.

Ginès !

DONA BÉATRICE.

Tu ne m'écoutes pas.

SCÈNE IV.

GINÈS, DONA BÉATRICE, DON JUAN.

DON JUAN.

Viens vite, écoute.

GINÈS.

Monsieur.

DON JUAN.

Va sur la place chez don Anselmo, tu le demanderas de ma part. Il m'a dit qu'il tâcherait de conclure avec un capitaine sur le vaisseau duquel nous pourrons partir aujourd'hui même.

GINÈS.

Je n'entends pas bien....

DON JUAN.

Écoute, don Pèdre de Arizabal ne peut nous prendre à son bord; mais un de ses amis, qui commande aussi un vaisseau, pourra peut-être se charger de nous. Il a dû lui parler à ce sujet, et faire connaître sa réponse à don Anselme. Je t'attends chez lui avec la réponse....... Mais non, viens ici d'abord, car je serais déjà de retour. Voilà don Roch qui revient. Que le ciel vous prenne en garde!

SCÈNE V.

DON ROCH, DONA BÉATRICE.

DON ROCH.

Béatrice, je viens te demander....

DONA BÉATRICE.

Que dis-tu?

DON ROCH.

Je viens seulement te demander quand tu me laisses en paix, quand tu changes de logement, ou, pour parler plus clairement, quand tu t'en vas chez toi.

DONA BÉATRICE

J'y pense, et je m'en occuperai.

DON ROCH.

Ne commence pas ici à employer les ruses et les détours. Je t'ai déjà dit que tu t'en ailles, que tu t'en ailles, entends-tu? Ne dirait-on pas que les choses nécessaires à la vie sont pour rien? et surtout je ne veux plus d'hôtes. A-t-on vu pareil entêtement! Je ne prétends pas que tu t'en ailles, et que tu ne reviennes nous voir de la vie; non certes, une fois de temps à autre, quand tu voudras. Oh! comme cela, à merveille. Mais pour ce qui est de rester ici à te régaler, je n'en veux pas entendre parler. Ma femme n'a pas besoin d'avoir des conseillers auprès d'elle : ainsi donc, dehors.

DONA BÉATRICE.

C'est bien, il ne faut pas te fâcher pour cela.

DON ROCH.

Oui, mais va-t'en.

DONA BÉATRICE.

Je m'en irai, je m'en irai.

DON ROCH.

Oui, mais j'entends que tu t'en ailles à l'instant même.

DONA BÉATRICE.

A l'instant même! quelle prétention! Il ne manquait que cela. Prends-y garde, tu deviens l'être le plus assommant, le plus ridicule et le plus brutal qu'on puisse imaginer. Tu veux qu'on t'obéisse au moment même où tu commandes; tu veux même qu'on devine jusqu'à tes pensées, car tu as coutume de tout demander par gestes. Si tu vois une chose placée à trois ou quatre doigts plus loin que tu ne l'as posée, tu entames une procédure; si tu es gai, il faut par force que tout le monde soit content; si tu as un de ces accès de tristesse qui te durent des mois entiers, personne ne doit rire. Si tu vois qu'on se parle bas, à l'instant tu te figures, comme un imbécile, qu'on se moque de toi ou qu'on veut assaillir ton coffre-fort; si on verse dans la lampe un peu moins d'huile qu'il n'en faut, ce sont des voleurs qui l'épargnent pour la vendre; s'ils en versent trop, ils n'ont ni discernement, ni conscience, et on voit bien que ce n'est pas eux qui la paient. Non, je n'ai jamais vu un caractère tel que le tien;

et ce qui me chagrine le plus, c'est qu'il ne fait qu'empirer. C'est pour cela, mon frère, c'est pour cela que je ne m'en vais pas. La pauvre Isabelle, avant son mariage, te connaissait à peine. Je lui dis, je lui conseille ce qu'elle a à faire. Laisse-la t'étudier, connaître tes singularités, en un mot, s'accoutumer à toi, et ensuite tu verras comme, sans que personne me le dise, je quitterai le poste; car, pour ne pas te voir, on sacrifierait bien de l'argent. Adieu.

SCÈNE VI.

DON ROCH, ensuite MUGNOZ.

DON ROCH.

Béatrice,.... à d'autres! Mais ne perdons pas de temps; voici le moment. Mugnoz!... Commençons par le commencement; Mugnoz!...

MUGNOZ.

Me voilà.

DON ROCH.

Écoute; voici le moment, pendant que je vais voir si quelqu'un vient, de te cacher comme nous en sommes convenus. Allons, allons donc; que tu es lourd!

MUGNOZ.

Je ne suis pas plus léger.

DON ROCH.

Dépêche-toi, tu peux entrer de ce côté.

MUGNOZ.

Quelle idée!...

DON ROCH.

Mugnoz!....

MUGNOZ.

Bah! tout cela est inutile. Que pensez-vous que nous ferons avec cette embuscade? Rien, rien; je le vois d'avance. A quoi bon se donner tant de peine?.... Et je suppose qu'ils s'en aillent aujourd'hui, j'admets même qu'ils soient déjà partis, et que nous ne restions que nous trois, les querelles et les jalousies ne finiront jamais.

DON ROCH.

Pourquoi?

MUGNOZ.

Quoi! vous ne le devinez pas? Parce qu'une jeune femme ne peut jamais sympathiser avec un vieillard; non, monsieur. Une jeune femme est gaie, capricieuse à l'excès, aimant les fleurettes, les spectacles, les promenades; et ici il n'y a rien de tout cela : toujours renfermée, condamnée pour la vie à vous habiller et à raccommoder vos vêtemens, à voir votre figure, à entendre le bruit continuel de votre asthme, à faire chauffer dans l'hiver des linges pour vous mettre sur le ventre, à faire bouillir de l'eau, à préparer des pilules, des onguens, des emplâtres, des cataplasmes; comment voulez-vous que tout cela lui plaise? c'est une chose impossible; ce ne serait que par feinte....

DON ROCH.

Mugnoz, allons....

MUGNOZ.

Je veux parler ; je ne suis point un chien de chasse qui évente tout sans crier. Oui, monsieur, à chaque pas des rapports, des embûches, des querelles, des pourparlers.

DON ROCH.

Je comprends en partie ton raisonnement, Mugnoz : son caractère est en effet tel que tu le dis.

MUGNOZ.

Eh, parbleu ! ce n'est pas le caractère ; l'âge, l'âge, c'est là, c'est dans l'âge qu'est tout le mystère. Les hommes et les femmes sont tous, à peu de chose près, taillés sur le même modèle. Les enfans aiment à jouer, à faire tapage, à courir et à faire enrager les chiens. Les jeunes filles, faisant de leur mouchoir de poche une espèce de mantille, vont à la messe, se font des visites, se disent mille complimens, et font des dîners et des collations dans des petites assiettes d'étain. Aussitôt qu'elles sont un peu grandes, elles oublient ces amusemens, et ne pensent plus absolument qu'à tel ou tel jeune homme, qui un jour au sortir de la maison leur fit un signe à la dérobée. Madame leur mère veille sur elles, leur cite mille bons exemples, et leur fait le soir repasser un vieux livre où se trouvent je ne sais quelles belles choses sur la pudeur et la modestie ; le père croit qu'il possède dans sa petite fille un prodige de vertu, et elle pendant ce temps-là pense à son beau don Diégo, lequel hume le grand air, et passe les nuits entières appuyé contre la muraille, attendant l'occasion de voir une porte ouverte par où dona Mencia puisse lui dire : Bonjour, cavalier. Tous deux demandent à grands cris qu'on les marie au plus vite, et en cela ils n'ont pas tort. Pourquoi ne le demandaient-ils pas, quand l'un, avec des polissons comme lui, jouait dans la cour au cheval fondu; et quand l'autre, dans l'antichambre avec les petites filles du voisinage faisait des marionnettes avec des serviettes, leur servait des petits plats de poussière de charbon et de sciure de bois? Pourquoi? parce qu'avec les années il faut que nous changions d'inclination; et quand approche l'époque où le sang nous bout dans les veines et nous pousse à la galanterie, les jeunes gens se passionnent pour les jeunes filles; il n'y a pas de remède; chacun s'attache à sa chacune. N'est-ce pas cela ? Et de penser que c'est le caractère qui cause cette inclination, c'est folie; ou bien il faut dire que tout le monde a le même caractère à un certain âge. Je le vois par moi-même, monsieur; j'ai été enfant, puis jeune homme, et j'ai eu à ces époques tous les petits travers d'un enfant et d'un jeune homme. Cela s'est passé bien vite. Plût à Dieu que je pusse en douter ! Mais je n'espère pas (comment l'espérer!) et ne m'imagine point par hasard, qu'aucune jeune personne à l'âge où la force et la chaleur surabondent en elle, aille s'amouracher de ma tournure.... Ce serait une extravagance; et quoiqu'il soit douloureux d'en convenir, monsieur don Roch de Urrutia, il faut que nous apprenions à nous connaître.

DON ROCH.

Mugnoz, tais-toi, tais-toi, tais-toi; pour Dieu,

ne parlons plus de cela, car chacune de tes paroles me fend le cœur.

MUGNOZ.

Ah! si je pouvais m'expliquer comme je l'entends!

DON ROCH.

Eh! qu'as-tu donc de plus à dire? Maudit soit....

MUGNOZ.

Le butor qui...

DON ROCH.

Tais-toi.

MUGNOZ.

Je me tais, et je me sauve.

(Il va pour sortir.)

DON ROCH.

Reviens, écoute.

MUGNOZ.

J'écoute, et je reviens.

DON ROCH.

Mugnoz, ne t'ai-je pas déjà dit que tu as raison, que tout ce que tu viens de dire est la vérité même? mais, Mugnoz, *quid faciendum?* Veux-tu que je me jette dans un puits? veux-tu...

MUGNOZ.

Moi, monsieur, je ne veux absolument que dire ma façon de penser, sans déguisement et sans détours.

DON ROCH.

Tu me l'as déja dite mille fois, et chaque fois que je te vois prêcher sur ce sujet, tu me mets au supplice... Ce que je veux, c'est que tu te caches.

MUGNOZ.

Où ?

DON ROCH.

Ici, allons, entre vite. Personne ne vient; allons, Mugnoz.

MUGNOZ.

Par l'âme de mon grand-père, une plus lourde sottise ne sortirait pas du cerveau d'un âne. Ne voyez-vous pas...

DON ROCH.

Mugnoz, va-t'en, sors de chez moi bien vite, va-t'en; fais ton paquet.

MUGNOZ.

Mais...

DON ROCH.

Va-t'en, je ne veux te revoir de la vie; va-t'en, sors.

MUGNOZ.

Eh bien, je me cache.

DON ROCH.

Par-ici.

MUGNOZ.

Allons.

(Il commence à se mettre sous le canapé.)

DON ROCH.

Aussitôt que tu seras dessous, tu peux t'étendre tout de ton long, et te reposer.

MUGNOZ.

J'entends bien.

DON ROCH.

Est-ce que la cachette est trop petite?

MUGNOZ.

Je ne sais.

DON ROCH.

Comment ?

MUGNOZ.

Nous allons voir tout à l'heure.

DON ROCH.

Je crois qu'il vient quelqu'un.

(Au moment où don Roch dit cela, Mugnoz est à moitié entré sous le canapé ; il fait des efforts pour s'en retirer, et son maître l'aide.)

MUGNOZ.

En voilà bien d'une autre.

DON ROCH.

Allons donc, lourdaud.

MUGNOZ.

Je voudrais bien vous y voir.

DON ROCH.

Voici qu'on vient.

MUGNOZ.

Je ne puis ni avancer ni reculer, dût-il venir un régiment.

DON ROCH.

Eh bien, tâche de sortir ; voyons.

MUGNOZ.

Il n'y a pas besoin de tirer si fort.

DON ROCH.

C'est pour que tu sortes plus vite.

MUGNOZ.

M'en voilà tiré.

DON ROCH.

Qu'il me tardait de te voir sorti de là !

MUGNOZ.

Il me tardait bien plus encore à moi, qui ai failli étouffer.

SCÈNE VII.

DON ROCH, DONA ISABELLE.

DON ROCH.

Si elle avait vu !... mais non.

DONA ISABELLE.

Vous m'appeliez ?

DON ROCH.

Non certainement ; c'est un prétexte dont tu te sers pour venir ici. Il paraît que nos hôtes s'en sont allés.

DONA ISABELLE.

Je pense que oui.

DON ROCH.

Que dis-tu de ce don Juan? Vois-tu comme il est poli, magnifique et spirituel? Qui l'a connu jeune et le voit maintenant..... Ah! ces jeunes gens nous font bien vieux. (*A part.*) Comme la coquine garde le silence. (*Haut.*) Il me semble que j'ai quelque idée de t'avoir vue chez don Alvaro, du vivant de cet estimable négociant.

DONA ISABELLE.

Cela est vrai.

DON ROCH.

Oui, je m'en souviens bien. Comme vous étiez tous étourdis! quel tapage vous faisiez dans cette salle obscure, pendant les soirées d'hiver, tandis que nous allions jouer au reversi, don Pédro, don Andres, don Martin de Urquijo et moi! Quels hommes c'étaient là. Ah! certes, ceux-là étaient des hommes.... Tu pleures?

DONA ISABELLE.

Non, monsieur.

DON ROCH.

Je vois bien que tu pleures. Dis la vérité; qu'as-tu? il y a quelque mystère là-dessous; dis, pourquoi pleures-tu?

DONA ISABELLE.

Ne vous en étonnez point, puisque ce que vous venez de dire me rappelle cet heureux temps....

DON ROCH.

Cet heureux temps où vous alliez folâtrer...

DONA ISABELLE.

Non certes...

DON ROCH.

Toi, don Juan, d'autres jeunes filles et le fils de don....

DONA ISABELLE.

Ce n'est pas cela.

DON ROCH.

Et le fils de don Blas, où, une fois entrés dans la cuisine, vous n'y laissiez pas une écuelle ni une casserole en place. (*Prenant un ton plus sérieux.*) Ces jeux-là, Isabelle, ces jeux-là...

DONA ISABELLE, à part.

Ah! malheureuse!

SCÈNE VIII.

GINÈS arrivant avec un papier à la main, et les précédens.

DON ROCH, à part.

Holà! voici un messager et un billet aussi; il faut que je voie ce que c'est. (*Haut.*) Où allez-vous comme cela, monsieur Ginès.?

GINÈS.

Chercher mon maître.

DON ROCH, à part.

Bon, je te vois venir. (*Haut.*) Ah! votre maître?

GINÈS.

Oui, monsieur.

DON ROCH.

Et ce petit papier ouvert, est-il aussi pour votre maître? Donnez-le-moi un peu.

GINÈS.

Plaisante demande! Il n'est pas pour vous.

DON ROCH.

N'importe.

GINÈS.

Considérez...

DON ROCH.

Je ne considère rien; il faut absolument que je le voie.

GINÈS.

Le voilà, puisqu'il le faut absolument.

(Il lui remet le papier, et don Roch le lit.)

DONA ISABELLE, à part.

Que dira ce papier?

GINÈS.

Voilà un homme qui ne fait pas de complimens.

DONA ISABELLE, à part.

Je suis toute tremblante.

DON ROCH, remettant le papier à Ginès.

Prends et porte-le bien vite.

GINÈS.

Mais mon maître est-il à la maison?

DON ROCH.

Il n'y est pas, à ce que je crois.

DONA ISABELLE.

Il n'y est pas, il n'y est pas.

GINÈS.

Serviteur, monsieur et madame.

DON ROCH.

Bonsoir, l'ami.

SCÈNE IX.

DON ROCH, DONA ISABELLE.

DON ROCH.

Il paraît qu'en effet don Juan s'en va.

DONA ISABELLE.

Comment? où donc va-t-il?

DON ROCH, à part.

Voilà pourquoi on pleurait tout à l'heure. (*Haut.*) Aujourd'hui même il doit s'embarquer... Que dis-tu?

DONA ISABELLE.

Moi, rien.

DON ROCH.

Le vent est favorable pour sortir du port, et il me paraît très-convenable pour lui d'aller en Amérique ; là, s'il se livre au commerce, il a beaucoup de chances de succès. Il est vrai que je lui vois peu de goût pour le commerce; mais enfin, puisqu'il a pris son parti, il sait bien pourquoi il s'en va et où il va, car il n'est pas maladroit... Que dis-tu?

DONA ISABELLE.

Rien, monsieur.

DON ROCH.

C'est un jeune homme de bon ton et qui annonce les plus heureuses inclinations. J'ai été on ne peut pas plus enchanté de le recevoir chez moi, et quoiqu'il y soit resté peu de temps, j'ai reconnu en

ACTE II, SCÈNE IX.

lui toutes les qualités d'un galant homme. Que t'en semble; ai-je raison?

DONA ISABELLE.

Il n'y a pas de doute, monsieur, cela est certain.

DON ROCH.

Tu es triste?

DONA ISABELLE.

Non, monsieur.

DON ROCH.

Est-ce que tu n'aimes pas que nous parlions de notre hôte?

DONA ISABELLE.

Moi! qu'est-ce que cela peut me faire?

DON ROCH.

Tu as raison. (*Il tire sa montre.*) Diantre, il est tard.

DONA ISABELLE.

Sortez-vous une seconde fois?

DON ROCH.

Oui, j'ai mille chose à faire; Mugnoz aussi doit sortir tout à l'heure. Quand il s'en ira, faites bien attention si quelqu'un sonne à la porte. Adieu. (*A part.*) Tu te laisseras prendre à l'hameçon.

SCÈNE X.

DONA ISABELLE, DONA BÉATRICE.

DONA BÉATRICE.

Veux-tu venir dans ta chambre, Isabelle, ou aimes-tu mieux que nous apportions notre ouvrage ici?

DONA ISABELLE.

Ah! mon Dieu, Béatrice!

DONA BÉATRICE.

Laissons cela, ma chère Isabelle.

DONA ISABELLE.

Malheur à moi!

DONA BÉATRICE.

Allons, ma sœur, que signifie tout ceci? Ne te verrais-je donc jamais raisonnable? est-ce là la promesse que tu m'as faite de l'oublier, et, en te conformant à mes conseils, de le congédier pour toujours, avant de laisser venir les choses à une telle extrémité que mon frère soit instruit de tout?

DONA ISABELLE.

Il l'est maintenant, il n'est plus temps de dissimuler avec lui. Mes yeux ont parlé, mes soupirs....

DONA BÉATRICE.

Eh bien, qu'a-t-il dit?

DONA ISABELLE.

Rien; mais moi qui remarque, dans ses paroles et dans ses actions, beaucoup d'artifice et de mystère, j'ai reconnu qu'il est jaloux et inquiet parce que don Juan ne s'en va pas.

DONA BÉATRICE.

Ah! ma sœur, que tout cela est fâcheux!... Mais je n'en ai pas été instruite, car si je l'avais su.....

DONA ISABELLE.

Quoi donc, Béatrice?

DONA BÉATRICE.

Si j'avais su qu'il arrivât à Cadix, je te jure que, dans ce cas, vous connaissant tous deux, j'aurais bien su faire en sorte qu'il ne vînt pas renouveler tes regrets, troubler notre repos, et inspirer de la jalousie à mon frère. Mais, Isabelle, il y a encore du remède, si tu es attachée à l'honneur et à tes devoirs.

DONA ISABELLE.

Doutes-tu de moi?

DONA BÉATRICE.

Non, j'ai confiance en ta vertu, et c'est pour cela que je vais te dire avec franchise ce que tu as à faire.

DONA ISABELLE.

Dis-le vite.

DONA BÉATRICE

C'est de ne pas le voir davantage. C'est en fuyant qu'on triomphe des combats de l'amour : ne l'écoute plus, ne le vois plus, tandis que nous allons faire en sorte de hâter son départ.

DONA ISABELLE.

Il n'est pas nécessaire; lui-même a résolu son départ, et, d'après ce que je viens d'apprendre, il doit s'embarquer très-incessamment.

DONA BÉATRICE.

Voilà ce qu'il est de son devoir de faire. Mais le sais-tu d'une manière bien certaine? Ah! Isabelle, ce sont là des paroles que le vent emporte. Enfin, il faut que tu fasses ce que je t'ai dit; je te promets qu'aujourd'hui même j'aurai une conversation avec lui. Je saurai quelles sont ses intentions, et, de manière ou d'autre, il sortira d'ici sans le moindre délai.

DONA ISABELLE.

Que Dieu ait pitié de moi!

DONA BÉATRICE.

S'il est loyal, s'il est généreux, il doit céder à la force de la raison, et je ne puis croire qu'il permette que mon frère ait lieu de se plaindre de toi. S'il t'estime, il ne voudra pas te voir déshonorée aux yeux du public, détestée de ton mari. S'il est raisonnable, s'il craint Dieu, il te quittera pour prévenir tant de maux.

DONA ISABELLE.

Que ton langage me touche! Tu me consoles et tu me rends le courage : oui, la vertu avant tout...... Mais... Ah! malheureuse!.. C'en est fait, mon parti est pris; oui, je saurai, mettant fin à tant d'erreurs, lui dire qu'il m'abandonne, qu'il s'en aille, que je ne veux revoir de ma vie un homme que je déteste.

DONA BÉATRICE.

Tu le détestes! Auras-tu bien le courage de lui parler ainsi? Ah! Isabelle, ce qui importe, c'est que tu ne le revoies jamais, sous quelque prétexte que ce soit. Je lui dirai tout ce que tu te proposes de lui dire. Viens avec moi dans ton appartement, nous dirons que tu es malade, et c'est ainsi que nous commencerons l'artifice que j'ai conçu. Viens.

DONA ISABELLE.

Je te suis.

SCÈNE XI.

DONA ISABELLE, DON JUAN.

DONA ISABELLE.

Quelqu'un vient. Ciel! c'est lui! faut-il fuir?.... Que faire? malheureuse!... Non, non, je ne veux pas le voir.

DON JUAN.

Isabelle!

DONA ISABELLE.

Si vous venez conduit par l'amour ou simplement par la politesse, prendre congé de moi, que le ciel veille sur votre vie et vous comble de biens. (*A part.*) Ah, Dieu!

DON JUAN.

Je viens seulement te dire.....

DONA ISABELLE.

Oui, que tu pars; je le sais. Pars, je te le conseille; pars, cruel, si tu en as le courage : je n'ai pas eu jusqu'à présent celui de t'adresser cette prière, je l'ai aujourd'hui.

DON JUAN.

Ah! tu ne sais pas la douleur....

DONA ISABELLE.

Si, je sais ce que je te dois; pars, et laisse-moi mourir.... Mais, enfin, pars-tu; est-il bien vrai, don Juan? Après un amour si tendre, pouvais-je attendre ce résultat? est-ce là ce que méritait ma tendresse?

DON JUAN.

Est-ce là ce que je méritais moi-même? Ah! femme ingrate! qu'as-tu fait? Avec quelle facilité tu as cédé! quelle violence, quelle soumission, ont pu t'entraîner à rompre si vite l'union la plus désirée que l'affection et le temps aient jamais formée. Ah! quel temps que celui-là! T'en souviens-tu? t'en souviens-tu?

DONA ISABELLE.

Je me meurs.

DON JUAN.

Lorsque, contens tous deux de notre fortune, nous attendions les douces faveurs de l'amour, l'habitude, l'inclination, l'âge, les jeux folâtres, les refus mal simulés....

DONA ISABELLE.

Ah! don Juan, je me meurs.

DON JUAN.

Un soupir, un mot de ta bouche, un doux regard, tel était le but de mon ambition, de tous mes désirs.... Tout est fini; si je t'ai aimée, si dans un autre temps nous nous aimâmes tous deux, ce bonheur a passé comme un songe, comme une ombre; tu as cédé aux instances d'un homme vil et pervers; tu as cédé, et une illusion, une apparence de jalousie, ont pu t'obliger à oublier mon amour.... Malheureuse faiblesse de ton sexe !

DONA ISABELLE.

J'en gémis, mais trop tard.

DON JUAN.

Trop tard! il est vrai. La mort est maintenant ma seule espérance; elle mettra fin à mes maux.

DONA ISABELLE.

Oh! puisse le ciel ne pas le permettre! Moi, moi, je mourrai de douleur, car mon âme n'a point assez de force pour supporter un coup pareil. Malheureuse !

DON JUAN.

Adieu, nous ne nous verrons plus; séparé de toi, j'irai chercher des climats lointains.... Isabelle, chère amie, n'oublie pas la tendresse que nous avons eue l'un pour l'autre. Je ne prétends plus rien de toi, sinon que ma foi, mon amour, vivent éternellement dans ta mémoire. Aime-moi, pense à moi; peut-être mes tourmens éprouveront-ils quelque soulagement, quand je croirai avoir mérité de la part de celle que je perds quelques larmes, quelques tendres soupirs.... Mais non, Isabelle, oublie notre intimité, ne pense plus à moi, chasse de ton cœur le souvenir d'un amour si malheureux et si funeste; aime ton époux, et rien de plus; aime-le, je t'en supplie, et laisse-moi partir.

DONA ISABELLE.

Don Juan !

DON JUAN.

Isabelle !

DONA ISABELLE.

Je ne puis parler et je ne sais que dire. Ah! si tu voyais dans quel état est mon cœur!

DON JUAN.

Ah! si tu voyais.... Mais, adieu, et que ce dernier embrassement confirme...

(Il veut l'embrasser, doña Isabelle l'arrête et s'éloigne.)

DONA ISABELLE.

Éloigne-toi.

DON JUAN.

Tu me fuis ?

DONA ISABELLE.

Oui, je m'éloigne de toi, car mille périls me menacent chaque fois que je te vois.

DON JUAN.

Cruelle !

DONA ISABELLE.

Ah! don Juan, que veux-tu, que veux-tu de moi ? Le ciel l'ordonne ainsi, tu le vois; cédons à ses décrets. Va-t'en, puisque ma triste destinée veut que nous soyons séparés ; va-t'en, oui, et ne me revois jamais ; notre honneur l'exige : mais ne t'éloigne pas de Cadix, n'ajoute point au tourment que j'endure ; et parce que je dois pleurer ton absence, ne me réduis point à pleurer ta mort. Un

ACTE II, SCÈNE XI.

infortuné a plus de peines que de consolations à attendre, lorsqu'il va chercher des provinces lointaines séparées de son pays par de vastes mers. Une cité populeuse offre mille distractions, et tes peines céderont à la raison et au temps. Que l'exemple que je te donne relève ton courage : je me sépare de toi en éprouvant la plus vive douleur ; et si mon amour était moins sincère, il n'y aurait pas de vertu à moi à te quitter comme je te quitte ; mais il le faut, don Juan. Je suis mariée, l'honneur m'est cher ; quelle excuse pourrai-je trouver à mon aveuglement ? quel prix puis-je espérer d'un crime si odieux ? où irons-nous alors ? que feras-tu ?... Ah ! s'il n'y a plus d'espoir, séparons-nous tous deux ; que je meure de regret, isolée, privée de tout ce que j'aime ; je mourrai contente, si à ce prix je me conserve pure à mes propres yeux.

DON JUAN.

Ah ! chère amie de mon cœur, qui t'a donné tant de courage ?....

DONA ISABELLE.

O vertu !.... ô douloureuse vertu !

(Elle sort par la porte de gauche.)

DON JUAN

Que Dieu me soit en aide !

(Il sort par la porte de droite.)

SCÈNE XII.

MUGNOZ seul.

L'instant est arrivé, il n'y a plus à s'en dédire, il faut obéir. Que le diable soit de l'homme. Il a perdu le sens. Ah! quel mariage! et ce don Juan! Mugnoz, du courage, et commençons. (*Lorsqu'il est entré à moitié sous le canapé, on sonne à la porte.*) Non, oh! je ne sortirai pas, quand même on enfoncerait la porte.

(Il achève de se cacher sous le canapé.)

SCÈNE XIII.

BLASA, GINÈS.

BLASA.

On y va, on y va : un moment.

(Elle traverse le théâtre, et rentre ensuite avec Ginès.)

GINÈS.

J'ai cru qu'il était à dormir.

BLASA.

Non, il est sorti sans rien dire à personne. Ah! c'est un être bien ennuyeux que ce Mugnoz!

GINÈS.

Je ne conçois pas comment don Roch peut le supporter.

BLASA.

Comment? cela est bien facile; parce qu'il y a

deux cents ans qu'il le sert, parce qu'il est vieux, parce qu'ils ne sont pas à un mois et demi de distance l'un de l'autre, parce qu'il est vilain comme son maître, parce que son maître a peur de lui, parce qu'il n'ose rien faire sans le consulter, et qu'il ne peut y avoir rien de bon pour lui quand Mugnoz n'a pas prononcé; parce qu'il lui sert d'espion, et lui débite mille rapports. Quand son maître sort, il se tient sous la porte, feignant de dormir ou de prier, et pendant ce temps il n'y a rien qui lui échappe. Don Roch rentre ensuite, et son vieil animal d'écuyer lui raconte tout ce qui s'est passé.

GINÈS.

Ah! méchant vieux coquin! Voyez ce visage de malheur; quel beau moyen il prend pour se faire aimer!

BLASA.

Je suis toujours à dire à ma maîtresse qu'il faut que nous retournions chez nous, et que nous quittions ces hommes qui ressemblent à deux épouvantails de jardin; car tous deux....

GINÈS.

Eh bien moi, ma chère Blasa, je les quitte très-prochainement.

BLASA.

Oui : comment donc?

GINÈS.

Parce que nous nous en allons par-là; que sais-je.... bien loin.

BLASA.

Et quand?

GINÈS.

Aujourd'hui même, si le vent n'y met point obstacle.

BLASA.

Que tu es heureux! à dater d'aujourd'hui tu ne verras plus cette sotte figure de Mugnoz, ni mon M. don Roch, si sale et si ennuyeux.

SCÈNE XIV.

DONA ISABELLE, GINÈS, BLASA.

DONA ISABELLE.

Blasa!

BLASA.

Madame.

DONA ISABELLE.

Béatrice t'appelle.

BLASA.

J'y cours.

(Elle sort.)

DONA ISABELLE.

Où est maintenant ton maître?

GINÈS.

Sur le port, tandis que je viens chercher une boîte qu'il a laissée sur la table de sa chambre.

DONA ISABELLE.

Va vite.

SCÈNE XV.

DONA ISABELLE seule.

Ah! malheureuse! il n'y a plus de remède; il s'en va réellement; et où? où? O douleur! chercher de nouveaux périls. Quelle nécessité peut-il trouver à franchir des mers immenses dont la vaste étendue non-seulement doit nous priver de nous revoir, mais m'empêchera même de savoir si celui que j'aime est mort ou vivant; Oh! non! que je sache du moins qu'il vit, et qu'il trouve quelque consolation dans sa patrie, au sein de ses amis et de ses parens, voilà tout ce que je demande.

SCÈNE XVI.

DONA ISABELLE, GINÈS, portant une boîte.

DONA ISABELLE.

Ginès, dis à ton maître que je l'attends sans faute, à l'instant, à l'instant même, car don Roch et Mugnoz viennent de sortir il n'y a qu'un moment; tu lui diras qu'il vienne à tout hasard, que je veux lui parler.

GINÈS.

J'y vais, madame; mais je crains.....

DONA ISABELLE.

Quoi?

GINÈS.

Que l'occasion soit peu favorable, car tous les préparatifs sont achevés, et au premier signal de départ les vaisseaux sortiront du port.

DONA ISABELLE.

Malheureuse! cours! Ah! mon Dieu!

SCÈNE XVII.

MUGNOZ seul, sortant de dessous le canapé.

Grâces à Dieu, ils s'en sont allés! Canailles, si j'avais tardé un moment de plus à sortir de là, je crevais dans ma peau. Cette petite Blasa! et cet autre coquin....! Et moi quel rôle avilissant j'ai joué là!... Pourvu encore que ce qu'il m'a dit sur le testament soit vrai. Quelles braves gens il y a dans cette maison! les démons de l'enfer ne sont pas de pire race; Don Roch, vos affaires vont mal.

FIN DU DEUXIEME ACTE.

ACTE TROISIÈME.

SCÈNE PREMIÈRE.

DONA ISABELLE, DONA BÉATRICE.

DONA BÉATRICE.

Enfin, il paraît que Dieu ordonne tout pour notre bien. Don Juan, connaissant à quoi il s'expose en restant ici, va partir; l'escadre mettra à la voile ce matin même. Maintenant Isabelle, je suis contente, et toutes mes craintes ont cessé. Calme tes inquiétudes, puisque enfin il est parti; ne t'imagine pas que ton mari ait rien soupçonné. Non, je le connais, j'ai étudié son caractère, et d'ailleurs en si peu de temps, il n'est pas possible qu'il soit parvenu à pénétrer ce mystère; ta prudence fera le reste. Il t'aime et si tu t'efforces de te conduire à son gré, tu verras que tout peut encore se réparer.

DONA ISABELLE.

Oui, Béatrice, telles sont mes intentions; tu dissipes mes craintes. Je connais mon erreur, je connais les dangers dont m'environne une aveugle passion, qu'il faut nécessairement chasser de mon cœur. Ah! ma sœur, ces murs m'accusent, de quelque côté que je tourne mes regards.... Oh! que la vérité a de puissance!

DONA BÉATRICE.

Il est naturel, Isabelle, que maintenant tu te sentes faible et troublée. Tu es jeune, et un coup si rude a dû te faire beaucoup de mal.

DONA ISABELLE.

Que quiconque a aimé aussi sincèrement que moi dise ce qu'il en coûte.

DONA BÉATRICE.

Par la suite, Isabelle, lorsque tu auras banni de ton cœur ces souvenirs funestes, uniquement consacrée au soin de ton ménage et à ton époux, libre de toute agitation, tu couleras une vie paisible et heureuse, bien qu'aujourd'hui cela te paraisse impossible. Oui, ma bonne amie, n'en doute pas, l'habitude de vivre ensemble finit par produire l'attachement. Que tu seras heureuse alors! Aujourd'hui tu pleures et tu gémis sur ton sort : un jour viendra où tu rougiras de ces pleurs, et où tu diras, en te rappelant ces cruels momens : « Mon Dieu, par
» quelle passion je fus maîtrisée! Ma raison était
» troublée, cela ne peut être autrement; car, si
» j'avais pensé au danger qui me menaçait, l'hon-
» neur m'eût à l'instant préservée d'une pareille
» erreur. Insensée! je pleurais l'absence de don
» Juan : je pus la voir avec douleur, quand je
» lui ai dû mon repos et l'amour de mon mari!...
» Quel aveuglement!... quelle faiblesse! »

DONA ISABELLE.

Ah! Béatrice!

ACTE III, SCÈNE II.

DONA BÉATRICE.

Ma sœur, que crains-tu? Il n'y a rien à craindre.

DONA ISABELLE, à part.

Oh! que j'ai eu tort de lui faire dire de venir!

DONA BÉATRICE.

Pourquoi, dis-moi, ne reprends-tu pas courage? Puisque tu juges bien ta position, ne t'expose pas à ce que ton inclination prenne le dessus. Tu as toujours été bonne chrétienne, honnête et prudente; si tu veux parvenir.....

DONA ISABELLE.

On sonne. (*A part.*) C'est lui sans doute. Où irai-je?

(Elle va pour sortir.)

DONA BÉATRICE.

Pourquoi ce trouble, pourquoi t'en vas-tu? C'est mon frère.

SCÈNE II.

DON ROCH, les précédentes.

DON ROCH, à part.

Qu'est-ce que c'est que ces airs de mystère et ces allées et venues? (*Haut.*) Où est ma vieille robe de chambre? Combien y a-t-il de temps que je dis qu'on la raccommode, et qu'on mette une doublure de laine dans le dos?

DONA BEATRICE.

Oui, tu l'as dit hier ; on n'a pas eu le temps de le faire.

DON ROCH.

Allez-vous-en toutes deux.

DONA BÉATRICE.

Est-ce que tu ne te déshabilles pas?

DON ROCH.

Qui? don Juan?

DONA BÉATRICE.

Je te demande si tu gardes cet habit, ou si tu veux ta robe de chambre.

DON ROCH.

Quand je la voudrai, je saurai bien appeler.

DONA ISABELLE, bas.

Béatrice, je suis toute tremblante.

DONA BÉATRICE, à don Roch.

Veux-tu quelque chose ?

DON ROCH.

Non, madame.

DONA BÉATRICE.

Qu'as-tu qui te contrarie?

DON ROCH.

Rien. Que t'importe au reste ce que j'ai ou ce que je n'ai pas? Ne vous ai-je pas dit de me laisser?

DONA BÉATRICE.

Viens, Isabelle.

SCÈNE III.

DON ROCH, MUGNOZ.

DON ROCH.

Entre, Mugnoz. Ainsi donc, le message ne consiste....

MUGNOZ.

Allons-nous maintenant revenir là-dessus? Oui, monsieur, il ne consiste qu'en ce que je vous ai dit là dehors.

DON ROCH.

Qu'il aille, et qu'il dise à son maître de venir à l'instant?

MUGNOZ.

De venir à l'instant.

DON ROCH.

Que nous sommes sortis tous deux?

MUGNOZ.

C'est cela même.

DON ROCH.

Et qu'elle l'attend sans faute, sans faute?

MUGNOZ.

Voilà.

DON ROCH.

Et tu dis qu'elle était troublée, qu'elle pleurait?

MUGNOZ.

Positivement.

DON ROCH.

Et quelle était cette autre chose que tu avais commencé à me dire?

MUGNOZ.

C'étaient des louanges de votre personne.

DON ROCH.

Quoi ! réellement on m'a traité de spectre ?

MUGNOZ.

Et d'emplâtre.

DON ROCH.

Et de cruche ?

MUGNOZ.

Et de vieux drille.

DON ROCH.

A-t-on vu pareille impudence !... De sorte qu'elle a débité toutes ces gentillesses sur mon compte ?

MUGNOZ.

Et cent autres.

DON ROCH.

Et ensuite elle lui a donné le message ?

MUGNOZ.

Non, ce n'est pas celle au message qui a dit tout cela.

DON ROCH.

Ainsi Isabelle...

MUGNOZ.

Isabelle n'a pas abordé ce sujet. C'est Blasa qui a dit que don Roch est un imbécile, qu'il a l'air d'un épouvantail, qu'il est sourd comme une pierre, qu'il a l'haleine puante et les jambes enflées, qu'il n'est pas apte au mariage, que...

DON ROCH.

Tais-toi, pour Dieu, si tu ne veux pas que j'aille l'assommer. Ah ! coquine, bavarde, menteuse !

ACTE III, SCÈNE III.

MUGNOZ.

Je ne sais si elle est menteuse, mais il est certain qu'elle a dit tout cela.

DON ROCH.

De sorte qu'il n'y a personne dans cette maison qui n'y soit pour me tourmenter et me maudire.... Infâme! il me prend envie d'aller la prendre aux cheveux et de donner à cette coquine une telle bastonnade....

MUGNOZ.

Mauvais remède.

DON ROCH.

Que faire? que faire? La colère ne me laisse pas la faculté d'y réfléchir. Écoute, Mugnoz; j'ai la tête comme un tambour. Mais, morbleu, ce jeune homme a le projet de quitter Cadix aujourd'hui même pour se séparer d'elle; je l'ai laissé sur la plage attendant la chaloupe, il a pris congé de moi, le moment du départ s'approche, et d'un instant à l'autre on attend le signal..... Par saint Antoine! pourquoi donc lui aura-t-elle fait dire de venir?

MUGNOZ.

Ils veulent peut-être s'amuser aux dépens du fils de ma mère.

DON ROCH.

Eh bien, en pareil cas, que ferais-tu?

MUGNOZ.

Je sais fort bien ce que je ferais.

DON ROCH.

Mugnoz, au nom du bienheureux saint Jean, je t'en supplie....

MUGNOZ.

Voilà les supplications qui recommencent.

DON ROCH.

Dis-moi ce que tu ferais si tu étais maintenant don Roch.

MUGNOZ.

Si j'étais don Roch dans cette circonstance, je ne laisserais pas vivre Mugnoz. Je ferais contre lui mille plaintes à chaque instant, parce qu'il ne parle guère et qu'il n'espionne pas bien : je lui demanderais son avis, une, quatre, vingt, trente fois, et, sans rien faire ni résoudre de raisonnable, je ferais payer à mon malheureux écuyer la faute commise par un autre. Je le persécuterais, je l'étourdirais, je le tuerais. (*Pendant que Mugnoz parle ainsi, don Roch se promène tout pensif.*) Ne m'entendez-vous pas?

DON ROCH.

J'en perdrai la tête, Mugnoz. Allons, il n'y a point à s'excuser; ce que j'ai dit, il faut que tu le fasses.

MUGNOZ.

Et que dois-je faire?

DON ROCH.

Tu ne t'en souviens plus...

MUGNOZ.

De quoi, monsieur?

DON ROCH.

Il est vrai.... Je suis fou.

MUGNOZ.

Qui vous dit le contraire?

DON ROCH.

Sans doute, je ne lui avais pas dit.... Écoute, Mugnoz; elle attend don Juan, mais peut-être il ne vient pas, parce qu'il sait ou soupçonne que je suis rentré. Ginès, j'en suis sûr comme si je le voyais, m'aura épié à mon retour; autrement.... Mais mes ruses me serviront à quelque chose. Cours, mon ami, cours, car tout consiste dans la diligence.... Tu sais où on accroche les clefs; connais-tu celle de la seconde porte?

MUGNOZ.

Laquelle, monsieur?

DON ROCH.

Cette vieille clef... Y es-tu?

MUGNOZ.

Ah! oui, celle de la porte qui donne dans la petite rue?

DON ROCH.

Celle-là même.

MUGNOZ.

Il y a mille ans que personne n'est ni entré ni sorti par-là.

DON ROCH.

N'importe : apporte-moi la clef.

MUGNOZ.

Quelle est cette nouvelle invention?

DON ROCH.

Tu le sauras; aie soin qu'on ne t'entende pas.

SCÈNE IV.

DON ROCH se promenant seul sur le théâtre.

Ah! mon Dieu! cela va mal, mal, mal... Maudite femme! Pourvu qu'on trouve la clef. Mugnoz a raison; ce n'est pas elle qui est coupable, c'est moi, moi, qui le suis. Si c'était à dire.... Mais bah! se corriger quand on a quatre-vingts ans! Mugnoz a raison, il n'a que trop raison! Il me chagrine souvent par ses manières; mais il lâche des vérités si sèches.... Si je l'avais consulté auparavant, ce méchant tour ne m'arriverait pas, non certainement. Pauvre don Roch, quelle sottise tu as faite! pauvre don Roch! Mais peut-être, si ce don Juan nous quitte, je pourrai parvenir..... Dieu le veuille!

SCÈNE V.

DON ROCH, MUGNOZ.

DON ROCH.

L'as-tu trouvée?

MUGNOZ.

Je l'ai trouvée.

DON ROCH.

Sais-tu si quelqu'un ne t'a pas vu la prendre?

MUGNOZ.

Personne n'a rien vu.

(Il donne la clef à don Roch.)

DON ROCH.

Non? Eh bien, va et dis-lui de venir.

MUGNOZ.

A qui ?

DON ROCH.

A Blasa.

MUGNOZ.

A cette petite fille si impudente, et si mauvaise langue, qui vous a traité de pouriture ambulante ? Que voulez-vous d'elle ?

DON ROCH.

C'est pour un projet qui, s'il est bien suivi, doit nous conduire à les surprendre tous deux. Mes soupçons seront confirmés, et alors ils me paieront, je l'espère, leur audace et leur effronterie. Appelle Blasa.

MUGNOZ.

Je crois que la voilà qui vient.

DON ROCH.

En ce cas, va-t'en.

MUGNOZ.

Avec tant de préparatifs, tant de tours, d'allées et de venues, le temps se passe..... Et que fera-t-il en définitif ? Ce qu'ont toujours fait les imbéciles comme lui.

SCÈNE VI.

DON ROCH, BLASA.

DON ROCH.

Écoute, petite Blasa.

BLASA.

Monsieur.

DON ROCH, à part.

Faisons-lui prendre le change. (*Haut.*) Écoute, je vais sortir; si à midi et demi je ne suis pas rentré, vous pourrez dîner, car ce sera signe que je dîne en ville.

BLASA.

En ville, monsieur?

DON ROCH.

Oui, parce qu'un de mes amis m'attend pour une affaire; peut-être ne voudra-t-il pas me laisser revenir chez moi, et me gardera-t-il avec lui.

BLASA.

Mais vraiment on ne vous laisse pas chez vous un moment.

DON ROCH.

Il faut bien que je sois à mes affaires.

BLASA.

Et nous, enfermées dans cette étroite prison, excepté pour aller à la messe, jamais nous ne faisons un tour dehors.

DON ROCH.

Les femmes raisonnables qui ont du jugement et de la pudeur, se tiennent chez elles et ne sont point des coureuses de rues et d'aventures. A la maison, à la maison. (*A part.*) Je m'en vais, car la colère m'étouffe.

(Don Roch sort fort irrité sans prendre son chapeau; aux cris de Blasa, il revient, le prend et sort par la porte de droite.)

BLASA.

Fort bien, monsieur; et votre chapeau, monsieur ?... Quel train il va, monsieur ! Je parierais que ce vieux bonhomme perd la tête. Le voilà qui revient, grâces à Dieu !... Prenez votre chapeau.

DON ROCH.

Donne.

SCÈNE VII.

BLASA, ensuite MUGNOZ.

BLASA.

Que cet homme est singulier ! Et qu'il existe une femme qui à la fleur de l'âge, avec une figure charmante, des yeux comme des soleils, et une grâce qui séduit tout le monde, consente à s'unir à un vieillard si ridicule et si bête ! Ah ! mon Dieu ! j'aimerais mieux mourir fille que de souffrir un pareil butor de mari, véritable âme damnée, chargé de plus de défauts et d'infirmités que le cheval de Gonéla. (*Mugnoz paraît, et en voyant Blasa, il s'arrête sur la porte.*) Qu'est ceci, monsieur Mugnoz ? est-ce que les filles vous font peur ? Si je vous gêne....

MUGNOZ.

Oui, tu me gênes.

BLASA.

Quoi ! je vous gêne, vraiment ?

MUGNOZ.

Je ne suis pas disposé à bavarder.

BLASA.

Ainsi donc il faut que je m'en aille ?

MUGNOZ.

Quand tu voudras.

BLASA.

Quelle mine vous me faites! Depuis que je suis dans cette maudite maison, je ne vous ai jamais vu rire; toujours de mauvaise humeur.

MUGNOZ.

Et toi toujours prête à parler à tort et à travers.

BLASA.

J'ai raison, puisque j'ai une langue.

MUGNOZ.

Tu as tort.

BLASA.

Non, j'ai raison.

MUGNOZ.

Allons, assez de plaisanteries.

BLASA.

Je veux parler.

MUGNOZ.

Tais-toi.

BLASA.

Si je veux parler, tiens! a-t-on vu un pareil ennuyeux? Maudit vieillard!...

MUGNOZ.

Écoute...

BLASA.

Figure de carême!

MUGNOZ.

Si....

BLASA.

Vieux chassieux, vieux Judas! enrage, enrage.

MUGNOZ.

Attends....

(Elle sort.)

SCÈNE VIII.

MUGNOZ, et ensuite DON ROCH.

MUGNOZ.

Coquine! on voit bien qu'il n'y a dans la maison personne qui porte les culottes. Mauvaise coquine, insolente, effrontée! à moi!..... vraiment je ne conçois pas comment j'ai eu la patience..... Le diable sait comment cela s'est fait.

(Don Roch entre par la porte de gauche.)

DON ROCH.

Mugnoz, me voici de retour. Ç'a été de ta part une bonne précaution que de venir dans cette pièce pour leur faire peur. Aucune d'elles ne m'a vu entrer : mon stratagème a réussi complétement. En sortant par cette porte, j'ai vu cette canaille de Ginès qui était en sentinelle dans la maison à côté. J'ai tourné la petite rue, feignant de ne pas l'avoir vu. Et lui qui m'observait, à peine fus-je un peu éloigné, qu'il partit sans doute pour porter des nouvelles à don Juan ou à don Démon.

MUGNOZ.

Fort bien ; mais que gagnerez-vous avec cette maudite intrigue, ces allées et venues et cette précaution de rentrer par la porte dérobée, pour que les femmes croient que vous êtes sorti? Que Ginès aille ou vienne, qu'il vous voie dedans ou dehors, qu'importe? Prenez-y garde; tout ceci ressemble plus à des jeux d'enfant qu'aux démarches d'un homme majeur.

DON ROCH.

Non, Mugnoz; voici le but de cette ruse. Don Juan, à qui on a dit de revenir, est peut-être arrêté par la crainte de me trouver ici : il attend pour plus de certitude un billet, un message ou un signal quelconque. Dès que je suis sorti, tous ses doutes cessent. Si Ginès l'avertit, ou si elles se sont chargées de le faire elles-mêmes, car ce sont de vrai démons, il viendra nécessairement la voir, et alors....

MUGNOZ.

Et alors.... quoi? Il y aura une grande querelle, des cris de femme, des pleurs, et puis adieu, don Juan s'en ira ; et que pense obtenir par-là mon seigneur don Roch?

DON ROCH.

La chose est faite; ne nous arrêtons point à des propos, car le temps presse. Pour Dieu, va-t'en dans ta chambre.

MUGNOZ.

Je vais bien m'amuser.

DON ROCH.

Pendant ce temps je vais l'amener ici.... Mais n'est-ce pas elle?

MUGNOZ.

Elle-même, qui, croyant y trouver don Juan, accourt avec la vitesse d'un oiseau. Je m'en vais.

SCÈNE IX.

DON ROCH, DOÑA ISABELLE.

DON ROCH.

D'où vient cette surprise?

DOÑA ISABELLE.

Je croyais que vous étiez sorti; car Blasa....

DON ROCH.

Oui, je suis sorti pour faire un petit tour, et....
Que dis-tu?

DOÑA ISABELLE.

Rien.

DON ROCH.

Quoi?

DOÑA ISABELLE.

Rien, monsieur.

DON ROCH.

Ne perdons point de temps.

(Il ferme à clef la porte de gauche.)

DOÑA ISABELLE.

Monsieur, que faites-vous? Ah! mon Dieu, la clef!

DON ROCH.

Laisse la clef; que t'importe la clef?

DOÑA ISABELLE.

Mais d'où vient cette précaution?

DON ROCH.

Écoute, Isabelle, je sais que tu attends don Juan, et qu'il va venir.

DONA ISABELLE.

Monsieur !

DON ROCH.

Tais-toi; et ne va pas commencer à crier, car ce serait en pure perte. Il va venir, je me cache dans cette pièce; toi, assise sur cette chaise, de manière que je te voie en face, tu le recevras : tu lui diras qu'il ne reste pas un moment de plus dans ma maison; que tu ne sais ce que signifient toutes ces petites finesses, toutes ces feintes de partir, tandis qu'il ne part pas; que tu ne veux le revoir de la vie; que bien que je ne sache rien, il est très-facile que d'un instant à l'autre je sois informé..... Mais on a sonné; assieds-toi, la chaise tournée de ce côté.

(Il place la chaise vis-à-vis son appartement.)

DONA ISABELLE.

Ah! juste ciel! où suis-je? O sort funeste! Considérez, monsieur, ce que vous faites.

DON ROCH.

Ma petite Isabelle, tiens compte de ce que je t'ai dit. Songe que si je remarque quelque signe ou quelque parole, je ne pourrai me contenir, quand même je le voudrais, et qu'il arrivera malheur.

DONA ISABELLE.

Ah! malheureuse! quelle funeste situation! Est-il possible?... Songez....

DON ROCH.

Allons, le voilà qui vient.

DONA ISABELLE.

Écoutez-moi....

DON ROCH.

Tu feras ce que j'ai dit, et prends-y garde.

(Il entre dans son appartement dont il ferme la porte. Isabelle s'assied.)

SCÈNE X.

DONA ISABELLE, DON JUAN.

DONA ISABELLE.

Ah! malheureuse que je suis! ah! quel supplice! Si on pouvait l'avertir!... Il n'y a pas moyen.

DON JUAN.

Eh bien, Isabelle, tu ordonnes que, revenant te voir en ce moment, je souffre de nouveaux tourmens! Pourquoi, mon Isabelle, me retiens-tu, quand notre douleur ne peut plus attendre de soulagement? Mais quel nouveau chagrin t'accable? qu'as-tu? Essuie ces larmes; elles m'en disent assez. Je connais l'éloquence de tes yeux; je sais aussi, chère amie, je sais combien ce départ te coûte. Mais....

DONA ISABELLE.

Don Juan, que dites-vous? que dites-vous? Sortez, de peur que mon époux....

DON JUAN.

Ne crains rien, il n'est pas à la maison; et Ginès est chargé de m'avertir quand il paraîtra.

DONA ISABELLE.

En quelque circonstance que ce soit, je dois lui être fidèle : songez que s'il vient à connaître vos démarches....

DON JUAN.

Ciel! quel est ce changement? quel est ce langage que je ne comprends pas? Isabelle, fais-moi pénétrer cette énigme, mon âme est suspendue à tes lèvres. Tu m'as appelé, et maintenant....

DONA ISABELLE.

Je vous ai appelé?

DON JUAN.

Quoi! tu le nies, tu le nies? Ah! cruelle! Mais...

DONA ISABELLE.

Taisez-vous.

DON JUAN.

Tu me feras perdre la raison, ingrate. Ton cœur peut-il renfermer tant de cruauté?

DONA ISABELLE.

Je ne sais ce que vous me dites.

DON JUAN.

Tu ne sais!... Mais, au nom du ciel, Isabelle, ne m'accable point ainsi.

DONA ISABELLE.

Je vous ai déjà dit de sortir. Obéissez; ne soyez pas cause, monsieur, que mon honneur souffre quelque atteinte.

ACTE III, SCÈNE X.

DON JUAN.

Ah ! femme légère, qui paies ainsi ma constance ; est-ce pour cela que tu as voulu me voir encore une fois ? pour m'accabler de cette nouvelle trahison concertée pour m'arracher la vie ? Moi qui m'étais déjà séparé de toi ; moi qui, résolu de fuir, ne voulais te revoir jamais.... Pourquoi m'avoir dit de venir ? pourquoi ?... J'étais donc trompé par toi ; ta tendresse n'était qu'un piége.... Ah ! qu'on se persuade facilement ce qu'on désire ! Moi, brûlant d'amour pour toi, je crus tes paroles sincères, au point que je fus bientôt aussi tendre que tu es belle ; et c'est ainsi que tu me récompenses !

DOÑA ISABELLE.

Songez à ce que vous dites. Si votre passion vous entraîne au point que quelqu'un de la maison puisse vous entendre, mon époux...

DON JUAN.

Oui, je le vois ; tu lui as dit qu'il n'avait rien à craindre, que l'amour que tu m'as témoigné n'était qu'une apparence trompeuse ; et, pour m'en convaincre, tu as voulu pousser l'iniquité jusqu'au bout ; tu lui as offert de m'outrager, et d'ajouter à mes peines la douleur la plus amère qu'il fût possible d'y ajouter ; tu le lui a promis ainsi ; eh bien, remplis, remplis ta promesse.... Mais, perfide, quelle excuse peux-tu me donner ? il ne t'en reste pas. Tu te tais, infidèle, parce que tu sais que ton silence me désespère ! Adieu, je m'en vais ; sois contente, Isabelle ; oui, je m'en vais : je ne te reverrai jamais, ne crains rien. Et peut-être il viendra un jour où, livrée au deuil et à la douleur, tu te souviendras de moi, poursuivie par la mémoire funeste d'un perfide triomphe... Adieu, je vais mourir; ton amant ne soupire qu'après le moment de finir une vie qu'il déteste : et je ne serai pas assez malheureux, quand j'aspire à la perdre, pour que mes vœux ne soient pas exaucés par les tempêtes déchaînées. (*Il tire de sa poche des papiers qu'il déchire.*) Plût à Dieu que je pusse ainsi oublier mon erreur passée, ma douleur, ta tendresse mensongère!... Ah! que dis-je?... non,... qu'elles périssent! qu'elles périssent! Je les croyais un soulagement à ma tristesse : elles sont de toi.... Trompeuses lettres! Regarde-les, c'est ton écriture; qu'il n'en reste aucune trace!...

DONA ISABELLE.

Que faites-vous? Grand Dieu!

DON JUAN.

Non ; laisse, laisse-moi.

DONA ISABELLE.

Ciel! Monsieur....

DON JUAN.

Je n'en veux plus, non; elles me rappellent ta perfidie.

DONA ISABELLE.

Malheureuse! quel nouveau coup m'accable! Sortez, monsieur.

DON JUAN.

Oui, cruelle, il en est temps ; tu es libre maintenant.

(*Il sort par la porte de droite.*)

ACTE III, SCÈNE XII.

DONA ISABELLE.

Don Juan...., si... Malheureuse, malheureuse que je suis! Je me meurs.

(Elle sort par la porte de gauche, en donnant les témoignages de la plus vive douleur.)

SCÈNE XI.

DON ROCH seul.

Cela vaudra mieux;.... oui,... cela vaut mieux. Jusqu'à ce que je le voie embarqué.... Allons-y, de peur qu'il ne change d'avis; et donnons-nous le plaisir de cette nouvelle fête. Cette petite Isabelle, avec sa passion! (*Voyant entrer dona Béatrice.*) Celle-ci est dépêchée en courrier.

SCÈNE XII.

DON ROCH, DONA BÉATRICE, ensuite DONA ISABELLE.

DONA BÉATRICE.

Arrête un peu.

DON ROCH.

Je suis pressé.

DONA BÉATRICE.

Et Isabelle, l'as-tu vue?

DON ROCH.

Ne sais-tu pas où elle est? Au diable!

DONA BÉATRICE.

Que peut-il être arrivé? elle n'est point dans cette

pièce. Mon frère s'en va précipitamment, il est survenu quelque nouveau malheur. Si par hasard il était venu et l'avait enlevée!

DONA ISABELLE.

Béatrice, ma sœur! Ah! mon Dieu!

DONA BÉATRICE.

Qu'est ceci, Isabelle? Dans quelle anxiété tu me jettes!

DONA ISABELLE.

Ah! c'est trop souffrir; c'est naître trop malheureuse! Que ferons-nous? Appelle,.... non, laisse; il vaut mieux que.... Je ne sais, je suis hors de moi.

(Elle va jusqu'à la porte de droite, par où sont sortis don Juan et don Roch. Béatrice la retient.)

DONA BÉATRICE.

Écoute-moi, attends; où vas-tu?

DONA ISABELLE.

Empêcher qu'il ne le tue.

DONA BÉATRICE.

Qui? calme-toi.

DONA ISABELLE.

Eh! n'est-il pas sorti après lui? Ne me retiens pas, laisse-moi aller.... O douleur!

DONA BÉATRICE.

Où?

DONA ISABELLE.

Mourir; il n'y a pas d'autre remède, Béatrice; il n'y a pas de femme plus infortunée.... Don Juan est venu.

ACTE III, SCÈNE XII.

DONA BÉATRICE.

Que dis-tu ?

DONA ISABELLE.

Oui, et ton frère s'est caché dans cette pièce; il a tout vu : don Juan s'éloigne en accusant mon ingratitude. Ah ! Béatrice, je ne me souviens pas de ce que j'ai dit; et je n'ai su.... il n'était pas facile qu'il s'aperçut... Malheureuse, que devais-je faire?

DONA BÉATRICE.

Enfin, Isabelle, il t'a quittée ? Eh bien, puisque le danger s'en va avec lui, ne te désole point ainsi, et ne cède pas si facilement à un malheur que peut-être tu augmentes toi-même.

DONA ISABELLE.

Il est vrai, je le vois; mais, mon Dieu, quand il viendra, que lui dirai-je? qui pourra lui persuader qu'il doit m'en croire? Irrité comme il l'est contre moi, et ayant vu ses soupçons confirmés par ce triste hasard, il n'est pas possible qu'il écoute mes raisons. Malheureuse! et je vis! comment puis-je résister à tant de maux ?

DONA BÉATRICE.

Ne t'abandonne point ainsi au désespoir. Que tout soit perdu, pourvu que l'espérance nous reste. Don Juan est parti; le reste importe peu : quand ton mari rentrera, je saurai l'apaiser.

DONA ISABELLE.

C'est en vain que tu tâches de calmer ma douleur; il est jaloux, et il est impossible qu'il écoute ma justification....

DONA BÉATRICE.

C'est assez, Isabelle; oublies-tu que mon frère va rentrer? Sortons, viens.

DONA ISABELLE.

Pourquoi, Béatrice?

DONA BÉATRICE.

Pour éviter qu'il te voie. Je lui parlerai d'abord.

DONA ISABELLE.

Allons... le signal du départ!... (*On entend un coup de canon ; elle tombe évanouie sur une chaise.*) Il s'en va.... Béatrice... Mon Dieu !

DONA BÉATRICE.

Qu'as-tu, ma sœur? Elle ne respire plus. Isabelle!.. Dieu me soit en aide ! elle ne m'entend pas... Si j'appelle du secours, tout le monde va savoir... Blasa! il ne peut tarder à rentrer,... Mais elle revient à elle. Isabelle!

DONA ISABELLE.

O mon Dieu !

DONA BÉATRICE.

Qu'éprouves-tu? Essaie si tu peux te soutenir, j'irai chercher de l'eau.

DONA ISABELLE.

Non, attends; ne me quitte pas.

DONA BÉATRICE.

Je ne m'en irai pas; appuie-toi sur moi.

DONA ISABELLE.

Quelle douleur !

ACTE III, SCÈNE XII.

DONA BÉATRICE.

Pleure, soupire ; maintenant personne ne nous voit.

DONA ISABELLE.

Si je pouvais pleurer.... Mais je ne puis.

DONA BÉATRICE.

Qu'éprouves-tu ?

DONA ISABELLE.

Je ne sais ;... je voudrais...

DONA BÉATRICE.

Quoi ?

DONA ISABELLE.

Rien... Laisse... je suis mieux. Quelle funeste entrevue !

DONA BÉATRICE.

Allons, Isabelle ; veux-tu encore penser à cela ?

DONA ISABELLE.

Il est parti ;... mes chagrins sont finis.

DONA BÉATRICE.

Isabelle ! laissons cela, au nom de Dieu !

DONA ISABELLE.

Il est parti ! malheur à celle qui reste ! Nous ne nous reverrons jamais.... Qui me l'aurait dit ? je l'ai beaucoup aimé, Béatrice, je l'ai beaucoup aimé.

DONA BÉATRICE.

Si tu recommences à t'occuper de tout cela, je t'abandonne.

DONA ISABELLE.

Quoi ! tu me quitterais ?

DONA BÉATRICE.

Que veux-tu, Isabelle, si tu te tourmentes toi-même, si tu es sourde à mes conseils, si tu ne modères point tes transports... Mon frère peut venir tout à l'heure; s'il te trouve dans cet état, que lui diras-tu, malheureuse?

DONA ISABELLE.

Que je suis résignée à tout, que je viens de me séparer de celui que j'aimai plus que ma vie.... Ils m'ont trompée, ils ont employé la fraude pour me faire prononcer un oui... Homme pervers et cruel! qu'as-tu fait? Devais-tu livrer ainsi ma main à celui que je ne pourrai jamais aimer?

DONA BÉATRICE.

Isabelle!

DONA ISABELLE.

Mon transport m'égare, je le sens... Ah! Béatrice, j'ai honte de moi-même.... Enfin, il s'éloigne, persuadé que son amante le méprise... qu'elle le déteste. Ah! il n'en est rien, ne le crois pas, je t'aime, cher don Juan, je t'adore. Ne doute pas de ma constance. C'est le premier et le dernier amour que je nourris dans mon sein. Je suis malheureuse et non légère : Isabelle a été digne de ta tendresse, et cette séparation lui coûtera la vie.

DONA BÉATRICE.

Ma sœur, viens.... je crois qu'il vient de rentrer : ne t'arrête pas ici.

DONA ISABELLE.

Malheureuse! où irons-nous pour qu'il ne me

voie pas? Comment éviterai-je son courroux? Je suis glacée de terreur. S'il vient... malheur à moi!

DONA BÉATRICE.

Allons, Isabelle.

DONA ISABELLE.

S'il était possible...... Mais, que dis-je ? (*Après une longue pause.*) C'est trop d'humiliation, c'est trop d'abaissement. Je suis résolue de l'attendre ici. Que peut-on craindre quand on a tout perdu ? Laisse-moi; je ne sors point avec toi; je l'attends ici.

DONA BÉATRICE.

Que veux-tu faire ?

DONA ISABELLE.

Je ne sais... je ne sais... mais je suis préparée à tous les événemens. Je ne suis pas coupable ; quand donc a-t-on vu trembler l'innocence ? Du courage ! mon cœur en a besoin ; car de cette terrible épreuve va résulter mon salut ou mon malheur.

DONA BÉATRICE.

C'est lui, Isabelle.

DONA ISABELLE.

Le voici.

SCÈNE XIII.

DON ROCH, MUGNOZ, les précédentes.

MUGNOZ.

Que puis-je y faire, moi?

DON ROCH.

Je veux que tu les voies, pour savoir comment elles prennent la chose.

MUGNOZ.

C'est une affaire finie. Que diable peuvent-elles dire? et qu'importe....

DON ROCH, à Isabelle.

Malicieuse personne, don Juan est parti; il a enfin rempli sa promesse. Que Dieu le bénisse! Il est probable que, secondée de ma sœur, ton amie et ta conseillère, tu auras préparé une bonne quantité de mensonges et de subterfuges pour la circonstance; mais je connais enfin ses ruses et les tiennes. Oui, certes, l'expérience m'a instruit.

DONA BÉATRICE.

Que veux-tu dire par-là?

DON ROCH.

Eh! ne l'ai-je pas dit? vas-tu commencer? Mais parlons pour tout de bon. Tu as vu qu'il ne te reste aucune excuse, tu as vu que je sais tout, et tu sens que, n'étant point un imbécile, cela doit m'affliger et m'irriter; il est naturel...

ACTE III, SCÈNE XIII.

DONA ISABELLE.

Oui, monsieur, vous avez raison, vos soupçons sont justes, je ne puis le nier; mais sachez....

DON ROCH.

Il serait bon que tu voulusses le nier!

MUGNOZ, à part.

Je suis sûr que tout à l'heure il se mordra la langue.

DONA ISABELLE.

Apprenez que malheureuse... opprimée, ce fut par violence que je vous donnai la main. Il n'y a pas de remède, je suis à vous; mais don Juan... oui, monsieur, je l'ai aimé; notre tendresse fut sincère.

DONA BÉATRICE.

Isabelle, que dis-tu là?

DONA ISABELLE.

Il ne serait pas juste de vous tromper; je l'ai aimé... ainsi l'a voulu mon étoile; lui, de son côté... Laissez, laissez-moi, monsieur, verser ces larmes, elles disent tout ce que je suis obligée de taire. Enfin vous fûtes trompé, et moi, n'ayant personne pour me défendre, je fus la triste victime de l'infâme avarice de mon tuteur.

DON ROCH.

Fort bien; et comment donc, lorsqu'il eut convenu de nous parler à tous clairement, vous êtes-vous tue comme une morte?

DONA ISABELLE.

Ah! monsieur, à votre âge, ne savez-vous donc point encore ce que c'est qu'une jeune fille? Ne savez-vous pas qu'on nous enseigne à obéir aveuglément, et à démentir sur notre visage les souffrances de notre cœur? On observe soigneusement nos pas, et appelant modestie la dissimulation, que l'âme souffre, peu importe, pourvu que le silence cache ces souffrances. Le respect, la menace, l'âge innocent et tendre, la timidité naturelle, les idées du monde toujours fausses et incertaines... Ah! malheureuse, je ne suis pas la seule ; ce n'est pas la première fois qu'une autorité imprudente put opprimer la volonté....

DON ROCH.

Fort bien, et toute cette harangue, que veut-elle dire?

DONA BÉATRICE.

Es-tu assez sot pour ne pas la comprendre? Elle veut dire que si par hasard tu es irrité contre elle pour ce que tu as vu, ils ont fait tous deux en se séparant tout ce que tu pouvais désirer. Quelle autre justification veux-tu? tu n'as plus de motifs de plainte.

DON ROCH.

Assurément, c'est une bagatelle. Il n'y a rien eu; ce n'est rien, cela ne vaut pas la peine d'en parler; N'est-il pas vrai? Ce que j'ai vu n'était absolument rien, hem, langue de Satan?

DONA ISABELLE.

Je vous ai déjà dit que je l'ai aimé; et que ce serait mentir que le nier. Mais si quelqu'un soupçonne que j'aie manqué à mon devoir, il est dans une erreur complète. Non, monsieur, le ciel sait que je suis innocente d'une pareille indignité. J'ai su, avec des forces débiles, sinon vaincre ma passion, du moins en éviter les effets ; j'ai fait venir don Juan pour lui dire de rester dans sa patrie où ses parens et ses amis pourraient soulager sa tristesse, craignant que, s'il s'éloignait dans le premier moment, son chagrin ne le tuât.... Combien de périls l'environnent ! dédaigné de moi.... Malheureux ! qui aurait dit que moi dont il fut tant aimé.... Ah ! mon amour m'égare ! mais employons bien ces instans. Cet attachement est rompu, le sujet de vos plaintes a cessé ; vous demeurez satisfait, et moi, triste, consternée, accablée de douleur.... Ah ! il est parti, votre but est atteint, il est atteint.... Mais quel coup si terrible ! quelle violente séparation ! La vertu est bien précieuse, puisqu'elle coûte si cher. Enfin, monsieur, par vous seul, par votre passion insensée, par une union détestée et si peu convenable à votre âge, j'ai perdu la liberté, et don Juan va bientôt mourir ; mais cet effort cruel attend quelque compensation ; oui, un si grand sacrifice mérite bien une récompense. Mon parti est pris, c'est séparée de vous, c'est dans la plus rigoureuse retraite que je veux achever ma vie, si l'on peut appeler vie l'existence qui me reste. Là....

DONA BÉATRICE.

Qu'as-tu dit, Isabelle ?

DON ROCH.

Femme ! qu'est-ce que ce projet de retraite ? Allons, calme-toi. Jésus !... voilà, certes, une jolie invention.

DONA BÉATRICE.

Ma sœur....

DONA ISABELLE.

Non, j'y ai pensé; ma résolution est prise. Comment veux-tu que ma présence ne le blesse pas? il passera sa vie dans une défiance continuelle; lors même qu'il voudrait tranquilliser son imagination, jamais il ne pourra bannir ses soupçons. Chacune de mes actions sera un délit, chaque parole une preuve contre moi. Son âge, son caractère.... Il n'est pas possible que deux êtres si différens vivent tranquillement ensemble; il faut nous séparer. (*A Béatrice.*) Je me retirerai provisoirement chez toi. Vous, monsieur, faites en sorte que ce soit aujourd'hui même, s'il reste en vous quelque trace de cet attachement funeste que vous avez eu pour moi.

DON ROCH.

Allons, ne parlons pas de cela, j'oublierai tout, et.....

DONA ISABELLE.

Non, non, monsieur, il faut que vous m'accordiez cette grâce.

DON ROCH.

Toi, Béatrice, tu auras plus d'autorité sur elle, pour Dieu, persuade-la...

DONA BÉATRICE.

Il n'est plus temps, et je ne pourrais trouver de raisons pour la détourner de son projet. Il suffit qu'elle ne t'ait point offensé, il suffit qu'elle prétende choisir le moyen de ne t'offenser jamais; puisque ton hon-

ACTE III, SCÈNE XIII.

neur est intact, laisse-la vivre quelque part où elle ne te haïra pas.

DON ROCH.

Ainsi donc, il faut que je me trouve sans femme par l'effet de cet entêtement? Ainsi, la faute est donc à moi?... Isabelle!...

DONA ISABELLE.

Je suis décidée. Résignez-vous; car il importe à votre honneur que cette circonstance ne soit pas connue dans la ville. Il faut ici du silence et de la promptitude.

DON ROCH.

Vous avez raison, tuez-moi; il ne me reste qu'à mourir de rage.

DONA ISABELLE.

Non; vivez, monsieur, et que ce soit avec toute la félicité possible. J'habiterai avec joie la solitude à laquelle je me consacre, si ma retraite nous procure le repos à tous deux. Allons, Béatrice.

DONA BÉATRICE.

Ne diffère pas un instant ce qu'elle te demande.

DON ROCH.

Mugnoz!

MUGNOZ.

Autre ennui.

DON ROCH.

Mais toi, Mugnoz, que dis-tu? Mugnoz, pour Dieu!

MUGNOZ.

Si je comprenais qu'il pût y avoir repos pour vous sans cloître, sans verroux et sans grilles, je vous conseillerais différemment. Mais puisque la difficulté est si manifeste, qu'il n'y a personne qui ne la comprenne ; puisqu'il faut qu'il en soit ainsi, lors même qu'elle serait une sainte Dorothée.... Parbleu, cela est si palpable, qu'il ne vaut pas la peine de perdre son temps à y réfléchir. Elle s'en va ? très-bien pensé, elle s'enferme ? à merveille, elle vous délivre des inquiétudes qui vous bouleversaient la tête, et pourvu qu'elle ne voie jamais cette figure, elle se trouve heureuse ; eh bien, abrégez les cérémonies, et bonsoir.

DON ROCH.

Ainsi donc il faut que cela soit forcément ?

MUGNOZ.

Non pas ; de gré à gré.

DON ROCH.

Béatrice !

DONA BÉATRICE

Tu me pries inutilement.

DON ROCH.

Isabelle !

DONA ISABELLE.

Je ne vous écoute pas.

DON ROCH.

Mais, est-il possible que tu veuilles....

DONA ISABELLE.

Ne me suivez pas, éloignez-vous ; je ne vois plus en vous qu'un tyran abhorré. Loin de votre présence je pourrai vivre ; mais songez que, si par une erreur funeste vous voulez m'obliger à céder à vos volontés, la prudence ne me retiendra plus. Une femme est à craindre, lorsqu'elle est résolue et désespérée.

(Elle sort.)

DONA BÉATRICE

Tu as entendu : ne la pousse point à bout.

DON ROCH.

Je ferai tout ce qu'elle voudra. Laissez-moi vivre en paix, laissez-moi ; et que Dieu la conduise.

DONA BÉATRICE.

Mais....

DON ROCH.

Oui, demain même ; nous ferons toutes les dispositions ; demain... et qu'elle me pardonne comme je lui pardonne moi-même.

SCÈNE XIV.

DON ROCH, MUGNOZ.

DON ROCH.

Ah ! mon Dieu, mon Dieu, quelle femme !

MUGNOZ.

Je n'aurais pas cru....

DON ROCH.

Tais-toi ; car dans tout ce que tu me diras tu auras raison ; mais laisse-moi m'indigner contre moi-même, puisque par ma légèreté j'ai été cause de tout. Je l'expie aujourd'hui; et, quoique ce soit un peu tard, je reconnais que ce n'est point à mon âge qu'il faut penser au mariage.

MUGNOZ.

Si tous le reconnaissaient! Mais, bon Dieu! plus ils sont vieux, plus ils sont enfans et écervelés.

FIN DU TROISIÈME ET DERNIER ACTE.

LA COMÉDIE NOUVELLE,

OU LE CAFÉ,

COMÉDIE EN DEUX ACTES.

Non ego ventosæ plebis suffragia venor.
HORAT. *Epist.* 19, *lib. I.*

NOTICE

SUR

LA COMÉDIE NOUVELLE,

OU LE CAFÉ.

Cette petite comédie a un cachet particulier d'originalité. Ce n'est ni une pièce d'intrigue, ni une comédie de caractère ; elle n'a point de but moral, mais un but purement littéraire : c'est un nouvel emploi de l'art dramatique, au moyen duquel le poëte a voulu donner des leçons de cet art même ; c'est une sorte de poétique dialoguée destinée à fronder les monstruosités de l'ancien théâtre et à populariser la réforme que Moratin travaillait à introduire sur la scène espagnole. Il a, dans cette pièce, mieux développé ses idées sur la comédie qu'il ne l'eût fait peut-être dans un traité *ex professo*: tout s'y trouve, critique du genre établi, explication de ce qu'il faudrait y substituer, conseils aux jeunes auteurs qui veulent suivre la carrière dramatique, leçons au public sur ce qu'il doit proscrire et sur ce qu'il doit encourager.

Une comédie de ce genre était peu susceptible d'intérêt ; elle ne pouvait se soutenir que par la vivacité du dialogue, et nulle part Moratin n'a porté plus loin ce genre de mérite. Il y a aussi, dans le caractère de ses personnages, d'heureuses oppositions ; telle est, entre autres, celle de la femme bel esprit avec la pauvre Mariquita, qui, opposant une réalité fort triste et assez triviale aux brillantes chimères de sa belle-sœur, remplit auprès d'elle l'office que Sancho remplit souvent auprès de don Quichotte. Bien des lecteurs reprocheront sans doute à Moratin d'avoir outré jusqu'à la caricature le portrait du pédant Hermogènes : il est naturel que ce caractère nous paraisse exagéré ; mais il faut songer que Moratin écrivait en Espagne, et qu'alors les universités de Salamanque et d'Alcala pouvaient encore fournir des sujets gonflés de cette pédanterie scolastique, dont les traditions étaient religieusement conservées dans ces établissemens.

LA COMÉDIE NOUVELLE,

OU LE CAFÉ.

PERSONNAGES.

DON ÉLEUTERIO.
DONA AGUSTINA.
DONA MARIQUITA.
DON HERMOGÈNES.
DON PÉDRO.
DON ANTONIO.
DON SÉRAPIO.
PIPI.

La scène est dans un café de Madrid.

LA COMÉDIE NOUVELLE,

OU LE CAFÉ.

ACTE PREMIER.

SCÈNE PREMIÈRE.

Une salle avec des tables, des chaises et un buffet. Dans le fond, une porte avec un escalier qui conduit à l'habitation principale, et une autre porte sur le côté qui donne dans la rue.

ANTONIO assis près d'une table, PIPI.

DON ANTONIO.

Il semble que le toit soit prêt à s'enfoncer. Pipi !

PIPI.

Monsieur.

DON ANTONIO.

Quelles gens y a-t-il là-haut pour faire un tel bacchanal ? sont-ce des fous ?

PIPI.

Non, monsieur ; ce sont des poëtes.

DON ANTONIO.

Comment, des poëtes ?

PIPI.

Oui, monsieur; plût à Dieu que je le fusse aussi ! j'ai de bonnes raisons pour le souhaiter. Ils viennent de faire un bon dîner avec force bordeaux, pacaret et marasquin. Ah !

DON ANTONIO.

Et quel est le motif de cette bombance ?

PIPI.

Je ne sais ; mais je suppose que c'est en l'honneur de la comédie nouvelle qui se représente ce soir, et qui est de l'un d'eux.

DON ANTONIO.

Comment, ils ont fait une comédie ? Voyez donc ces petits coquins ?

PIPI.

Quoi, vous ne le saviez pas ?

DON ANTONIO.

Non certainement.

PIPI.

En voilà l'annonce dans le journal.

DON ANTONIO.

En effet, la voici : Comédie nouvelle, intitulée : *Le grand Siége de Vienne*. N'est-ce pas bien trouvé ? Du siége d'une ville, ils font une comédie ! Ils ont de l'esprit comme des démons. Ah ! mon ami Pipi, combien mieux il vaut être garçon de café que poëte ridicule !

PIPI.

Eh bien, à dire la vérité, je serais charmé de savoir faire, comme cela, quelque chose...

DON ANTONIO.

Comment?

PIPI.

Oui... comme... des vers... J'aime tant les vers !

DON ANTONIO.

Oh ! les bons vers sont très-estimables ; mais aujourd'hui il y a si peu de gens qui sachent les faire... si peu... si peu...

PIPI.

Oh bien ! on voit à merveille que ceux de là-haut sont du métier. Vrai Dieu ! combien il leur en est sorti de la bouche !... Il n'y a pas jusqu'aux femmes...

DON ANTONIO.

Bah ! les dames aussi récitaient des vers ?

PIPI.

Parbleu ! il y a là une dona Agustina qui est la femme de l'auteur de la comédie... Si vous voyez, elle composait des dizains à la minute...... Il n'en est pas de même de l'autre, qui pendant tout le repas n'a fait que jouer avec un certain don Hermogènes, et lui jeter des boulettes de pain à la figure.

DON ANTONIO.

Don Hermogènes est là-haut....... grandissime pédant !

PIPI.

Elle n'a pas cessé de jouer avec lui, et quand on lui disait : Mariquita, un couplet, allons un couplet, elle baissait les yeux. On a eu beau la presser pour voir si on en tirerait quelque chose, peine perdue. Elle commença un couplet, et ne put le finir, parce que, disait-elle, elle ne trouvait pas la rime. Mais dona Agustina, sa belle-sœur......, oh! celle-là à la bonne heure... Voilà ce que c'est... voyez-vous... quand on a de la verve...

DON ANTONIO.

Assurément. Et quel est celui qui chantait tout à l'heure, et qui faisait entendre ces cris si discordans?

PIPI.

Oh! celui-là est don Sérapio.

DON ANTONIO.

Mais qui est-il? quel métier fait-il?

PIPI.

Il est... voyez-vous.... il s'appelle don Sérapio.

DON ANTONIO.

Ah! oui : c'est cet hurluberlu qui fait des signes aux actrices, leur jette des bonbons sur leur chaise; court tous les jours pour savoir qui a donné ou reçu un coup de couteau; qui, depuis l'instant de son lever jusqu'à celui où il se couche, ne cesse de parler de la chaleur de l'été, du costume du principal piqueur de taureaux et des anecdotes scandaleuses.

PIPI.

Celui-là même. Oh! c'est un des plus fins amateurs. Il vient déjeûner ici tous les matins, et il entame avec les perruquiers des disputes qui font plaisir à entendre. Ensuite il descend dans le quartier de Jésus : ils se rassemblent trois ou quatre amis, ils parlent de comédies, ils disputent, ils rient, fument sous les portiques; don Sérapio les conduit de côté et d'autre; enfin, quand une heure sonne, ils se séparent; et don Sérapio va dîner avec le souffleur de la comédie.

DON ANTONIO.

Et ce don Sérapio est ami de l'auteur de la comédie nouvelle?

PIPI.

Vraiment! ils sont comme l'ongle et la chair. C'est lui qui a arrangé le mariage de Mariquita, la sœur du poëte, avec don Hermogènes.

DON ANTONIO.

Que me dis-tu? don Hermogènes se marie!

PIPI.

Parbleu! s'il se marie? Si la noce n'est pas encore faite, c'est uniquement, à ce qu'il paraît, parce que le futur n'a pas le sou, non plus que le poëte. Mais le poëte promet qu'avec l'argent qu'on lui donnera pour cette comédie, et celui que lui rapportera l'impression, il les mettra en ménage, et paiera les dettes de don Hermogènes, qui paraissent être assez nombreuses.

DON ANTONIO.

Oui, elles le sont, diable! j'en réponds... Mais si la comédie va mal, et qu'en conséquence elle ne soit ni payée, ni vendue, que feront-ils alors?

PIPI.

Alors... que sais-je... Mais bah! non, monsieur; don Sérapio dit qu'il n'a pas vu au théâtre de meilleure comédie.

DON ANTONIO.

Oh bien! si don Sérapio le dit, il n'y a rien à craindre; c'est de l'argent comptant. Figure-toi si don Sérapio et le souffleur doivent savoir où le soulier les blesse, et connaître quand une comédie est bonne ou mauvaise.

PIPI.

C'est ce que je dis : mais quelquefois... voyez-vous, il n'y a pas de patience qui... Hier... vraiment, je les aurais battus; ils vinrent ici trois ou quatre boire du punch, et ils commencèrent à parler de comédies. Ma foi, je ne peux pas trop me souvenir de ce qu'ils disaient. A les entendre, il n'y avait rien de bon, ni auteurs, ni acteurs, ni costumes, ni musique, ni théâtre : que sais-je tout ce que dirent ces maudits bavards? c'était tantôt l'art, puis la morale, puis... attendez donc, les... voyons si je m'en souviendrai ; les... mon Dieu! comment donc disaient-ils? les... les règles. Qu'est-ce que c'est que les règles?

DON ANTONIO.

Il est difficile de te l'expliquer. Les règles sont une chose dont usent les étrangers, particulièrement les Français.

PIPI.

Voyez : je le disais bien, cela n'est pas une chose de mon pays.

DON ANTONIO.

Si, vraiment; on les emploie aussi chez nous, et quelques auteurs ont écrit des comédies en suivant les règles, bien que celles qui ont été composées

ACTE I, SCÈNE I.

ainsi montent à peine à une demi-douzaine, et encore le compte est-il peut-être exagéré.

PIPI.

Eh bien, voyez donc... des règles ! il ne manquait plus que cela ! La comédie d'aujourd'hui n'a sans doute pas de règles ?

DON ANTONIO.

Oh ! pour cela, je t'en réponds ; tu peux parier cent contre un qu'elle n'en a pas.

PIPI.

Et les autres comédies qui paraissent continuellement n'en ont sans doute pas davantage, n'est-ce pas ?

DON ANTONIO.

Pas davantage. Mais quoi ? Il ne manquerait plus que cela, qu'on ne pût pas faire une comédie sans suivre les règles... non vraiment.

PIPI.

J'en suis charmé. Dieu veuille que celle-ci réussisse, et ensuite vous verrez combien en composera l'auteur... car voici ce qu'il dit : « Si je pouvais m'arranger avec les comédiens à la journée, alors... à la bonne heure. Voyez-vous, avec un bon traitement assuré...

DON ANTONIO.

Certainement. (*A part.*) Quelle simplicité !

PIPI.

Alors il écrirait... Bah ! tous les mois il en mettrait au jour deux ou trois... car il est si habile.

DON ANTONIO.

Il est donc fort habile, Hem?

PIPI.

Comment? le second père noble l'aime beaucoup; et si cela dépendait de lui, on aurait déjà joué les quatre ou cinq comédies que don Éleuterio a toutes prêtes; mais les autres n'ont pas voulu : et, voyez-vous, comme ce sont eux qui paient, en disant : *Cela ne nous plaît pas*, ou quelque chose comme cela... tout est fini... que diantre ! et ensuite, comme ils savent ce qui est bon... enfin... voyez-vous, si les acteurs... n'est-il pas vrai?

DON ANTONIO.

Assurément.

PIPI.

Mais laissez faire; quoique ce soit la première qu'ils lui représentent, je crois qu'elle doit faire sensation.

DON ANTONIO.

C'est donc la première?

PIPI.

Oui, la première; mais il est encore jeune. Je me souviens, il peut y avoir quatre ou cinq ans qu'il était écrivain, là, dans cette loterie du coin, et cela lui rapportait passablement; mais ensuite il se fit valet de chambre, et son maître mourut tout à coup. Il s'était marié secrètement avec la femme de chambre; il avait déjà deux enfans, et depuis il lui en est encore venu deux ou trois. Se voyant ainsi, sans emploi ni bénéfice, sans parens ni argent, il a pris son parti et s'est fait poëte.

DON ANTONIO.

Et il a fort bien fait.

PIPI.

Sans doute ; et comme il dit lui-même : Si la muse m'inspire, je puis gagner un morceau de pain pour nourrir ces petits anges, et aller ainsi en usant d'industrie, jusqu'à ce que Dieu veuille m'ouvrir la route.

SCÈNE II.

Les précédens, Don PÉDRO.

DON PÉDRO. Il s'assied sur une table éloignée de don Antonio. Pipi lui verse du café.

Du café !

PIPI.

A l'instant.

DON ANTONIO.

Il ne m'a pas vu.

PIPI.

Avec du lait ?

DON PÉDRO.

Non... assez.

PIPI, à don Antonio.

Quel est celui-là ?

DON ANTONIO.

Celui-là, c'est don Pédro de Aguilar ; homme fort riche, généreux, estimé, de beaucoup de mérite ;

mais d'un caractère si franc, si sérieux et si dur, qu'il le rend intraitable avec tous ceux qui ne sont pas ses amis.

PIPI.

Je le vois venir ici quelquefois; mais il ne parle jamais et il est toujours de mauvaise humeur.

SCÈNE III.

Les précédens. DON SÉRAPIO, DON ÉLEUTERIO.
ils entrent par la porte du fond.

DON SÉRAPIO.

Mais, mon ami, nous quitter ainsi....

DON ÉLEUTERIO.

Je vous l'ai déjà dit. La tonadille [1] qu'ils ont mise après ma pièce ne vaut rien; on va la siffler; et je veux finir la mienne pour qu'on la chante demain.

(Il s'assied à une table du fond et tire de sa poche du papier et un encrier.)

DON SÉRAPIO.

Demain! quoi, il faut qu'on la chante demain, et il n'y a encore ni paroles ni musique de faites.

DON ÉLEUTERIO.

On pourrait même la chanter ce soir, si vous me poussez à bout.... Quelle difficulté! huit ou dix vers d'introduction, pour dire au public de se taire, de faire attention et chut! et ensuite quelques couplets tels quels du marchand qui vend à faux poids, du perruquier qui enlève des papiers, de la jeune fille qui est affligée, du cadet qui s'est arrêté sous les galeries de la place, quatre petites équivoques, etc.; et ensuite on termine avec les séguédilles, telles que la tempête, le serin, la pastourelle et le ruisseau charmant : pour la musique, vous savez ce qu'elle doit être; la même que toute celle employée pour cette sorte d'ouvrages. On ajoute ou on retranche une paire de roulades, et voilà la besogne terminée.

DON SÉRAPIO.

Vous êtes un vrai démon, l'ami; vous ne trouvez rien de difficile.

DON ÉLEUTERIO.

Je vais voir si je la termine; il s'en manque de peu : montez.

(Il se met à écrire.)

DON SÉRAPIO.

J'y vais; mais....

DON ÉLEUTÉRIO.

Oui, oui, allez; et s'ils veulent encore de la liqueur, que le garçon en monte.

DON SÉRAPIO.

Oui, il sera toujours bon qu'on leur porte un couple de flacons. Pipi!

PIPI.

Monsieur.

DON SÉRAPIO.

Un mot.

(Il parle bas à Pipi, et sort par la porte du fond; Pipi prend des flacons et le suit.)

DON ANTONIO.

Comment va, mon cher don Pédro?

DON PÉDRO.

Assez bien, cher don Antonio, je ne vous avais pas vu.

DON ANTONIO.

Vous ici, à cette heure? cela me paraît étrange.

(Il s'assied près de don Pédro.)

DON PÉDRO.

Cela l'est en effet; mais j'ai dîné près d'ici; à la fin du repas il s'éleva une dispute entre deux gens de lettres qui savent à peine lire; ils dirent mille sottises, je m'impatientai, et je m'en vins ici.

DON ANTONIO.

Avec un caractère aussi singulier que le vôtre, vous êtes obligé de vivre comme un ermite au milieu de la capitale.

DON PÉDRO.

Non certainement. Je suis le premier aux spectacles, aux promenades, aux divertissemens publics; je partage mon temps entre les plaisirs et l'étude. J'ai des amis peu nombreux, mais sincères; et je leur dois les plus heureux instans de ma vie... Si je me montre rarement dans les sociétés particulières, j'en ai du regret; mais qu'y puis-je faire? je ne veux point mentir et je ne puis dissimuler. Je pense que dire franchement la vérité est la qualité la plus digne d'un homme de bien.

DON ANTONIO.

Oui; mais quand la vérité est dure pour qui doit l'entendre, que faites-vous?

ACTE I, SCÈNE III.

DON PÉDRO.

Je me tais.

DON ANTONIO.

Et si votre silence vous rend suspect?

DON PÉDRO.

Je m'en vais.

DON ANTONIO.

On ne peut pas toujours quitter le poste, et alors....

DON PÉDRO, d'un ton ferme.

Alors je dis la vérité.

DON ANTONIO.

J'ai souvent entendu parler de vous ici. Tout le monde rend justice à votre mérite, à votre instruction et à votre probité; mais on ne laisse pas de trouver étrange l'âpreté de votre caractère.

DON PÉDRO.

Et pourquoi? parce que je ne viens pas pérorer au café, parce que je ne répète pas le soir ce que j'ai lu le matin, parce que je ne dispute pas, que je ne fais point parade d'une érudition ridicule, comme trois ou quatre ou dix pédans qui viennent ici perdre leur journée, exciter l'admiration des imbéciles et la risée des hommes sensés. Est-ce pour cela qu'on m'appelle âpre et extravagant? Peu m'importe; je me trouve bien de l'opinion dans laquelle j'ai persisté jusqu'à ce jour, savoir, qu'un homme prudent ne doit jamais pérorer publiquement dans un café.

DON ANTONIO.

Que doit-il donc y faire?

DON PÉDRO.

Prendre du café.

DON ANTONIO.

Bravo !... Mais, parlons d'autre chose ; quels projets avez-vous pour ce soir ?

DON PÉDRO.

Je vais au spectacle.

DON ANTONIO.

Je suppose que vous irez à la pièce nouvelle ?

DON PÉDRO.

Quoi ! on a changé l'affiche ? je n'y vais pas.

(Pipi entre par la porte du fond avec un plateau sur lequel sont des verres et des flacons, qu'il pose sur le comptoir.)

DON ANTONIO.

Mais pourquoi ? voilà encore de vos originalités.

DON PÉDRO.

Et vous me demandez pourquoi ? Ne suffit-il pas de voir la liste des comédies nouvelles qui se représentent tous les ans pour sentir les motifs que j'ai pour ne pas voir celle de ce soir ?

DON ÉLEUTERIO, écoutant la conversation de don Pédro et de don Antonio.

Holà ! je crois qu'on parle de ma pièce.

DON ANTONIO.

Écoutez : ou elle est bonne ou elle est mauvaise. Si elle est bonne, on admire et on applaudit ; si au contraire elle est pleine de sottises, on rit, on passe un moment, et quelquefois...

ACTE I, SCÈNE III.

DON PÉDRO.

Quelquefois il m'a pris des envies de jeter sur le théâtre mon chapeau, ma canne et ma chaise. (*Tandis que don Pédro parle, don Eleuterio se lève et s'approche peu à peu des interlocuteurs, jusqu'à ce qu'il se trouve entre eux deux.*) Ce qui vous divertit m'irrite. Je ne sais, vous avez le talent et l'instruction nécessaires pour ne pas vous tromper en matière de littérature, et cependant vous êtes le protecteur de tous les ouvrages ridicules; en même temps que vous connaissez et que vous louez les beautés d'un ouvrage de mérite, vous ne pouvez vous empêcher de donner les mêmes applaudissemens à ce qu'il y a de plus disparate et de plus absurde ; et avec une grêle d'équivoques, de mots piquans, de railleries, vous faites croire au plus grand idiot qu'il est un prodige d'habileté. Je sais bien que vous me direz que vous vous amusez; mais, mon ami...

DON ANTONIO.

Oui, vraiment, je m'amuse...Et d'un autre côté, ne serait-ce pas une chose cruelle de détromper si amèrement certains hommes dont le bonheur repose sur l'ignorance d'eux-mêmes ? Comment pourrait-on d'ailleurs leur persuader...

DON ÉLEUTERIO.

Non certes... Avec votre permission, messieurs, la pièce de ce soir est charmante, je vous en réponds : vous pouvez en toute sûreté aller la voir; elle vous plaira, elle vous plaira.

DON ANTONIO, allant à Pipi qui est un peu éloigné.

Est-ce là l'auteur ?

PIPI.

C'est lui-même.

DON ANTONIO, à don Éleuterio.

Et de qui est la pièce ? le sait-on ?

DON ÉLEUTERIO.

Monsieur, elle est d'un sujet de bonne famille, très-assidu au travail, d'un esprit distingué, qui commence maintenant la carrière dramatique ; mais le pauvre malheureux n'a pas de protections.

DON PÉDRO.

Si c'est la première pièce qu'il donne au théâtre, il ne peut pas encore se plaindre : si elle est bonne, elle réussira nécessairement. Et un gouvernement éclairé comme le nôtre, qui sait combien les progrès de la littérature sont intéressans pour une nation, ne laissera pas sans récompense un homme de talent qui saura se distinguer dans un genre si difficile.

DON ÉLEUTERIO.

Tout cela est fort bien ; mais ce qu'il y a de certain, c'est que l'auteur devra se contenter de ses quinze doublons, que lui donneront les comédiens si la comédie réussit ; et puis.... bien des remercîmens.

DON ANTONIO.

Quinze ? je croyais que c'était vingt-cinq.

(Don Antonio se promène d'un côté à l'autre du théâtre. Don Éleuterio s'adresse tantôt à lui, tantôt à don Pédro mais, voyant que celui-ci ne lui répond pas et ne l'écoute pas, il finit par ne plus parler qu'à don Antonio.)

DON ÉLEUTERIO.

Non, monsieur; maintenant, dans la saison des chaleurs, on ne donne pas davantage; si c'était dans l'hiver,... alors...

DON ANTONIO.

Comment! quand il commence à geler, les comédies augmentent donc de valeur? Il en est de même pour les poissons qui viennent de Biscaye.

DON ÉLEUTERIO.

Écoutez donc, quoique les comédiens donnent si peu de chose, l'auteur s'arrangerait bien volontiers pour faire à ce prix toutes les pièces dont la troupe aurait besoin; mais il y a tant de jalousies! Les uns favorisent celui-ci, les autres celui-là.... Et il faut tant de soins et d'adresse pour se maintenir dans les bonnes grâces des premiers sujets, que.... vraiment! Et ensuite, voyez-vous, il y a tant de gens qui écrivent! chacun tâche de débiter sa marchandise; et puis ce sont les engagemens, les gratifications, les rabais.... Maintenant même il vient d'arriver un étudiant galicien, avec des besaces pleines de pièces manuscrites, comédies, imbroglios, petites pièces, saynetes [2]... Que sais-je quelle capilotade il nous apporte! Et il ne cesse de solliciter les comédiens pour qu'ils lui achètent son assortiment à raison de trois cents réaux par chaque pièce, l'une dans l'autre. Je vous le demande, quel moyen de tenir tête à un homme qui travaille à si bon marché?

DON ANTONIO.

Cela est vrai, mon cher. Cet étudiant galicien doit faire bien du tort aux auteurs de Madrid?

DON ÉLEUTERIO.

Un tort horrible. Vous savez à quel prix sont les comestibles.

DON ANTONIO.

Assurément.

DON ÉLEUTERIO.

Ce que coûte un méchant habit que l'on veut se donner.

DON ANTONIO.

En effet.

DON ÉLEUTERIO.

Le loyer.

DON ANTONIO.

Oh! oui, le loyer! Les propriétaires sont cruels.

DON ÉLEUTERIO.

Et si on a de la famille.

DON ANTONIO.

Il n'y a pas de doute; si on a de la famille, c'est une chose terrible.

DON ÉLEUTERIO.

Allez donc lutter contre l'autre, qui avec trois sous de tripes et un demi-pain par jour a toute sa dépense faite.

DON ANTONIO

Et quel remède à cela? Il n'y en a pas d'autre que de se mettre à l'ouvrage sans désemparer, et d'écrire de bonnes pièces : qu'on les représente, que le public en soit ébahi, et nous verrons si on ne peut pas couler à fond le Galicien. Ce n'est pas que je doute que celle de ce soir ne soit excellente; et je parierais que....

ACTE I, SCÈNE III.

DON ÉLEUTERIO.

L'avez-vous lue?

DON ANTONIO.

Non, certainement.

DON PÉDRO.

Est-ce qu'elle est imprimée?

DON ÉLEUTERIO.

Oui, monsieur. N'est-il pas tout simple qu'elle le soit?

DON PÉDRO.

Mais elle n'est pas publiée?

DON ÉLEUTERIO.

Si, monsieur.

DON PÉDRO.

Tant pis. Tant qu'elle n'aura pas subi au théâtre l'examen du public, elle est bien exposée; et cela dénote dans le nouvel auteur un excès de confiance.

DON ANTONIO.

Quoi! non, monsieur; je vous dis qu'elle est excellente..... Et où se vend-elle?

DON ÉLEUTERIO.

Elle se vend au bureau du journal, à la librairie de Perez, à celle d'Izquirdo, à celle de Gil, à celle de Zurita, au bureau de recette à l'entrée du Colysée; elle se vend aussi chez le marchand de vin de la rue du Poisson, chez l'herboriste de la rue Ancha, à la savonnerie de la rue du Loup, à la...

DON PÉDRO.

Cette énumération finira-t-elle aujourd'hui?

DON ÉLEUTERIO.

Comme monsieur me demandait....

DON PEDRO.

Mais il n'en demandait pas tant.... Il y a de quoi impatienter...

DON ANTONIO.

Il faut que je l'achète, il le faut absolument.

PIPI.

Si j'avais deux réaux... Plût à Dieu !

DON ÉLEUTERIO, tirant de sa poche une comédie imprimée, la donne à don Antonio.

La voici.

DON ANTONIO.

Vraiment ! est-ce cela ? voyons.... et il y a mis son nom ; bien, cela me plaît beaucoup : par ce moyen, la postérité ne se creusera pas la tête pour découvrir quel en est l'auteur. (*Il lit.*) *Par don Éleuterio Crispin de Andorra.... Entrent l'empereur Léopold, le roi de Pologne et Frédéric, sénéchal, en habit de gala, avec une suite de dames et de magnats et une brigade de hussards à cheval...* Magnifique entrée ! voici ce que dit l'empereur !

> Vous savez, mes vassaux,
> Qu'il y a environ deux mois et demi
> Que le Turc avec ses troupes
> A mis le siége devant Vienne ;
> Que pour lui résister
> Nous avons uni nos efforts,
> Et que nos nobles courages
> Ont donné, dans des rencontres multipliées,
> Les témoignages les plus éclatans
> De nos cœurs invincibles.

ACTE I, SCÈNE III.

Quel style voilà! ventrebleu! le frippon sait manier la plume.

>Je sais fort bien que la disette
>De l'aliment nécessaire
>A été telle, qu'excédés
>Par les tourmens de la faim,
>Nous avons mangé les souris,
>Les crapauds et autres sales insectes.

Ces sales insectes doivent être nécessairement les araignées, les cloportes, les guêpes, les grillons....

DON ÉLEUTERIO.

Oui, monsieur.

DON ANTONIO.

Admirable ragoût pour une gargotte de Catalogne!

DON ÉLEUTERIO, à don Pédro.

Comment! est-ce que l'entrée ne vous paraît pas bien?

DON PÉDRO.

Qu'est-ce? à moi!

DON ÉLEUTERIO.

Je suis charmé qu'elle vous plaise. Mais où il y a une situation bien forte, c'est au commencement du second acte... Cherchez un peu,... là;... c'est là qu'elle doit être, quand la dame tombe morte de faim.

DON ANTONIO.

Morte?

DON ÉLEUTERIO.

Oui, monsieur, morte.

DON ANTONIO.

Voilà une situation bien comique! Et ces exclamations qu'elle pousse, contre qui sont-elles dirigées?

DON ÉLEUTERIO.

Contre le visir, qui l'a laissée six jours sans manger, parce qu'elle ne voulait pas être sa concubine.

DON ANTONIO.

Pauvre femme! Ce visir est nécessairement un brutal fieffé.

DON ÉLEUTERIO.

Oui, monsieur.

DON ANTONIO.

Un homme violent, n'est-ce pas?

DON ÉLEUTERIO.

Oui, monsieur.

DON ANTONIO.

Lascif comme un singe, fort laid de figure, hem?

DON ÉLEUTERIO.

Certainement.

DON ANTONIO.

Grand, brun, un peu louche, de grandes moustaches.

DON ÉLEUTERIO.

Oui, monsieur; c'est ainsi que je me le suis figuré.

DON ANTONIO.

Horrible animal! Oui, mais la dame ne se mord pas la langue; il faut voir comme elle l'arrange! Écoutez, don Pédro.

ACTE I, SCÈNE III.

DON PÉDRO.

Non, pour Dieu, ne lisez pas.

DON ÉLEUTERIO.

C'est un des morceaux les plus terribles de la comédie.

DON PÉDRO, manifestant beaucoup d'impatience.

Avec tout cela....

DON ÉLEUTERIO.

Plein de feu.

DON PÉDRO.

Si....

DON ÉLEUTERIO.

Supérieurement versifié.

DON PÉDRO.

N'importe.

DON ÉLEUTERIO.

Qui fera un effet terrible sur le théâtre, si l'actrice le rend avec l'énergie nécessaire.

DON PÉDRO.

Morbleu! Ne vous ai-je pas dit que....

DON ANTONIO.

Mais au moins il faut que vous entendiez la fin du second acte.

(Il lit, et quand il a fini, il rend la comédie à Éleutério.)

L'EMPEREUR.

Et en attendant que mes soupçons....

LE VISIR.

Et jusqu'à ce que mes espérances....

LE SÉNÉCHAL.

Et jusqu'à ce que mes ennemis...

L'EMPEREUR.

Soient vérifiés....

LE VISIR.

Soient couronnées...

LE SÉNÉCHAL.

Succombent....

L'EMPEREUR.

Ressentimens, venez à mon aide...

LE VISIR.

Ne m'abandonne point, Patience...

LE SÉNÉCHAL.

Courage, soutiens mon bras...

TOUS TROIS ENSEMBLE.

Afin que la patrie admire
La plus généreuse ruse
Et le plus formidable exploit.

DON PÉDRO, se levant.

Allons, il est impossible de souffrir de pareilles sottises.

DON ÉLEUTERIO.

Sottises! C'est le nom que vous donnez à cela?

DON PÉDRO.

Pourquoi pas?

DON ÉLEUTERIO.

Ah! par exemple, c'est trop fort.... Sottises! Ils n'appellent pas cela des sottises, les connaisseurs qui ont lu la comédie! Certes, j'ai lieu d'être cho-

ACTE I, SCÈNE III.

qué. Sottises! on ne voit pas autre chose tous les jours au théâtre, et toujours le public est transporté, et toujours il applaudit à tout rompre.

DON PÉDRO.

Et cela se représente chez une nation civilisée!

DON ÉLEUTERIO.

En vérité, je suis enchanté de l'expression *sottises!*

DON PÉDRO.

Et cela s'imprime pour que les étrangers se moquent de nous!

DON ÉLEUTERIO

Appeler sottises une espèce de chœur entre l'empereur, le visir et le sénéchal; je ne sais ce que veulent ces gens.... Aujourd'hui on ne peut rien écrire, rien qui ne soit déchiré, censuré... Sottises!.. Prenez garde que....

PIPI.

N'y faites pas attention.

DON ÉLEUTERIO, parlant à Pipi jusqu'à la fin de la scène.

Je n'y fais pas attention ; mais je suis furieux quand j'entends parler ainsi. Figure-toi si la conclusion peut être plus naturelle et plus ingénieuse. L'empereur est rempli de crainte à cause d'un papier qu'il a trouvé à terre, sans signature et sans adresse, et dans lequel il est question de le tuer. Le visir est enragé pour la possession de Marguerite, fille du comte de Strambangaum, qui est le traître...

PIPI.

Comment! il y a aussi un traître? Ah! que j'aime les comédies où il y a un traître!

DON ÉLEUTERIO.

Je te disais donc que le visir est fou d'amour pour elle. Le sénéchal, qui est homme de bien, s'il y en a, ne laisse pas d'être sur ses gardes, parce qu'il sait que le comte travaille à lui ôter son emploi, et fait continuellement à l'empereur des rapports contre lui. De manière que comme chacun des trois personnages est occupé de son sujet, il ne parle que de cela, ce qui est on ne peut pas plus naturel.

(Il lit.)

L'EMPEREUR.

Et en attendant que mes soupçons...

LE VISIR.

Et jusqu'à ce que mes espérances...

LE SÉNÉCHAL.

Et jusqu'à ce que mes ennemis...

Ah! don Hermogènes, que vous arrivez à propos!

(Il serre sa comédie, et va vers Hermogènes qui entre par la porte du fond.)

SCÈNE IV.

DON HERMOGÈNES, les précédens.

DON HERMOGÈNES.

Bonsoir, messieurs.

DON PÉDRO.

Tout à votre service.

DON ANTONIO.

Soyez le bienvenu, mon ami don Hermogènes.

ACTE I, SCÈNE IV.

DON ÉLEUTERIO.

Messieurs, je pense que le seigneur don Hermogènes sera juge très-compétent pour décider la question dont il s'agit. Tout le monde connaît son instruction, tout ce qu'il a écrit dans les feuilles périodiques, les traductions qu'il a faites du français, ses travaux littéraires, et surtout le scrupule et la rigueur avec lesquels il censure les ouvrages des autres. Je veux donc qu'il nous dise....

DON HERMOGÈNES.

Vous me confondez par des éloges que je ne mérite pas, seigneur don Éleuterio; vous seul avez droit à toute louange, pour être parvenu, dans un âge jeune encore, au pinacle du savoir. Votre esprit, le plus agréable qu'on connaisse de nos jours, votre profonde érudition, votre goût délicat dans l'art rythmique, votre....

DON ÉLEUTERIO.

Allons, laissons cela.

(Don Pédro s'approche d'une table où est le journal, qu'il se met à lire, en tournant quelquefois la tête pour entendre ce que disent les autres.)

DON HERMOGÈNES.

Votre docilité, votre modération....

DON ÉLEUTERIO.

Bien ; mais ici il s'agit seulement de savoir si....

DON HERMOGÈNES.

Voilà des qualités qui méritent l'admiration et les éloges.

DON ÉLEUTERIO.

Oui, cela est vrai; mais dites-nous franchement

et sans détour si la comédie qu'on va représenter ce soir est pleine de sottises ou non....

DON HERMOGÈNES.

Pleine de sottises! Et qui a osé proférer une assertion si....

DON ÉLEUTERIO.

Cela ne fait rien à l'affaire; dites-nous ce que vous en pensez, et rien de plus.

DON HERMOGÈNES.

Je le dirai; mais, avant tout, il convient de faire observer que le poëme dramatique admet deux genres de fable. *Sunt autem fabulæ aliæ simplices, aliæ implexæ.* C'est la doctrine d'Aristote; mais je le dirai en grec pour plus de clarté : *Eisi de ton mython oi men aploi, oi de peplegmenoi. Kai gar ai praxeis....*

DON ÉLEUTERIO.

Mais, mon ami, si....

DON ANTONIO.

J'étouffe.

(Il s'assied, en faisant des efforts pour ne pas rire.)

DON HERMOGÈNES.

Kai gar ai praxeis on mimeseis oi....

DON ÉLEUTERIO.

Mais....

DON HERMOGÈNES.

Mythoi eisin iparchousin.

DON ÉLEUTERIO.

Non, non; ce n'est pas là ce qu'on vous demande.

ACTE I, SCÈNE IV.

DON HERMOGÈNES.

Ah! bon, me voici dans la question. Cependant, pour plus d'intelligence, il conviendrait d'expliquer ce que les critiques entendent par protase, épitase, catastase, catastrophe, péripétie, anagorisis : parties nécessaires à toute bonne comédie ; et qui, suivant Scaliger, Vossius, Dacier, Marmontel, Castelvetro et Daniel Heinsius....

DON ÉLEUTERIO.

Bien, tout cela est admirable; mais....

DON PÉDRO.

Cet homme est fou.

DON HERMOGÈNES.

Si nous remontons à l'origine du théâtre, nous trouverons que les Mégaréens, les Siciliens et les Athéniens...

DON ÉLEUTERIO.

Mais, pour l'amour de Dieu, il ne....

DON HERMOGÈNES.

Qu'on voie les drames grecs, et nous trouverons qu'Anaxippe, Anaxandrides, Eupolis, Antiphanes, Philippides, Cratinus, Cratès, Épicrates, Ménécrates et Phérécrates....

DON ÉLEUTERIO.

Mais je vous ai dit que....

DON HERMOGÈNES.

Et les plus célèbres dramaturges des siècles passés, tous conviennent, *nemine discrepante*, que la protase doit nécessairement précéder la catastrophe. C'est ainsi que la comédie du *Siége de Vienne*....

DON PÉDRO.

Adieu, messieurs.

(Il va vers la porte, don Antonio se lève et cherche à le retenir.)

DON ANTONIO.

Vous vous en allez, don Pédro ?

DON PÉDRO.

Il n'y a que vous qui ayez assez de sang froid pour entendre tout cela.

DON ANTONIO.

Mais, laissez donc, l'ami Hermogènes va nous prouver, par l'autorité d'Hippocrates et de Martin Luther, que la pièce en question, loin d'être extravagante....

DON HERMOGÈNES.

Voilà mon intention; prouver qu'il n'y a qu'un acéphale ignare qui ait pu dire que cette comédie renferme des sottises, et je vous réponds que devant moi personne n'aurait osé proférer une telle assertion.

DON PÉDRO.

Eh bien, moi, devant vous, je la profère et je vous dis que, d'après ce que monsieur en a lu, et attendu que c'est vous qui la louez, j'en infère que ce doit être une chose détestable ; que son auteur est un homme sans instruction et sans talent ; et que vous êtes un érudit à la violette, gonflé de présomption, et ennuyeux autant qu'on puisse l'être. Adieu, messieurs.

ACTE I, SCÈNE IV.

DON ÉLEUTERIO.

Eh bien, monsieur que voilà (*montrant don Antonio*), a trouvé fort bien ce qu'il en a vu.....

DON PÉDRO.

Monsieur que voilà l'a trouvé fort mal. Mais il est homme de bonne humeur et aime à se divertir. Pour moi, j'ai pitié, en vérité, du sort de ces écrivains qui abrutissent le vulgaire avec des ouvrages si déraisonnables et si monstrueux, dictés moins par le génie que par le besoin ou la présomption. Je ne connais pas l'auteur de cette comédie, et je ne sais qui il est; mais si, comme il paraît, vous êtes ses amis, dites-lui, en grâce, qu'il cesse d'écrire de telles folies; qu'il en est encore temps, puisque c'est le premier ouvrage qu'il publie; qu'il ne se laisse pas entraîner par le mauvais exemple de ceux qui extravaguent à tant par jour; qu'il ne s'enorgueillisse pas des applaudissemens équivoques d'une multitude ignorante; qu'il suive une autre carrière, dans laquelle, au moyen d'un travail honnête, il pourra pourvoir à ses besoins et soutenir sa famille s'il en a une. Dites-lui que le théâtre espagnol regorge d'auteurs misérables qui l'alimentent de leurs folles productions, que ce dont il a besoin, c'est une réforme fondamentale dans toutes ses parties; et que tant qu'elle n'aura pas lieu, les bons esprits que possède la nation, ou ne feront rien, ou feront seulement ce qu'il faudra pour montrer qu'ils savent écrire avec talent, et qu'ils ne veulent pas écrire.

DON HERMOGÈNES.

Sénèque dit formellement, dans son épître dix-huit, que....

DON PÉDRO.

Sénèque dit, dans toutes ses épîtres, que vous êtes un archi-pédant ridicule que je ne puis pas supporter. Adieu, messieurs.

SCÈNE V.

DON ANTONIO, DON ÉLEUTERIO, DON HERMOGÈNES.

DON HERMOGÈNES.

Moi archi-pédant! (*Il va vers la porte par où est sorti don Pédro, don Éleuterio se promène sur le théâtre.*) Moi, qui ai composé sept prolusions gréco-latines sur les points les plus délicats du droit!

DON ÉLEUTERIO.

Je vous demande comme il s'entend en comédies, quand il dit que la conclusion du second acte est mauvaise.

DON HERMOGÈNES.

C'est lui qui est l'archi-pédant.

DON ÉLEUTERIO.

Parler ainsi d'une pièce qui doit durer au moins quinze jours!

DON HERMOGÈNES.

Je suis gradué ès-lois, je suis concurrent pour plu-

ACTE I, SCÈNE VI.

sieurs chaires, je suis académicien, et je n'ai pas voulu être maître d'école.

DON ANTONIO.

Personne ne met en doute votre mérite, monsieur Hermogènes, personne. Mais ceci est fini, et il n'y a pas de quoi s'échauffer.

DON ÉLEUTERIO.

Eh bien! la comédie réussira, en dépit qu'il en ait.

DON ANTONIO.

Oui, monsieur, elle réussira.... Je vais tâcher de le rejoindre, et, bon gré mal gré, je le mènerai à la représentation pour le punir.

DON ÉLEUTERIO.

Excellente idée! Oui, allez.

DON ANTONIO, à part.

Je n'ai de ma vie vu de fous plus fous. (*Haut.*) Au revoir, messieurs.

SCÈNE VI.

DON HERMOGÈNES, DON ÉLEUTERIO.

DON ÉLEUTERIO.

Appeler détestable, une pareille comédie! En vérité, ces gens-là emploient un langage qui est réjouissant à entendre!

DON HERMOGÈNES.

Aquila non capit muscas, don Éleuterio; je veux dire qu'il ne faut faire aucun cas de tout cela. A l'ombre du mérite croît l'envie. La même chose m'arrive à moi.... et vous voyez si je possède quelque savoir....

DON ÉLEUTERIO.

Oh!

DON HERMOGÈNES.

Moi, je pense, sans vanité, qu'il y en a peu qui....

DON ÉLEUTERIO.

Aucun, certainement, qui soit aussi accompli que vous, aucun.

DON HERMOGÈNES.

Qui réunisse le génie à l'érudition, l'application au goût, au point où, sans me louer, je suis parvenu à les réunir. Hem?

DON ÉLEUTERIO.

Il est même superflu de le dire; cela est plus clair que le soleil qui nous éclaire.

DON HERMOGÈNES.

Eh bien! malgré cela, il y en a qui m'appellent pédant, tête sans cervelle, et animal quadrupède. Hier, sans aller plus loin, on me le dit à la porte du Soleil, devant quarante ou cinquante personnes.

DON ÉLEUTERIO.

Indignité! Et vous, que fîtes-vous?

DON HERMOGÈNES.

Ce que doit faire un grand philosophe; je me tus, je pris une prise, et je m'en fus entendre une messe à l'église de la Solitude.

ACTE I, SCÈNE IX.

DON ÉLEUTERIO.

Envie, pure envie.... Allons-nous là-haut?

DON HERMOGÈNES.

Ce que je dis là, c'est pour que vous preniez courage. Je vous assure que les applaudissemens... Mais dites-moi, ils n'ont donc pas voulu nous avancer seulement une once d'or à compte sur les quinze doublons de la comédie?

DON ÉLEUTERIO.

Rien, pas seulement un liard. Vous savez les peines que j'ai eues pour la faire recevoir par les comédiens... Il a fallu finir par tomber d'accord qu'ils ne me donneraient rien jusqu'à ce qu'ils eussent vu si la pièce réussit ou non.

DON HERMOGÈNES.

Ames sordides! et précisément dans l'occasion la plus critique pour moi. Tite-Live a bien raison de dire que quand...

DON ÉLEUTERIO.

Qu'y a-t-il donc de nouveau?

DON HERMOGÈNES.

Un brutal de propriétaire..... l'homme le plus ignorant que je connaisse... pour un an et demi de loyer que je lui dois, il me menace, me manque de respect.

DON ÉLEUTERIO.

Il n'y a pas là de quoi se désoler. Demain ou après-demain je dois nécessairement recevoir de l'argent; nous paierons ce coquin, et si vous avez quelque compte à votre auberge, nous verrons aussi...

DON HERMOGÈNES.

Oui, il y a bien quelque petit compte.... peu de chose.

DON ÉLEUTERIO.

Fort bien. L'impression de ma pièce doit me rapporter au moins quatre mille réaux.

DON HERMOGÈNES.

Oui, au moins; car elle se vendra immanquablement jusqu'au dernier exemplaire.

(Pipi entre par la porte du fond.)

DON ÉLEUTERIO.

Eh bien, avec cet argent nous sortirons d'embarras; nous meublerons le nouvel appartement; des chaises, un lit, et quelques petits meubles peu coûteux. Vous vous mariez : Mariquita de son côté est raisonnable, laborieuse, excellente femme de ménage; vous serez continuellement chez moi. Je donnerai mes quatre autres comédies, qui, après la réussite de celle d'aujourd'hui, seront reçues par les comédiens avec transport. Je touche cet argent, je les imprime, elles se vendent; pendant ce temps j'en aurai déjà quelques-unes de finies et d'autres sur le métier.... Allons, il n'y a rien à craindre. Et ce qui est mieux encore, vous serez placé d'un instant à l'autre : une intendance, une présidence, une ambassade ; que sais-je...? Car enfin le ministre a pour vous une estime particulière, n'est-il pas vrai ?

DON HERMOGÈNES.

Je lui fais tous les jours trois visites.

ACTE I, SCÈNE VI.

DON ÉLEUTERIO.

C'est cela; il le faut presser, presser.... Montons là-haut, car nos femmes doivent être....

DON HERMOGÈNES.

Je lui ai remis dix-sept mémoires la semaine dernière.

DON ÉLEUTERIO.

Et que dit-il?

DON HERMOGÈNES.

A un d'eux j'ai mis pour épigraphe ces célèbres paroles du poëte : *Pallida mors æquo pulsat pede pauperum tabernas, regumque turres.*

DON ÉLEUTERIO.

Et que dit-il?

DON HERMOGÈNES.

Que c'est fort bien, qu'il est informé de ma requête.

DON ÉLEUTERIO.

Eh bien, ne vous le dis-je pas? C'est une chose obtenue.

DON HERMOGÈNES.

Je le désire beaucoup, afin que ce mariage si désiré soit accompagné du bonheur d'avoir de quoi manger; car *sine Cerere et Baccho friget Venus.* Et alors..... oh! alors, avec un bon emploi et la blanche main de Mariquita, il ne me reste rien à désirer, sinon que le ciel me donne une postérité nombreuse et masculine.

(Il sortent par la porte du fond.)

FIN DU PREMIER ACTE.

ACTE DEUXIÈME.

SCÈNE PREMIÈRE.

DONA AGUSTINA, DONA MARIQUITA, DON SERAPIO, DON HERMOGÈNES, DON ÉLEUTERIO.

DON SÉRAPIO.

L'échange des poignards, croyez-moi, est une des plus belles choses que l'on ait vues.

DON ÉLEUTERIO.

Et le songe de l'empereur?

DONA AGUSTINA.

Et l'oraison que fait le visir à ses idoles?

DONA MARIQUITA.

Mais il me semble qu'il n'est pas naturel que l'empereur s'endorme précisément dans l'occasion la plus.....

DON HERMOGÈNES.

Madame, le sommeil est naturel à l'homme, et il n'y a pas de difficulté à ce qu'un empereur s'endorme, parce que les vapeurs humides qui montent au cerveau...

ACTE II, SCÈNE I.

DONA AGUSTINA.

Est-ce que vous faites attention à ce qu'elle dit ? Quelle niaiserie ! Elle ne sait seulement pas de quoi on parle... Mais avec tout cela, quelle heure est-il ?

DON SÉRAPIO.

Il est... attendez... il peut être maintenant...

DON HERMOGÈNES, tirant sa montre.

Voilà une montre qui va parfaitement. Trois heures et demie, juste.

DONA AGUSTINA.

Oh ! en ce cas, nous avons encore le temps : asseyons-nous, puisqu'il n'y a personne ici.

(Ils s'asseyent tous, à l'exception de don Éleuterio.)

DON SÉRAPIO.

Qui voulez-vous qui soit ici ?.... Si c'était tout autre jour... mais aujourd'hui tout le monde va à la comédie.

DONA AGUSTINA.

Tout sera plein.

DON SÉRAPIO.

Il y a des gens qui donneront ce soir deux piastres pour une place d'orchestre.

DON ÉLEUTERIO.

Cela doit être ; comédie nouvelle, auteur nouveau, et...

DONA AUGUSTINA.

D'autant plus que tout le monde sait déjà ce que c'est... Bah ! il n'y aurait pas de place pour une épingle, quand le Colysée serait sept fois plus grand.....

DON SÉRAPIO.

Aujourd'hui les bouffons se meurent de froid et de crainte... Hier soir, je voulais parier six onces d'or avec le mari de la soubrette qu'ils ne feraient pas ce soir, à la porte de leur salle, cent réaux de recette.

DON ÉLEUTERIO.

Eh bien, le pari a-t-il eu lieu en effet?

DON SÉRAPIO.

Non, parce que je n'avais dans ma bourse que deux réaux et quelques sous... Mais comme je les ai fait enrager!...

DON ÉLEUTERIO.

Je suis à vous dans l'instant; je vais ici près à la librairie, et je reviens.

DONA AGUSTINA.

Qu'y vas-tu faire?

DON ÉLEUTERIO.

Ne te l'ai-je pas dit? J'ai recommandé qu'on m'y apportât le compte de ce qu'il y a de vendu, parce que....

DONA AGUSTINA.

Oui; c'est vrai; reviens vite.

(Don Éleuterio sort.)

DONA MARIQUITA.

Quelle agitation! toujours aller et venir! Cet homme ne s'arrête pas un moment.

DONA AGUSTINA.

Tout cela est nécessaire, ma fille; et s'il eût fait

ACTE II, SCÈNE I.

moins de démarches, s'il n'avait pas remué ciel et terre, il serait resté avec sa comédie écrite et son travail perdu.

DONA MARIQUITA.

Eh! qui sait ce qui arrivera, ma sœur? Ce qu'il y a de sûr, c'est que je suis sur les charbons; car, mon Dieu! si on la siffle, je ne sais ce que je deviendrai.

DONA AGUSTINA.

Mais pourquoi la sifflerait-on, ignorante? Que tu es sotte et dénuée d'intelligence!

DONA MARIQUITA.

Mais vous êtes toujours à me répéter cela! En vérité, il y a des momens où... Ah! don Hermogènes, vous ne savez pas quelle envie j'ai de voir toutes ces affaires terminées, et de pouvoir m'en aller manger tranquillement chez moi un morceau de pain, sans être obligée de souffrir toutes ces mauvaises raisons.

DON HERMOGÈNES.

Ce n'est pas le morceau de pain, mais bien ce beau morceau de ciel qui me rend impatient de voir conclure un hymen si désiré.

DONA MARIQUITA.

Désiré! oui, désiré! Vous avez un air bien propre à le faire croire!

DON HERMOGÈNES.

Eh! qui donc aime aussi sincèrement que moi, quand ni Pyrame, ni Léandre, ni Marc Antoine, ni Roland furieux, ni Agatocle, ni les Ptolomées d'Égypte, ni tous les Séleucides d'Assyrie, ne sentirent jamais un amour comparable au mien?

DONA AGUSTINA.

Charmante hyperbole! Bravo! bravo!... Réponds-lui, bête.

DONA MARIQUITA.

Que voulez-vous que je lui réponde? je n'ai pas compris un mot.

DONA AGUSTINA.

Elle me désespère!

DONA MARIQUITA.

Eh bien! je le répète : que sais-je, moi, qui sont ces gens dont il parle? Je ne m'en doute pas. Voyez donc, au lieu de me dire : Mariquita, je désire que nous nous mariions. Aussitôt que votre frère aura touché de l'argent, vous verrez que cela s'arrangera, parce que je vous aime beaucoup, que vous êtes fort aimable, que vous avez des yeux charmans, et... Que sais-je?.... Quelques paroles dans ce genre-là, comme les hommes en savent dire.

DONA AGUSTINA.

Oui; les hommes ignorans, qui n'ont ni éducation, ni talent, et qui ne savent pas le latin.

DONA MARIQUITA.

Bah! le latin! Maudit soit son latin! Quand je lui demande quelque bagatelle, il me répond toujours en latin : et pour dire qu'il veut se marier avec moi, il me cite des livres et des auteurs à n'en plus finir.... Je vous demande ce que ces auteurs ont à voir dans tout cela, et s'il leur importe à eux que nous nous mariions ou non.

DONA AGUSTINA.

Quelle ignorance!... Allons, don Hermogènes, j'en reviens à ce que je vous ai dit; il faut que vous vous consacriez à l'instruire et à la dégrossir ; car, en vérité, sa stupidité me fait honte : pour moi, Dieu sait si jamais j'en ai eu le temps ! Vous sentez qu'occupée continuellement à aider mon mari dans ses ouvrages, à les corriger, comme vous aurez pu le voir fort souvent, à lui suggérer tout ce qui peut leur donner la perfection convenable, je n'ai pas eu le temps d'entreprendre son éducation. D'un autre côté, on ne saurait croire combien mes enfans me dérangent : l'un pleure, l'autre demande à téter, l'autre a besoin d'être nettoyé, l'autre se laisse tomber de sa chaise ; enfin ils ne me laissent pas un moment de repos. Ah ! je l'ai déjà dit, pour les femmes instruites la fécondité est un fléau

DONA MARIQUITA.

Un fléau! Ah! ma sœur, que vous êtes singulière en toutes choses! Pour moi, si je me marie, Dieu sait que....

DONA AGUSTINA.

Tais-toi, butorde, tu vas dire quelque sottise.

DON HERMOGÈNES.

Je l'instruirai dans les sciences abstraites ; je lui enseignerai la prosodie ; je lui ferai copier, dans ses momens perdus, le grand art de Raymond Lule ; il faudra qu'elle me récite de mémoire, tous les mardi, deux ou trois pages du Dictionnaire de Rubignas; ensuite elle apprendra les logarithmes et un peu de statistique; ensuite....

DONA MARIQUITA.

Ensuite j'attraperai une fièvre pourprée, et Dieu me retirera à lui. A-t-on vu une pareille idée?... Non, monsieur; si je suis ignorante, grand bien me fasse. Je sais écrire et faire un compte, je sais faire la cuisine, je sais repasser, je sais coudre, et mettre très-proprement une pièce à un habit; je sais avoir soin d'une maison, et j'aurai soin de la mienne, de mon mari et de mes enfans, et je saurai les élever.... Est-ce que ce n'est pas là en savoir assez? Ne semblerait-il pas que je dois par force devenir une savante et une faiseuse d'esprit, apprendre la grammaire et composer des comédies?.. Pourquoi? pour perdre le jugement; car, Dieu me pardonne, notre maison a l'air d'une maison de fous depuis que mon mari a donné dans ces manies! Toujours le mari et la femme sont à disputer pour juger si la scène est trop longue ou trop courte; ils comptent sans cesse les syllabes sur leurs doigts pour savoir si les vers sont réguliers ou non; si l'événement nocturne doit avoir lieu avant la bataille ou après l'empoisonnement; retournant sans cesse des gazettes et des mercures pour chercher des noms bien extravagans, qui presque tous finissent en *of* et en *graf*, et dont ils hérissent leurs relations. Pendant ce temps-là on ne balaye pas la chambre, on ne racommode pas les bas, on ne lave pas le linge; et, ce qui est pire, on ne dîne ni on ne soupe. Que croyez-vous que nous avons mangé à dîner dimanche dernier, don Sérapio?

DON SÉRAPIO.

Moi, madame? comment voulez-vous que...

DONA MARIQUITA.

Eh bien, que Dieu me punisse si tout le banquet ne s'est pas réduit à une livre de concombres bien gros et bien jaunes que j'achetai à la porte, et à un demi-pain qui restait de la veille. Nous étions cependant six bouches à nourrir, et le moins affamé aurait avalé un chevreau et une demi-fournée de pain sans se lever de sa chaise.

DONA AGUSTINA.

Voilà sa chanson : toujours se plaignant qu'elle travaille beaucoup et qu'elle ne mange pas. Je mange moins encore, moi, et je travaille plus en une demi-heure, quand je me mets à corriger quelque scène ou à régler l'illusion d'une catastrophe, que toi en causant et en lavant la vaisselle, ou en t'occupant d'autres ouvrages ignobles et mécaniques.

DON HERMOGÈNES.

Oui, Mariquita, en cela, ma respectable dona Agustina a raison. Il y a une grande différence d'un travail à l'autre, et les expériences de tous les jours nous apprennent que toute femme qui est lettrée et qui sait faire des vers, se trouve, *ipso facto*, dispensée du fardeau des devoirs domestiques. Je le prouvai un jour dans une dissertation que je lus à l'académie des cynocéphales; je soutins que les vers se font avec la glande pinéale, et les caleçons avec les trois doigts appelés *pollex*, *index* et *infamis*. C'est-à-dire que le premier travail exige toute la subtilité de l'esprit, tandis que pour le second il ne faut que l'habitude de la main; et je conclus, à la satisfaction de tout mon auditoire, qu'il est plus difficile de faire un sonnet que d'attacher une manche de chemise, et que plus de louange est due à la femme qui sait composer des dizains et des rondeaux, qu'à celle qui n'est bonne que pour faire une sauce aux tomates, une fricassée de poulet ou un mouton braisé.....

DONA MARIQUITA.

C'est donc pour cela qu'on ne voit chez nous ni sauces, ni moutons braisés, ni poulets, ni fricassées, et dans le fait, quand on mange des vers, on n'a pas besoin de cuisine.

DON HERMOGÈNES.

Fort bien. Il en sera ce que vous voudrez, ma chère idole; mais si jusqu'à présent vous avez souffert quelques privations, *angustam pauperiem*, comme dit le profane, à dater d'aujourd'hui ce sera tout autre chose.

DONA MARIQUITA.

Est-ce que le profane dit qu'on ne sifflera pas ce soir la comédie?

DON HERMOGÈNES.

Non, madame, on l'applaudira.

DON SÉRAPIO.

Elle durera un mois, et les acteurs se fatigueront à force de la représenter.

DONA MARIQUITA.

Eh bien, ce n'est pas là ce que disaient hier ceux que nous rencontrâmes chez le limonadier. Vous souvenez-vous, ma sœur ? Il y en avait là un grand qui, certes, ne se mordait pas la langue.

DON SÉRAPIO.

Grand ? un grand, hem ? Je le connais ; fripon, vicieux ! un drôle ! qui porte un manteau, qui a une balafre sur le nez ; coquin ! c'est un garçon sellier, très-partisan de l'autre troupe de comédiens..... un tapageur : c'est lui qui est cause qu'on a sifflé la comédie intitulée : *Le Monstre le plus épouvantable de la mer de Calédonie,* dont l'auteur était un tailleur, parent d'un de nos voisins ; mais je lui réponds que...

DONA MARIQUITA.

Quelles folies vous nous dites-là ! Ce n'est pas de celui-là que je parle.

DON SÉRAPIO.

Si, un grand, de mauvaise mine, avec une cicatrice qui lui prend...

DONA MARIQUITA.

Ce n'est pas celui-là.

DON SÉRAPIO.

C'est bien le plus grand filou..... et quelle triste vie il a fait passer à sa femme ! La malheureuse ! il la traitait absolument comme un chien.

DONA MARIQUITA.

Mais quand je vous dis que ce n'est pas lui ! Voyez

donc ! à quoi bon tant crier ? Celui dont je parle était un cavalier très-décent, qui n'a ni manteau ni balafre, et qui ne ressemble en rien à celui dont vous nous faites le portrait.

DON SÉRAPIO.

Bon ; mais je vais vous dire..... J'ai une envie de rejoindre ce sellier.... Il n'ira pas ce soir au parterre ; s'il y allait, parbleu !.... Mais l'autre jour, quelles choses nous lui dîmes sur la place Saint-Jean ! Il soutient que l'autre troupe est meilleure, et qu'il n'y a personne capable de la siffler. (*Il se rassied.*) Et vous saurez d'où vient tout cela. C'est parce que les dimanches au soir, lui et d'autres de son espèce s'en vont chez la Ramirez, où ils jouent dans l'antichambre avec la servante ; ensuite elle leur sert un peu de fromage ou quelques poivrons au vinaigre, ou autres mets de ce genre ; et de là ils s'en vont applaudir comme des enragés au balcon et à l'amphithéâtre.... Mais, ne vous inquiétez pas ; nous autres partisans de cette troupe-ci, à la première comédie qu'ils joueront sur l'autre théâtre, sans rémission, nous sifflerons à faire écrouler la maison : nous verrons....

DONA MARIQUITA.

Et s'ils nous gagnaient de vitesse et en faisaient autant à la comédie de ce soir ?

DONA AGUSTINA.

Oui, tu crois sans doute que ton frère s'endort, et qu'il n'a pas fait ces jours-ci tout ce qu'il fallait pour qu'il ne lui arrive aucun échec. Il s'est

déjà lié avec les principaux partisans de l'autre
théâtre ; il a été avec eux, leur a recommandé sa
comédie, et leur a promis que la première qu'il
composerait serait pour leur troupe : en outre de
cela, la première actrice de cette troupe l'aime
beaucoup. Il va tous les matins chez elle voir si elle
a besoin de quelque chose, et quelque commission
qui se présente, personne ne la fait que mon mari :
Don Éleuterio, apportez-moi un couple de livres de
beurre; don Éleuterio, donnez un peu de graine à
ce serin; don Éleuterio, faites un tour dans la cuisine, et voyez si le pot commence à écumer. Et lui,
comme vous pouvez bien penser, fait tout cela avec
un empressement qui ne laisse rien à désirer, parce
qu'enfin, quand on a besoin des gens, il faut bien...
Et d'un autre côté, il a, grâces à Dieu, si bonne
façon dans tout ce qu'il fait, et il est si serviable
avec tout le monde.... Oh, bah! siffler!.... non, ma
fille, il n'y a rien à craindre : il est trop solidement
ancré pour qu'on le siffle.

DON HERMOGÈNES.

Et plus que tout cela, le mérite éminent du drame
suffirait pour imposer taciturnité et admiration à la
tourbe la plus babillarde, la plus effrénée et la plus
ignorante.

DONA AGUSTINA.

Sans doute, sans doute : figurez-vous une comédie
héroïque comme celle-là, où il y a plus de neuf
coups de théâtre, un duel à cheval dans le parterre,
trois batailles, deux tempêtes, un enterrement, une
mascarade, l'incendie d'une ville, un pont rompu,

deux exercices à feu et une exécution criminelle. Figurez-vous si une pareille pièce doit nécessairement réussir.

DON SÉRAPIO.

Parbleu, si elle réussira.

DON HERMOGÈNES.

Elle frappera de stupeur....

DON SÉRAPIO.

Madrid se dépeuplera pour aller la voir.

DONA MARIQUITA.

Pour moi, il me semble que des comédies de ce genre devraient être représentées sur la place des taureaux.

SCÈNE II.

ÉLEUTERIO, les précédens.

DONA AGUSTINA.

Eh bien, que dit le libraire? Le débit est-il considérable?

DON ÉLEUTERIO.

Jusqu'à présent...

DONA AGUSTINA.

Laisse; je suis sûre que je vais deviner, il en aura vendu.... Quand a-t-on posé les affiches?

DON ÉLEUTERIO.

Hier matin : j'en ai fait mettre trois ou quatre à chaque coin de rue.

ACTE II, SCÈNE II.

DON SÉRAPIO, se levant.

Ah! et ayez soin qu'elles soient bien collées, parce que autrement....

DON ÉLEUTERIO.

J'ai pensé à tout. Comme moi-même j'ai senti combien cela était nécessaire, je puis assurer qu'elles sont bien collées.

DONA AGUSTINA.

Le journal et la gazette l'ont annoncée, n'est-ce pas?

DON HERMOGÈNES.

Oui, en termes formels.

DONA AGUSTINA.

Eh bien, on en aura vendu... cinq cents exemplaires.

DON SÉRAPIO.

Bagatelle! et plus de huit cents aussi.

DONA AGUSTINA.

Ai-je deviné?

DON SÉRAPIO.

N'est-il pas vrai que cela passe huit cents?

DON ÉLEUTERIO.

Non, monsieur, non, cela n'est pas vrai. La vérité est que jusqu'à présent, suivant ce qu'on vient de me dire, on n'en a pas vendu plus de trois exemplaires, et cela me chagrine beaucoup.

DON SÉRAPIO.

Trois, pas davantage? C'est peu.

DONA AGUSTINA.

Oui, sur ma vie, c'est bien peu.

DON HERMOGÈNES.

Je distingue : peu, absolument, parlant, je le nie; respectivement, je l'accorde; parce qu'il n'y a rien qui soit peu ni beaucoup *per se*, mais bien relativement. Ainsi, si les trois exemplaires vendus constituent une quantité tierce par rapport à neuf, sous ce rapport, lesdits trois exemplaires s'appellent *peu*. Mais ces trois mêmes exemplaires, par rapport à un, composent un nombre triple que nous pouvons appeler *beaucoup*, par la différence qu'il y a d'un à trois : d'où je conclus que ce que l'on a vendu n'est pas peu, et que c'est faute de lumière qu'on soutiendrait le contraire.

DONA AGUSTINA.

Il dit bien, fort bien.

DON SÉRAPIO.

Oh! quand cet homme se met à parler!...

DONA MARIQUITA.

Oui, en se mettant à parler, il prouvera que le blanc est vert, et que deux et deux font vingt-cinq. Je n'entends rien à cette manière de faire les comptes... Mais, en définitif, les trois comédies qui se sont vendues jusqu'à présent seront-elles plus de trois?

DON ÉLEUTERIO.

Il est vrai, et en somme, le produit ne passe pas six réaux.

DONA MARIQUITA.

Voyez, six réaux, quand nous espérions des monts d'or de cette impression! Ah! je commence à voir que si ma noce ne doit pas se faire jusqu'à ce que toutes ces paperasses soient vendues, on me portera au cimetière avec une palme de vierge.... Malheureuse que je suis!

(Elle pleure.)

DON HERMOGÈNES.

Belle Mariquita, ne perdez pas ainsi le trésor de perles que répand l'un et l'autre de vos yeux.

DONA MARIQUITA.

Des perles! Si je savais pleurer des perles, mon frère ne serait pas dans la nécessité d'écrire des sottises.

SCÈNE III.

DON ANTONIO, les précédens.

DON ANTONIO.

Prêt à vous servir, messieurs.

DON ÉLEUTERIO.

Comment, si vite? N'avez-vous pas dit que vous iriez voir la comédie?

DON ANTONIO.

En effet, j'y suis allé... don Pédro y reste.

DON ÉLEUTERIO.

Ce cavalier de si mauvaise humeur?

DON ANTONIO.

Lui-même ; bon gré, malgré, je l'ai placé dans la loge de quelques amis. Je croyais avoir une place sûre à l'orchestre ; mais bah ! ni orchestre, ni loge, ni galerie, ni baignoires : il n'y a de place nulle part...

DONA AGUSTINA.

Quand je le disais.

DON ANTONIO.

Il y a un monde prodigieux.

DON ÉLEUTERIO.

Eh bien, je ne veux pas que vous vous passiez de la voir : j'ai une loge, venez avec nous, et nous trouverons bien moyen de nous arranger.

DONA AGUSTINA.

Oui, vous nous ferez grand plaisir de venir, monsieur.

DON ANTONIO.

Madame, je vous rends mille grâces pour votre attention, mais il est déjà trop tard pour y retourner. Quand je suis sorti, on commençait la première tonadille, de sorte que...

DON SÉRAPIO.

La tonadille ?

(Tous se lèvent.)

DONA MARIQUITA.

Que dites-vous ?

DON ÉLEUTERIO.

La tonadille ?

ACTE II, SCÈNE III.

DONA AGUSTINA.

Comment donc a-t-on commencé sitôt ?

DON ANTONIO.

Mais, madame, on a commencé à l'heure ordinaire.

DONA AGUSTINA.

Il n'est pas possible : il doit être maintenant.....

DON HERMOGÈNES.

Je vais vous le dire. (*Il tire sa montre.*) Trois heures et demi, juste.

DONA MARIQUITA.

Comment, trois heures et demie ! Votre montre marque toujours trois heures et demie.

DONA AGUSTINA.

Voyons. (*Elle regarde la montre de don Hermogènes.*) Elle est arrêtée.

DON HERMOGÈNES.

Il est vrai : cela consiste en ce que l'élasticité du ressort spiral...

DONA MARIQUITA.

Cela consiste en ce qu'elle est arrêtée, et vous nous avez fait perdre la moitié de la comédie..... Allons, ma sœur.

DONA AGUSTINA.

Allons.

DON ÉLEUTERIO.

Voyez si ce n'est pas une chose particulière. Le hasard de...

DONA MARIQUITA.

Allons vite... et mon éventail ?

DON SÉRAPIO.

Le voici.

DON ANTONIO.

Vous arriverez au second acte.

DONA MARIQUITA.

Voyez, vraiment ce don Hermogènes...

DONA AGUSTINA.

Au plaisir de vous revoir, monsieur.

DONA MARIQUITA.

Dépêchons-nous.

DON ANTONIO.

J'ai l'honneur de vous saluer.

DON SÉRAPIO.

Heureusement que nous ne sommes pas loin.

DON ÉLEUTERIO.

Certainement, il est bien désagréable de nous être ainsi fiés...

DONA MARIQUITA.

Fiés à la maudite montre de don Hermogènes.

SCÈNE IV.

DON ANTONIO, PIPI.

DON ANTONIO.

Dis-moi, ces deux femmes sont donc la sœur et la femme de l'auteur de la comédie ?

PIPI.

Oui, monsieur.

DON ANTONIO.

Quel train elles vont ! Voilà ce que c'est que de se fier à la montre de don Hermogènes !

PIPI.

Je ne sais ce que ce peut être : mais de la fenêtre d'en haut on voit sortir beaucoup de monde du Colysée.

DON ANTONIO.

Ce sont sans doute ceux du parterre qui sont suffoqués. Quand je m'en vins, ils criaient pour qu'on leur ouvrît les portes. La chaleur est très-forte... et, d'un autre côté, il n'y a pas de sens commun à mettre quatre personnes où il n'en peut tenir que deux : mais ce qui leur importe, c'est de faire une grande recette à la porte, et, après cela, qu'on étouffe, si on veut dans la salle.

SCÈNE V.

DON PÉDRO, les précédens.

DON ANTONIO.

Comment, vous voilà déjà ici ? Et la comédie, où en est-elle ?

DON PEDRO, s'asseyant.

Pour Dieu, ne me parlez pas de comédie ! Il y a long-temps que je n'ai passé un plus mauvais moment.

DON ANTONIO.

Qu'est-il donc arrivé ?

DON PÉDRO.

Ce qui est arrivé ! Que j'ai eu à souffrir, grâces à votre recommandation, presque tout le premier acte, et, pour surcroît, une tonadille insipide et graveleuse comme c'est l'usage. Je trouvai l'occasion de m'échapper, et j'en profitai.

DON ANTONIO.

Mais à quoi faut-il s'en tenir quant au mérite de la pièce ?

DON PÉDRO.

On n'a rien vu de pis sur le théâtre, depuis que les muses de galetas se sont chargées de l'alimenter. Enfin, j'ai eu le bonheur d'en sortir... mais ce que je me reproche le plus, c'est d'avoir cédé à votre importunité... aussi ai-je pris la ferme résolution de n'aller jamais voir de pareilles sottises ; elles ne m'amusent pas ; au contraire, elles me remplissent de... de... non, j'aime bien mieux n'importe laquelle de nos comédies antiques, quelque mauvaises qu'elles soient : elles sont sans règles et renferment des extravagances ; mais ces extravagances et cette absence de règles sont filles du génie et non de la stupidité. Elles ont des défauts énormes, j'en conviens ; mais certainement il arrive quelquefois qu'elles intéressent et touchent le spectateur au point de lui faire oublier ou excuser tout ce qu'il a pu rencontrer de choquant dans ce qui précédait. Maintenant, comparez nos auteurs à la douzaine avec les anciens, et dites-moi si vous n'aimez pas mieux Caldéron, Solis, Roxas et Moreto, quand ils déraisonnent, que les autres quand ils parlent raisonnablement.

DON ANTONIO.

La chose est si claire, mon cher don Pédro, qu'il n'y a rien à vous répondre. Mais, dites-moi, le peuple, le pauvre peuple supporte-t-il avec patience cette épouvantable comédie.

DON PÉDRO.

Pas autant que le voudrait l'auteur. Il s'élevait de temps en temps dans le parterre un bruit sourd qui semblait annoncer une prochaine tempête... Enfin, l'acte a fini fort à propos; mais je ne me hasarderais pas à prédire l'issue de la représentation, car quoique le public soit bien accoutumé à entendre des extravagances, il n'en a jamais vu d'aussi bien conditionnées que celles d'aujourd'hui.

DON ANTONIO.

En vérité?

DON PÉDRO.

Cela est incroyable. Ce n'est qu'un ramassis confus d'événemens, une action informe, des situations invraisemblables, des épisodes décousus, des caractères mal tracés ou mal choisis : au lieu d'une intrigue filée avec art, une fable embrouillée ; au lieu de situations comiques, des farces de lanterne magique... Et le style! quand il devrait être noble et facile, il est obscur, boursoufflé et prétentieux ; quand il devrait être simple et gracieux, il est rocailleux et froid. Quant à la morale, il ne faut la chercher ni dans la fable, ni dans les caractères. Il n'y a d'autre morale que celle qui se trouve mal à propos délayée dans quelques longs sermons, car on ne peut donner d'autre nom aux soliloques dont est remplie cette comédie. Mais quelle morale!... Et au fait, quelle morale peut enseigner le poëte qui n'a pas étudié le cœur de l'homme, qui n'a pas observé quelle influence exercent sur le caractère particulier de chaque individu, le tempérament, l'âge, l'éducation, l'intérêt, la législation, les préjugés et les mœurs publiques! S'il ignore cela, et s'il manque aussi de cette sensibilité qui fait qu'un poëte sait se revêtir des affections qu'il doit peindre, et s'identifier avec les caractères qu'il copie d'après nature, quelle doctrine morale et quelle illusion devra-t-on attendre?

DON ANTONIO.

En effet, il en est ainsi, et c'est pour cela que, quand le théâtre devrait être l'école des mœurs et le temple du bon goût, il n'est chez nous que l'école de l'erreur et un magasin d'extravagances.

DON PÉDRO.

Mais n'est-ce pas une fatalité, qu'après tout ce qu'ont écrit les hommes les plus doctes de la nation, sur les vices du théâtre et la nécessité de sa réforme, et à l'aspect des progrès qu'a faits en Europe la poésie dramatique, il faille encore voir sur notre scène des spectacles si pitoyables? Que penseront de notre goût les étrangers qui verront la comédie de ce soir? Que diront-ils quand ils liront celles qui s'impriment continuellement.

DON ANTONIO.

Qu'ils disent ce qu'ils voudront, mon cher don

Pédro, ni vous ni moi ne pouvons y remédier. Il est certain que notre théâtre est dans le plus grand abandon, et il n'y a pas d'homme de bon sens qui l'ignore. Sa réforme est urgente et facile. Nos meilleurs esprits ne se sont pas contentés de déclamer contre son état actuel, ils ont encore donné, tant dans la carrière comique que dans la carrière tragique, des exemples de la manière dont on devrait écrire. Le public a reconnu le mérite de ces ouvrages; mais le théâtre continue comme auparavant d'être dans un état déplorable. Qu'y faire? rire ou enrager, il n'y a pas d'autre alternative... Eh bien! moi, j'aime mieux rire que m'impatienter.

DON PÉDRO.

Et moi pas, parce que je n'ai pas le sang-froid nécessaire pour cela. Les progrès de la littérature, cher don Antonio, intéressent beaucoup le pouvoir, la gloire et la conservation des empires. Le théâtre influe immédiatement sur le bon goût national; notre théâtre est perdu, et je suis bon Espagnol.

DON ANTONIO.

Malgré tout cela, quand on voit... Mais qu'est-ce donc qu'il y a de nouveau?

SCÈNE VI.

DON SÉRAPIO, ensuite DON HERMOGÈNES, les précédens.

DON SÉRAPIO.

Pipi! garçon!..... vite, vite, pour Dieu, un peu d'eau.

DON ANTONIO.

Qu'est-il arrivé ?

(Il se lève ainsi que don Pédro.)

DON SÉRAPIO.

Ne t'amuse pas, va vite.

PIPI.

J'y vais, j'y vais.

DON SÉRAPIO.

Dépêche-toi.

(Pipi suit don Sérapio avec un verre d'eau; en arrivant à la porte, il se heurte contre don Hermogènes qui entre précipitamment et laisse tomber le verre et l'assiette.)

PIPI.

Peste soit de l'homme! Pourquoi ne regardez-vous pas devant vous ?

DON HERMOGÈNES.

N'y a-t-il pas quelqu'un de vous qui ait sur lui un peu d'eau de mélisse, d'élixir odontalgique, d'alcali volatil, d'éther vitriolique, ou toute autre quintessence anti-spasmodique, pour réveiller le système nerveux d'une dame évanouie ?

DON ANTONIO.

Moi, non, je n'en ai pas.

DON PÉDRO.

Mais qu'est-il arrivé ? Est-ce un accident ?

SCÈNE VII.

DONA AGUSTINA, elle entre, pâle et défaite, soutenue par don SÉRAPIO et don ÉLEUTERIO. On la met sur une chaise ; PIPI lui apporte un autre verre d'eau, et elle boit un peu. DONA MARIQUITA et les précédens.

DON ÉLEUTERIO.

Oui, il vaut beaucoup mieux faire ce que dit don Sérapio.

DON SÉRAPIO.

Sans doute. Va, Pipi, cette dame pourra se reposer un peu sur ton lit....

PIPI.

Bah ! c'est un grabat qui....

DON ÉLEUTERIO.

N'importe.

PIPI.

Mon lit ! mon lit est une mauvaise paillasse, recouverte d'une serpillière.

DON SÉRAPIO.

Que fait cela ?

PIPI.

Et il a un fumet que.....

DON SÉRAPIO.

Cela ne fait rien. Elle y restera un moment, et nous verrons s'il est nécessaire d'appeler quelqu'un pour la saigner.

PIPI.

Fort bien. Si vous....

DONA AGUSTINA.

Non, il n'est pas nécessaire.

DONA MARIQUITA.

Vous sentez-vous mieux, ma sœur?

DON ÉLEUTERIO.

Est-tu un peu soulagée ?

DONA AGUSTINA.

Quelque peu.

DON SÉRAPIO.

Il faut convenir qu'un pareil coup n'était pas facile à supporter.

DON ANTONIO.

Mais ne pourra-t-on pas savoir ce qui s'est passé?

DON ÉLEUTERIO.

Que vous dirai-je, monsieur; que vous dirai-je qu'il y a des gens envieux et mal intentionnés qui... Allons, ne me parlez pas de cela, car... misérables quand ont-ils vu une comédie meilleure ?

DON PÉDRO.

Je ne comprends pas bien....

DONA MARIQUITA.

Monsieur, la chose est bien simple. Monsieur

que voilà est mon frère, mari de cette dame et auteur de cette maudite comédie qu'on a jouée ce soir... Nous sommes allés pour la voir : quand nous arrivâmes on en était déjà au second acte;.... on y voyait une tempête, et ensuite un conseil de guerre, et ensuite un bal, et ensuite un enterrement;.... si bien, enfin, qu'au bout de ce tintamarre, la dame paraissait donnant la main à un petit garçon, et elle et l'enfant enrageaient de faim; le petit garçon disait : Ma mère, donnez-moi du pain; et la mère invoquait Démogorgon et le chien Cerbère... De sorte donc, monsieur, qu'à notre arrivée on commençait cette scène entre la mère et le fils;... le parterre était effrayant.... Quelle agitation! quelles quintes de toux! quels éternumens! quels bâillemens! quel bruit confus de tous les côtés! Comme je le disais donc, monsieur, la dame entra; et à peine eut-elle dit qu'elle n'avait pas mangé depuis six jours; à peine l'enfant commença-t-il à demander du pain, et elle à dire qu'elle n'en avait pas, que le public, qui probablement était déjà fatigué de la tempête, du conseil de guerre, du bal et de l'enterrement, commença de nouveau à s'agiter en tumulte; le bruit augmente, on entend des mugissemens de côté et d'autre, et ensuite commence une telle décharge de battemens de mains, de coups donnés sur les bancs et sur les balustrades, qu'il semblait que la salle allait s'écrouler;... on baissa la toile, on ouvrit les portes, tout le monde sortit en se sauvant; ma sœur éprouva un tel serrement de cœur, que.... enfin elle est mieux, et c'est le principal. Tout cela a été prompt comme l'éclair : entrer dans la loge, et voir ce que je viens de conter, a été l'affaire d'un moment. Mon Dieu! mon Dieu! à quoi sont venus aboutir tant de projets? Je disais bien qu'il était impossible que....

DON ÉLEUTERIO.

Et il n'y aura pas de justice pour un tel méfait!... Don Hermogènes, mon ami don Hermogènes, vous savez bien ce qu'est la pièce; informez-en ces messieurs; tenez (*il lui donne la comédie*), lisez-leur tout le second acte, et qu'ils me disent si une femme qui n'a pas mangé depuis six jours a de bonnes raisons pour mourir; et s'il est mal à propos qu'un enfant de quatre ans demande du pain à sa mère. Lisez, lisez, et qu'ils me disent s'il y a de la conscience, et de l'honneur à m'avoir assassiné de cette manière.

DON HERMOGÈNES.

Moi, quant à présent, cher don Éleuterio, je ne puis me charger de la lecture du drame. Je suis pressé (*il pose la comédie sur la table*); nous verrons un autre jour, et....

DON ÉLEUTERIO.

Vous vous en allez?

DONA MARIQUITA.

Vous nous quittez ainsi?

DON HERMOGÈNES.

Si je pouvais, en quelque chose, contribuer par ma présence à votre soulagement, je ne bougerais pas d'ici; mais....

DONA MARIQUITA.

Ne vous en allez pas.

DON HERMOGÈNES.

Il m'est très-douloureux d'assister à un si cruel spectacle ; j'ai affaire : quant à la comédie, il n'y a rien à en dire ; elle est morte, et il est impossible qu'elle ressuscite. Cependant j'écris maintenant une apologie du théâtre, et je la citerai avec éloge ; je dirai qu'il y en a de plus mauvaises ; je dirai que si on n'y trouve ni règles, ni liaison, cela consiste en ce que l'auteur était un grand homme ; je tairai ses défauts....

DON ÉLEUTERIO.

Quels défauts ?

DON HERMOGÈNES.

Quelques-uns qui s'y trouvent.

DON PÉDRO.

Mais ce n'est pas là ce que vous disiez il y a peu d'instans.

DON HERMOGÈNES.

Ce fut pour l'encourager.

DON PÉDRO.

Et pour le tromper et le perdre. Si vous saviez que la pièce était mauvaise, pourquoi ne le lui dîtes-vous pas ? pourquoi, au lieu de lui conseiller de cesser d'écrire des pauvretés, portiez-vous aux nues le génie de l'auteur et cherchiez-vous à le persuader de l'excellence d'un ouvrage si ridicule et si méprisable ?

DON HERMOGÈNES.

Parce que monsieur manque de sindérèse pour comprendre la solidité de mes argumens, si j'essayais de lui persuader que sa comédie est mauvaise.

DONA AGUSTINA.

Ainsi donc elle est mauvaise?

DON HERMOGÈNES.

Très-mauvaise.

DON ÉLEUTÉRIO.

Que dites-vous?

DONA AGUSTINA.

Vous plaisantez, don Hermogènes, il n'est pas possible autrement.

DON PÉDRO.

Non, madame, il ne plaisante pas, il dit la vérité. La comédie est détestable.

DONA AGUSTINA.

Doucement, s'il vous plaît, monsieur. Autre chose est que monsieur le dise pour s'amuser, ou que vous veniez nous le répéter de cette manière. Vous serez sans doute un de ces érudits qui blasphèment tout, et qui ne trouvent rien de bon que ce qu'ils font, mais....

DON PÉDRO, à don Éleuterio.

Si vous êtes le mari de cette dame, faites-la taire, car, quoiqu'elle ne puisse m'offenser par ce qu'elle dit, c'est une chose ridicule qu'elle se mêle de parler de matières qu'elle n'entend pas.

DONA AGUSTINA, elle se leve en colère, son mari la fait rasseoir.

Que je n'entends pas? qui vous a dit que....

ACTE II, SCÈNE VII.

DON ÉLEUTERIO.

Pour Dieu, Agustina, ne te fâche pas; tu vois dans quel état tu es : du calme, au nom de Dieu. (*A don Hermogènes.*) Mais, mon ami, je ne sais que penser de vous.

DON HERMOGÈNES.

Pensez-en ce que vous voudrez : je pense de votre ouvrage, ce qu'en pense le public; mais je suis votre ami, et quoique j'aie prédit l'échec qu'elle a éprouvé, je n'ai pas voulu vous chagriner par avance; parce que, comme dit Platon et l'abbé Lampillas....

DON ÉLEUTERIO.

Qu'ils disent tout ce qu'ils voudront, ce que je dis, moi, c'est que vous m'avez trompé comme un misérable. Vous avez vu l'ouvrage scène par scène et vers par vers; vous m'avez exhorté à terminer les autres pièces que j'ai en manuscrit; vous m'avez comblé d'éloges et rempli d'espérances; vous m'avez fait croire que j'étais un grand homme; comment donc venez-vous maintenant me tenir un pareil langage? Comment avez-vous eu le cœur de m'exposer aux sifflets et aux brocards de ce soir?

DON HERMOGÈNES.

Vous êtes faible et pusillanime à l'excès. Pourquoi l'exemple ne vous encourage-t-il pas? Ne voyez-vous pas ces auteurs qui composent pour le théâtre? avec quelle fermeté imperturbable ils supportent les caprices de la fortune! Ils écrivent, on les siffle, et ils recommencent à écrire; on les ressiffle, et ils récrivent. Oh! âmes grandes, pour qui les sifflets sont une harmonie et les malédictions des louanges.

DONA MARIQUITA, *se levant avec impatience.*

Et que voulez-vous dire par-là?.... La patience me manque, et je ne puis me taire plus long-temps.... Que voulez-vous dire? que mon pauvre frère recommence encore....

DON HERMOGÈNES.

Ce que je veux dire, c'est que je suis pressé et que je m'en vais.

DONA AGUSTINA.

Allez-vous-en, et mettez sur vos tablettes que vous ne nous avez pas connus. Quelle indignité!... (*Elle se lève avec colère et s'avance vers don Hermogènes. Don Sérapio la retient.*) Je ne sais comment je ne lui donne pas.... Allez-vous-en.

DON HERMOGÈNES.

Gent ignorante!

DONA AGUSTINA.

Allez-vous-en.

DON ÉLEUTERIO.

Misérable!

DON HERMOGÈNES.

Malheureuse canaille!

SCÈNE VIII.

Les mêmes, excepté DON HERMOGÈNES.

DON ÉLEUTERIO.

Ingrat! imposteur! après ce que nous avons fait pour lui.

DONA MARIQUITA.

Vous voyez, ma sœur, ce qui a résulté de tout cela! je l'avais bien dit. Voyez s'il m'aimait; quel homme! après m'avoir leurré si long-temps de belles paroles; et, ce qui est pire, après m'avoir fait manquer l'occasion de me marier avec cet apothicaire, qui du moins est honnête homme, qui ne sait pas le latin et ne cite pas sans cesse les auteurs ; comme ce mauvais sujet. Ne suis-je pas bien malheureuse avec mes seize ans de ne point être encore établie, grâces à votre maudite obstination à vouloir me marier avec un érudit, sachant tant de choses... Voyez ce que sait le renégat, Dieu me pardonne, me faire manquer un établissement, tromper mon frère, et nous abreuver tous de chagrins.

DON ANTONIO.

Ne vous désolez pas, mademoiselle, tout s'arrangera. Vous avez du mérite, et vous ne manquerez pas de partis beaucoup meilleurs que celui que vous avez perdu.

DONA AGUSTINA.

Il faut que tu aies un peu de patience, Mariquita.

DON ÉLEUTERIO, se levant avec vivacité.

C'est moi qui ai besoin de patience, car ce qui m'arrive me met au désespoir.

DONA AGUSTINA.

Mais, mon ami, il faut considérer....

DON ÉLEUTERIO.

Tais-toi, ma femme, tais-toi, pour Dieu ! car tu es aussi....

DON SÉRAPIO.

Non, non, le mal est que nous n'avons pas prévu à temps ce qui devait arriver ; mais je promets bien au sellier balafré et à ses camarades, que la première fois que nous les attraperons, la plus belle bastonnade qu'ils aient jamais reçue, leur... La comédie est bonne, mon ami, rapportez-vous-en à moi, la comédie est bonne. Tout est venu de ce que ceux de l'autre théâtre se sont réunis, et...

DON ÉLEUTERIO.

Je pense bien que la comédie n'est pas si mauvaise, et qu'il y a beaucoup de cabale ; mais ce qui me...

DON PÉDRO.

Êtes-vous encore dans une pareille erreur, monsieur Éleuterio ?

DON ANTONIO, à don Pédro.

Laissez-le.

DON PEDRO.

Je ne veux pas le laisser : il me fait compassion. Et surtout c'est un trop grand excès de stupidité, qu'après ce qui est arrivé, monsieur soit encore dans la persuasion que son ouvrage est bon. Et comment le serait-il ? comment auriez-vous pu le rendre tel ? qu'avez-vous étudié ? qui vous a enseigné l'art ? quels modèles vous êtes-vous proposé d'imiter ? Ne voyez-vous pas que dans tous les arts il y a une méthode d'enseignement, et des règles à suivre et à observer ; que ces règles doivent être l'objet d'une étude constante et laborieuse, et que sans ces conditions unies au talent, jamais il ne se formera de grands artistes, parce qu'on ne peut savoir ce qu'on n'a pas appris ? Eh bien, vous qui n'avez rempli aucune de ces conditions, à quel titre prétendez-vous avoir fait quelque chose de bon ? Quoi ! il n'y a donc qu'à se mettre à écrire, vaille qui vaille, à brocher en huit jours un imbroglio, à le mettre en mauvais vers, à le donner au théâtre, et puis dire : Me voilà auteur ? C'est donc là tout ce qu'il faut pour composer des comédies ? Pour en faire de semblables à la vôtre ou aux autres qui lui ressemblent, assurément il faut peu de talent, peu d'étude et peu de temps ; mais pour les faire bonnes, croyez-moi, il faut toute la vie d'un homme, un esprit très-supérieur, une étude infatigable, une observation continuelle, de la sensibilité, un jugement exquis, et encore n'est-on pas sûr d'arriver à la perfection.

DON ÉLEUTERIO.

Fort bien, monsieur ; tout ce que vous dites est juste ; mais maintenant ce n'est pas de cela qu'il s'agit : si vous me voyez désespéré et confondu, c'est parce que tout me manque à la fois ; c'est parce que j'ai perdu mon temps ; que la comédie ne me vaudra pas un sou; que j'ai dépensé à la faire imprimer plus que je ne possédais, et.....

DON ANTONIO.

Non, avec le temps, les exemplaires se vendront.

DON PÉDRO.

Ils ne se vendront pas, non, monsieur. Le public n'achète pas chez les libraires les pièces qu'il a sifflées sur le théâtre : ils ne se vendront pas.

DON ÉLEUTERIO.

Eh bien, voyez, ils ne se vendront pas, et je perds cet argent; et d'un autre côté... mon Dieu! mon Dieu! monsieur, je serai tout ce que vous voudrez, un mauvais poëte, un imbécile... mais je suis un honnête homme. Ce fripon de don Hermogènes m'a escroqué tout ce que j'avais pour payer ses dettes et sortir de ses mauvaises affaires; il m'a entraîné dans de nouvelles dépenses; et maintenant il me laisse dans l'impossibilité de m'acquitter, comme je le devrais, avec mes nombreux créanciers.

DON PÉDRO.

Mais vous n'avez qu'à leur souscrire une obligation de les payer petit à petit, suivant l'emploi ou le revenu que vous avez, et en vous assujettissant à une sévère économie.....

DONA AGUSTINA.

Que parlez-vous d'emploi et de revenu, monsieur, le pauvre malheureux n'en a aucun.

DON PÉDRO.

Aucun?

ACTE II, SCÈNE VIII.

DON ÉLEUTERIO.

Non, monsieur : j'ai été employé dans un bureau de loterie, ensuite je me mis au service d'un gentilhomme indien, qui mourut peu de temps après. Je quittai le service, et je me mis à écrire des comédies, parce que ce don Hermogènes vint me tourner la tête....

DONA MARIQUITA.

Maudit soit-il.

DON ÉLEUTERIO.

Et si je pouvais dire : Je suis seul, vogue la galère ! mais j'ai une femme, une sœur et des enfans.

DON ANTONIO.

Combien en avez-vous ?

DON ÉLEUTERIO.

Quatre, monsieur, dont l'aîné ne passe pas cinq ans.

DON PÉDRO.

Il a des enfans. (*A part.*) Quelle pitié !

DON ÉLEUTERIO.

Oh ! si ce n'était de cela....

DON PÉDRO.

Malheureux !... J'ignorais, mon ami, que du succès de votre ouvrage dépendît le sort de cette pauvre famille. J'ai eu aussi des enfans, je n'en ai plus ; mais je sais ce qu'est le cœur d'un père... Dites-moi, savez-vous compter ? écrivez-vous bien ?

DON ÉLEUTERIO.

Oui, monsieur. Pour ce qui est des comptes, je crois que je m'y entends passablement. Chez mon maître, car tel que vous me voyez, j'ai été valet de chambre chez mon maître, dis-je, il n'y avait d'autre majordome que moi ; c'était moi qui conduisais la maison, car ces messieurs n'entendent rien à ces choses... et je me suis toujours comporté comme tout le monde sait. Oh! quant à cela, pour ce qui est de la délicatesse... il n'y a personne qui...

DON PÉDRO.

Je le crois volontiers.

DON ÉLEUTERIO.

Quant à l'écriture, j'ai appris à l'école ; j'ai fait assez de progrès, et je sais même un peu d'orthographe. J'ai ici.... (*Il tire de sa poche un papier.*) Voyez..... ceci écrit un peu vite, parce que c'est une tonadille que l'on devait chanter demain..... Ah ! mon Dieu !

DON PÉDRO.

L'écriture me plaît, elle me plaît beaucoup.

DON ÉLEUTERIO.

Oui, monsieur ; il y a une petite introduction ; ensuite viennent les couplets satiriques avec leur refrain ; puis on finit par....

DON PÉDRO.

Je ne parle pas de cela, mon cher ; je ne parle pas de cela ; je veux dire que le caractère de l'écriture est fort bon : quant à la tonadille, elle est nécessairement cousine germaine de la comédie.

DON ÉLEUTERIO.

Oui.

ACTE II, SCÈNE VIII.

DON PÉDRO.

Il faut que vous renonciez à toutes ces niaiseries.

DON ÉLEUTERIO.

Je le vois bien, monsieur; mais je crois que le diable.....

DON PÉDRO.

Il faut absolument oublier ces folies; c'est une condition formelle que j'exige de vous. Je suis riche, fort riche, et je ne verse pas des larmes stériles sur les malheurs de mes semblables. Le triste état où vous ont réduit vos extravagances a besoin d'autre chose que de réflexions et de conseils, il exige des secours efficaces et prompts. Demain toutes les dettes que vous pouvez avoir seront payées par moi.

DON ÉLEUTERIO.

Monsieur, que dites-vous?

DONA AGUSTINA.

Vraiment, monsieur? O mon Dieu!

DONA MARIQUITA.

Vraiment?

DON PÉDRO.

Je veux faire plus. J'ai plusieurs terres dans les environs de Madrid; je viens d'y placer un jeune homme de mérite, qui s'entend parfaitement à diriger une exploitation rurale. Si vous voulez, vous pourrez aller vous instruire auprès de mon majordome, qui est un homme très-estimable; et dès demain vous pouvez compter sur une fortune proportionnée à vos besoins. Madame devra contribuer de son côté à rendre heureux le nouveau sort que je vous propose. Si elle a soin de sa maison; si elle élève bien ses enfans; si elle remplit convenablement les devoirs d'épouse et de mère, elle verra qu'elle sait tout ce qu'il faut savoir, et tout ce qui convient à une femme de son état et à sa position. Vous, mademoiselle, vous n'avez rien perdu en ne vous mariant pas avec ce pédant de don Hermogènes; car, d'après ce que nous avons vu, c'est un misérable qui vous aurait rendue malheureuse. Et, si vous dissimulez un peu l'envie que vous avez de vous marier, je ne doute pas que vous ne trouviez bientôt quelque homme de bien qui s'attache à vous; en un mot, je ferai en votre faveur tout le bien que je pourrai; il n'y a pas à en douter : en outre j'ai de très-bons amis à la cour, et.... Croyez-moi, mon caractère est un peu âpre, mais j'ai le cœur très-compatissant.

DONA MARIQUITA.

Quelle bonté !

(Tous trois veulent se jeter aux genoux de don Pédro qui les en empêche.)

DON ÉLEUTERIO.

Que de générosité !

DON PÉDRO.

Ce n'est que de la justice. Celui qui secourt la pauvreté délaissée, en sauvant un malheureux du désespoir, et peut-être du crime, fait son devoir, et rien de plus.

DON ÉLEUTERIO.

Je ne sais comment je pourrai jamais payer tant de bienfaits.

DON PÉDRO.

Si vous êtes reconnaissant, je suis assez payé.

DON ÉLEUTERIO.

Pardonnez, monsieur, les folies que j'ai dites, et la manière dont j'ai mal à propos....

DONA AGUSTINA.

Nous avons été bien imprudens.

DON PÉDRO.

Ne parlons plus de cela.

DON ANTONIO.

Ah! don Pédro, quelle leçon vous m'avez donnée ce soir !

DON PÉDRO.

Vous vous moquez; tout autre aurait fait la même chose en pareille circonstance.

DON ANTONIO.

Votre caractère me confond.

DON PÉDRO.

Eh! nos humeurs sont un peu différentes; mais nous sommes bons amis, n'est-il pas vrai?

DON ANTONIO.

Qui ne voudrait pas être votre ami?

DON SÉRAPIO.

En vérité! je suis ivre de joie!

DON PÉDRO.

Je suis plus content que vous encore; car il n'y a pas de plaisir comparable à celui qui résulte d'une bonne action. Prenez votre comédie, qu'elle n'aille pas se perdre ici, et servir de passe-temps aux plaisans qui la trouveraient.

DON ÉLEUTERIO.

Au diable la comédie, ma docilité et ma sottise! (*Il déchire la comédie.*) *Amen!* Demain, dès le point du jour, je fais un feu de joie de tout ce que j'ai d'imprimé ou de manuscrit, et je ne veux pas qu'il reste un seul vers dans la maison.

DONA MARIQUITA.

Je fournirai les allumettes.

DONA AGUSTINA.

Et moi je jetterai les cendres au vent.

DON PÉDRO.

C'est ainsi qu'il en doit être. Vous avez été long-temps trompé, mon ami; votre amour-propre, la nécessité, l'exemple et le manque d'instruction, vous ont fait écrire des sottises. Le public vous a donné une leçon très-dure, mais très-utile, puisqu'elle vous ouvre les yeux. Plût à Dieu que tous ceux qui, aujourd'hui, tyrannisent et corrompent le théâtre par la maudite fureur d'être auteurs, puisqu'ils extravaguent comme vous, vous imitassent du moins dans votre retour à la raison!

FIN DU DEUXIÈME ET DERNIER ACTE.

NOTES

SUR

LA COMÉDIE NOUVELLE.

---

(1) *Tonadille*, petit acte composé de quatre ou cinq scènes ; espèce de proverbe en musique qui se joue dans l'un des entr'actes de la première pièce, ou entre la grande pièce et le saynète.

(2) *Saynète*, petite pièce en un acte, d'un genre très-bouffon, qui termine ordinairement le spectacle.

LE BARON,

COMÉDIE EN DEUX ACTES.

> Noli adfectare quod tibi non est datum,
> Delusa ne spes ad querelam recidat.
>
> PHÈDRE.

NOTICE

SUR

LE BARON.

Cette comédie fut dédiée au prince de la Paix. La dédicace contient un grand éloge de sa générosité et de son goût éclairé pour les arts. Moratin, en entreprenant de réformer le théâtre espagnol, payait encore tribut à l'usage d'après lequel un auteur devait s'appuyer du patronage d'un grand seigneur; usage, qui, forçant Moratin à prodiguer l'encens au plus méprisable des protecteurs, n'était propre qu'à rabaisser l'écrivain et à décréditer la louange.

Une préface placée en tête de la pièce avertit le lecteur qu'elle fut composée pour un théâtre de société où elle ne put être représentée; qu'elle circula manuscrite dans le pu-

blic; que quelques individus eurent l'idée de se l'approprier et de la faire représenter avec des changemens de leur façon; qu'alors le véritable auteur se décida à la revoir et à la publier sous son nom. Cette petite ruse littéraire, au moyen de laquelle un auteur cherche à se conserver les honneurs de la modestie, est si connue chez nous, qu'elle n'y atteindrait plus son but; mais on conçoit que Moratin, luttant contre le goût de son époque, et mettant au jour une pièce faite selon des règles étrangères à la scène espagnole, ait éprouvé quelque défiance et se soit presque excusé de la publier. Cette préface, au reste, n'est pas sans intérêt, puisqu'elle offre un exposé des principes de Moratin sur l'art dramatique : « L'auteur, dit-il, aspirant
» toujours à mériter l'assentiment du public, a
» tâché de s'assujettir aux préceptes que l'art
» enseigne, préceptes sans lesquels des génies
» bien supérieurs n'ont produit que de mau-
» vais ouvrages. Si cet ouvrage, était ac-
» cueilli au théâtre avec indulgence, ce serait
» une preuve de plus qu'une fable simple et
» vraisemblable, des caractères imités direc-
» tement de la nature, des mœurs nationales,

» de la vivacité dans le dialogue, une simplicité
» élégante dans le style, du comique, une
» morale sage et surtout praticable, suffisent
» pour acquérir à un poëte dramatique l'es-
» time générale. D'autres peuvent, s'il leur
» plaît, suivre une carrière différente; mais il
» est difficile de leur prédire un succès égale-
» ment heureux. »

Après avoir montré une sorte de timidité au commencement de sa préface, peut-être Moratin montre-t-il, en la terminant, un excès de confiance. Il est bien peu d'ouvrages qui réunissent les qualités dont il fait l'énumération, et la comédie du *Baron* n'est point de ce nombre. Si l'auteur avait mieux étudié notre théâtre, il aurait senti que son principal personnage était trop abject, que ce ne sont point des ridicules ni des travers qu'il lui a prêtés, mais des vices odieux et des délits qui ne sont point du ressort de la comédie, mais plutôt du ressort des tribunaux. Enfin le style, comme celui des autres comédies que Moratin a écrites en vers, est bien moins facile que celui de ses comédies en prose; il n'est pas de lecteur qui, même dans la traduction, ne puisse en faire la différence.

Il y aurait cependant de l'injustice à juger cet ouvrage d'après les convenances scrupuleuses de notre théâtre; et, pour bien en apprécier le mérite, il faut songer à ce qu'était la comédie en Espagne avant Moratin.

LE BARON.

PERSONNAGES.

DON PÉDRO.
Mme. MONIQUE, *veuve*.
ISABELLE.
LÉONARD.
LE BARON.
FERMINA.
PASCAL.

La scène est à Illescas, dans une salle de la maison de madame Monique.

LE BARON.

ACTE PREMIER.

SCÈNE PREMIÈRE.

Une salle de village assez ornée. Une porte à droite, conduisant hors la maison, une autre à gauche, communiquant dans l'intérieur, et une autre dans le fond, avec un escalier pour monter au premier.

LÉONARD, FERMINA.

LÉONARD.

Oui, Fermina ; je ne sais d'où vient cet étrange changement, et à peine puis-je croire qu'en trois semaines d'absence mon sort, qui était si digne d'envie, soit devenu si déplorable. Quels mystères y a-t-il ici ? pourquoi Isabelle refuse-t-elle de me voir ? pourquoi sa mère, qui m'a donné tant de preuves d'estime, me congédie-t-elle et m'accable-t-elle d'injures ? Malheureux ! que n'ai-je pas à craindre ! Mais, dis-moi, ce baron qui est installé ici......

FERMINA.

Le baron ?

LÉONARD.

Oui ; que prétend-il ? quels sont ses projets ?

FERMINA, regardant derrière elle avec inquiétude.

Il m'est impossible de m'arrêter un seul instant.

LÉONARD.

Mais, dis-moi.....

FERMINA.

C'est que si ma maîtresse vient et qu'elle nous rencontre, il y aura du bruit.

LÉONARD.

Aussitôt que j'aurai appris de ta bouche les causes de mon malheur, je m'en irai. Dis....

FERMINA.

En ce cas, voici l'histoire. Vous saurez qu'il y a deux mois, ou peu s'en faut, que le baron de Montespino arriva à Illescas ; il se logea dans l'auberge en face. Étant si voisin, il nous parlait de sa fenêtre, et nous entretenait de choses insignifiantes : Le temps se met au beau... il fait un soleil superbe.... les punaises me tourmentent horriblement.... j'ai été promener hier soir, et le barbier chanta de très-jolies chansons.... C'est ainsi qu'il commença. Il vint ici une demi-douzaine de fois ; la liaison devint ensuite plus étroite. Il parlait de ses vassaux, de ses titres, de ses rentes, de ses procès contre le roi, de ses mules, etc. Ma maîtresse l'écoutait avec attention et ravissement, et tout ce qu'il disait lui paraissait admirable. Le diable fit qu'à cette époque vous vous mîtes dans la tête d'aller voir votre cousin, et en vérité vous ne pouviez jamais prendre plus mal votre temps.

ACTE I, SCÈNE I.

LÉONARD.

Étant si près de Tolède, et mon cousin étant dangereusement malade, je ne pouvais me dispenser.....

FERMINA.

Je ne sais..... mais je vais finir, de peur qu'on nous entende. Notre baron continua de faire ici de fréquentes visites ; toujours auprès de mes maîtresses, leur faisant mille courbettes, très-soumis avec la jeune, très-attentif avec la vieille, si bien qu'elle s'est tout-à-fait coiffée de lui. Il lui a rempli la tête de chimères ; la pauvre femme ne peut vivre ni goûter un instant de repos sans son baron ; et lui, fort de la haute idée qu'on a de lui, se plaignant souvent que l'auberge est sale, qu'on le sert mal, que les coqs ne le laissent pas dormir, qu'il n'y a dans sa chambre ni chaises, ni table, il a su si bien faire, et ma maîtresse a été si sotte, qu'elle a envoyé chercher l'héroïque porte-manteau du baron, et qu'elle a pris dans sa maison les mesures les plus efficaces pour que sa seigneurie dînât, soupât, déjeunât et dormît tout à son aise. Depuis lors il est le maître, on lui a cédé les appartemens d'en-haut. Il vient dîner, il monte dormir la sieste ; il revient faire une partie, ou va faire un tour de promenade avec ces dames ; ensuite on rentre, il rafraîchit, il soupe sans s'inquiéter de rien, remonte chez lui et se couche. Voilà sa vie. Le motif qui l'a amené ici a été (suivant ce qu'il dit, mais bien sot qui le croit) je ne sais quelle affaire d'honneur comme on en voit dans les romans, des persécutions, des jalousies de cour, des rivalités avec je ne sais qui, qui l'obligent de courir à l'aventure; enfin, mensonges sur mensonges mal cousus ensemble. Voilà ce qui se passe; maintenant, concluez-en ce que vous voudrez. Isabelle vous aime bien; mais le diable la circonvient quelquefois, et....

LÉONARD.

Oui, sa mère parviendra à la vaincre; elle la forcera à m'oublier, à lui obéir malgré elle;.... malgré elle ! mais qui me répond de sa constance? qui sait si, oubliant déjà celui qui l'aima si sincèrement, elle ne donnera pas avec joie sa main à un inconnu? Ah! Dieu! (*il va pour sortir, et revient.*) Mais toi, qui t'intéresses à mon amour, tâche que je puisse lui parler; dis-lui le chagrin qu'elle me cause; dis-lui, enfin, qu'il n'y a pas d'amant, quelque malheureux qu'il soit, qui, s'il n'est pas digne d'être aimé, ne mérite du moins qu'on le désabuse.

SCÈNE II.

FERMINA seule.

Pauvre jeune homme! je crains bien que ce baron te joue un mauvais tour. Et après tant d'années d'illusions trompeuses, tant de soupirs perdus, tant d'heures passées à rôder devant la maison, tes projets amoureux se réduisent en fumée; et c'est cela qu'on appelle aimer? C'est une véritable vie de galère.

SCÈNE III.

Mme. MONIQUE, FERMINA.

Mme. MONIQUE.

Fermina, as-tu été dire à mon frère de venir à l'instant?

FERMINA.

Oui, madame.

Mme. MONIQUE.

Il tarde beaucoup.

FERMINA.

Il est un peu lent.

Mme. MONIQUE.

C'est cependant pour une chose urgente.

FERMINA.

Pourquoi donc?

Mme. MONIQUE.

Certes, tu es bien curieuse.

FERMINA.

Mais, madame, c'est tout simple. Quel saint fêtez-vous donc, aujourd'hui? La palatine, la belle robe, le collier de corail...

Mme. MONIQUE.

Tais-toi, folle.

FERMINA.

En vérité, si le défunt vous voyait....

Mme. MONIQUE.

Quel défunt?

FERMINA.

Celui qui est en terre.

Mme. MONIQUE.

Qui ?

FERMINA.

Mon maître, qui, pendant sa vie, ne put obtenir que vous vous missiez une ceinture, et qui vous appelait négligente, malpropre, mal habillée....

Mme. MONIQUE.

Si tu ne te tais, je te casserai les jambes, bavarde !

FERMINA.

Je....

Mme. MONIQUE.

Coquine !

FERMINA.

Si....

Mme. MONIQUE.

Que signifient ces paroles ?

FERMINA.

Madame, c'est lui qui parlait ainsi, et les voisins s'en souviennent encore ; parbleu ! je ne l'invente pas : il est certain qu'il se mettait souvent à crier d'une force à épouvanter toute la maison. Il vous appelait imbécile....

Mme. MONIQUE.

Tais-toi !

FERMINA.

Et....

Mme. MONIQUE.

Tais-toi !

FERMINA.

C'est bon !

SCÈNE IV.

DON PÉDRO, les précédentes.

DON PÉDRO.

Holà! qui dispute ici?

Mme. MONIQUE.

C'est avec cette pécore.

FERMINA.

Ma maîtresse se fâche contre moi parce que je dis la vérité, et parce que....

Mme. MONIQUE.

Sors à l'instant!

FERMINA.

Parce que je dis que mon maître....

Mme. MONIQUE.

Va-t'en!

FERMINA.

Eh bien! je m'en vais.

Mme. MONIQUE.

Ne reviens pas que je ne t'appelle; et que je ne te surprenne pas à écouter à la porte!

SCÈNE V.

DON PÉDRO, Mme. MONIQUE.

DON PÉDRO.

Il paraît, ma sœur, qu'il s'agit ici d'une affaire de conséquence. Comme je connais tes vivacités, je ne me suis pas beaucoup pressé de venir (*il s'assied*); mais tout est réparé, puisqu'enfin je suis arrivé. De quoi s'agit-il?

Mme. MONIQUE.

Je désire seulement que tu me donnes de l'argent.

DON PÉDRO.

Pourquoi?

Mme. MONIQUE.

Pour un besoin urgent.

DON PÉDRO.

Des besoins urgens... toi? Soit; combien te faut-il?

Mme. MONIQUE.

Si tu avais cent doublons?

DON PÉDRO.

Certainement, je les ai. Mais fais bien ton compte, et songe qu'il ne faudra pas beaucoup d'avances pareilles pour en finir avec l'argent que tu m'as confié. Tu m'as donné douze mille réaux; retranches-en la moitié, il reste six mille réaux, pas davantage.

Mme. MONIQUE.

Je le sais bien.

ACTE I, SCÈNE V.

DON PÉDRO.

Eh bien, demande, c'est ton bien ; et si tu veux tout, je suis prêt à te le donner.

Mme. MONIQUE.

Non, je ne veux pas tout ; tu me donneras cent doublons.

DON PÉDRO.

Il y a donc urgence ?

Mme. MONIQUE.

Oui, j'en ai besoin, et je ne veux pas te dire comment, quand, ni pourquoi.

DON PÉDRO.

Eh bien, moi, je soupçonne que tu as envie de le dire.

Mme. MONIQUE.

De le dire, moi ? Ne crois pas cela.

DON PÉDRO.

Non ? à la bonne heure, n'en parlons plus.

Mme. MONIQUE.

Il serait plaisant que l'argent étant à moi, chaque fois que j'ai quelque chose à dépenser, il fallût te demander l'argent et la permission.

DON PÉDRO.

Tu n'as pas tort.

Mme. MONIQUE.

Il semble que tu voudrais me tenir comme en tutelle : excellente prétention !

DON PÉDRO.

Certes ; et c'est vraiment une entreprise difficile

que de vouloir commander à une veuve si fraingante et si dégourdie, avec sa palatine et sa belle jupe.

Mme. MONIQUE.

Est-ce que je ne peux pas, quand il me plaît, porter mes ajustemens?

DON PÉDRO.

Si ; mais je suis dans l'admiration de les voir paraître au jour après qu'ils ont passé un demi-siècle dans le coffre.

Mme. MONIQUE.

Puisque je les ai, je veux m'en servir.

DON PÉDRO.

C'est une résolution très-sage, d'autant plus que l'élégance et la parure conviennent à une dame, dans la maison de laquelle est logée la personne d'un baron.

Mme. MONIQUE.

Cela est vrai. J'entends bien le sens détourné de tes paroles. Eh bien, oui, je le loge dans ma maison, et il ne lui en coûte pas un sou pour manger et loger ici. Je lui fais les honneurs de chez moi, et je voudrais les lui faire si bien, que, loin d'éprouver aucune privation, il ne regrettât pas son hôtel, son faste et ses richesses.

DON PÉDRO.

Ses richesses !... Le pauvre baron !... Et quelle mauvaise étoile a réduit sa seigneurie à être habitant d'Illescas? De quelle maladie sont morts ses laquais? Sur quelle côte s'est rompu son carrosse, et où a-t-il perdu sa bague et son cordon? Quels sont les Égyptiens qui lui ont soufflé son bagage? Quels malheurs a-t-il éprouvés pour être arrivé sans bas et sans chapeau ? Ne pourras-tu pas répondre à ces questions ?

Mme. MONIQUE.

Je n'y trouverais pas la moindre difficulté.

DON PÉDRO.

Mais est-ce que tu veux me laisser toujours dans les mêmes doutes ?

Mme. MONIQUE.

Oui ; penses de lui ce que tu voudras, peu importe.

DON PÉDRO.

Mais en effet, ma sœur, à parler franchement, est-ce un cavalier illustre ?

Mme MONIQUE.

De la première noblesse d'Espagne, très-estimé dans les cours étrangères, cousin de tous les ducs.

DON PÉDRO.

Diable !

Mme. MONIQUE.

Et il est en ligne directe petit-fils de je ne sais quel roi.

DON PÉDRO.

Voilà une jolie parenté !

Mme. MONIQUE.

Si tu le connaissais, tu verrais comme sa conversation est charmante, combien il est poli, affable, affectueux avec tout le monde, et surtout désintéressé !

DON PÉDRO.

Ceci est l'attribut de la naissance.

Mme. MONIQUE.

Mais le pauvre cavalier, mon Dieu ! quand il raconte ses malheurs.....

DON PÉDRO.

Quels malheurs ?

Mme. MONIQUE.

Il ferait pleurer le marbre. Il a été gouverneur, je ne sais si ce n'est pas de Genève.... enfin, c'est dans les Indes; et un comte, frère d'une duchesse, belle-sœur de son cousin, un coquin, une mauvaise langue, l'a mis mal avec le roi.

DON PÉDRO.

Ah ! le scélérat !

Mme. MONIQUE.

Et, par suite de cette calomnie, il se voit obligé de déguiser sa grandeur et d'errer de côté et d'autre; mais Dieu voudra sans doute que la vérité soit connue, et alors.... Si tu voyais quel bonté a pour moi ce bon seigneur ! Il me montre toutes ses lettres, et comme il y en a qui sont en langue étrangère et qui viennent de France et même de plus loin, pour que je sache ce qu'elles disent, il me les explique toutes en espagnol. Mais quelles choses on lui écrit !

DON PÉDRO.

Quoi donc ?

Mme. MONIQUE.

Des choses excellentes.

DON PÉDRO.

Diable !

ACTE I, SCÈNE V.

Mme. MONIQUE.

On lui dit de s'en aller à Londres ou en Angleterre, et que le roi de ce pays lui donnera beaucoup d'argent et en outre des terres; mais lui ne veut pas sortir d'Espagne.

DON PÉDRO.

Eh bien, il a tort. Pourquoi ne va-t-il pas tout de suite toucher ces espèces? que peut-il espérer? Qu'un jour, dans quelque rue détournée, on le reconnaisse, on l'enlève et on lui coupe la tête par quelque malentendu.

Mme. MONIQUE.

Non; suivant les dernières nouvelles, ses affaires prennent meilleure tournure, et il croit pouvoir, dans peu, montrer si clairement son innocence, que l'imposteur qui l'a dénoncé sera peut-être relégué à Ceuta.

DON PÉDRO.

C'est tout naturel... Mais dis-moi, pour parler d'une chose qui nous intéresse davantage, et dont il convient de s'occuper, que faisons-nous de ta fille?

Mme. MONIQUE.

Rien.

DON PÉDRO.

Rien? Es-tu disposée à la marier avec Léonard? Je le suppose.

Mme. MONIQUE.

Non; ce n'est pas mon intention.

DON PÉDRO.

Comment? et pourquoi la girouette a-t-elle tourné?

Mme. MONIQUE.

Parce que c'est comme cela.

DON PÉDRO.

Veux-tu donc la faire mourir fille ?

Mme. MONIQUE.

Qu'y a-t-il de si pressant à la marier ?

DON PÉDRO.

Parbleu ! l'idée n'est pas mauvaise ! Qu'y a-t-il de si pressant ? Vraiment, ce n'est rien ! Tu ne te souviens donc plus, ma sœur, de l'époque où tu as eu quinze ans ! Qu'y a-t-il de si pressant ! L'idée est excellente, sur ma vie !

Mme. MONIQUE.

J'ai raison de parler ainsi.

DON PÉDRO.

Allons, tu commences à déraisonner, et ces matières demandent de la mesure et de la prudence. Il faut qu'elle se marie.

Mme. MONIQUE.

Eh bien, je ne veux pas que ce soit avec un pauvre diable.

DON PÉDRO.

Fort bien ; mais considère que si elle se marie à mon goût, tout ce que j'ai est à elle ; que Léonard est un jeune homme plein de mérite et d'excellentes qualités; que son oncle lui a donné à Madrid une éducation parfaite, et que quand cet oncle vint à mourir, Léonard renonçant aux idées d'ambition, considérant que le produit de ses terres bien administrées, et surtout la modération de ses désirs pourraient le faire vivre heureux, vint réclamer l'offre que tu lui avais faite de le marier avec Isabelle... Ils le désirent tous deux; tout le village célèbre déjà cette union projetée : tu as promis et.....

Mme. MONIQUE.

Oui ; mais ensuite on réfléchit mieux... Enfin... je sais ce que j'ai à faire : ne viens pas ici me sermonner.

DON PÉDRO.

Non, sans doute ; tu feras ce que tu voudras; mais songe qu'elle est ta fille : ne la tyrannise pas, ne force pas sa volonté, et ne t'imagine pas qu'avec des cris et des violences tu pourras éteindre en un jour une inclination honnête que le temps et l'habitude ont rendue inaltérable.

Mme. MONIQUE.

Ne crains rien, je sais ce qui lui convient.

DON PÉDRO.

Adieu.

(Ils se lèvent tous deux.)

Mme. MONIQUE.

Bonjour.

DON PÉDRO.

Quelle tête ! Je vais compter les six mille réaux et j'emmène le domestique avec moi pour qu'il les rapporte. Au revoir.

Mme. MONIQUE.

Le voilà bien intrigué.

SCÈNE VI.

Mᵐᵉ MONIQUE, LE BARON..

LE BARON.

Bien le bonsoir, madame.

Mᵐᵉ. MONIQUE.

Je suis votre servante, monsieur le baron.

LE BARON.

La sieste a duré aujourd'hui plus long-temps qu'à l'ordinaire.

Mᵐᵉ. MONIQUE.

Quoi! non, monsieur.... A trois heures j'étais déja à tricoter. Mon alcôve est une fournaise... et la chaleur me tient éveillée de telle sorte que....

LE BARON.

Certainement.... Vous manquez ici d'appartemens d'été.... Mais cela doit être, ces maisons sont si mal construites!... Êtes-vous restée long-temps à Madrid?

Mᵐᵉ. MONIQUE.

Fort peu; à peine y ai-je été un mois.

LE BARON, se promenant.

Alors, c'est un hasard si vous avez vu mon hôtel.

Mᵐᵉ. MONIQUE.

Dans quelle rue est-il?

ACTE I, SCÈNE VI.

LE BARON.

C'est une grande maison de pierre tout-à-fait difforme.

Mme. MONIQUE.

Dans quelle rue ?

LE BARON.

Et j'ai l'intention de la faire démolir aussitôt que je serai de retour.

Mme. MONIQUE.

Pourquoi ?

LE BARON.

Pour la refaire à la moderne.

Mme. MONIQUE.

Ce serait dommage.

LE BARON.

Pas du tout : outre que les jaspes et les porphyres qu'on en retirera pourront servir, le plus que je pourrai y dépenser, ce sera environ trois millions... et encore cela n'ira pas là.

Mme. MONIQUE.

Et où est cet hôtel ?

LE BARON.

Mon projet est de le réduire le plus possible; et d'après les plans qui me sont arrivés d'Antuerpia, il sera plus petit et bien mieux disposé ; une colonnade ouverte circulaire, et dans l'entrée des sphynx, des groupes et des grilles. Grande façade, perrons magnifiques, cinq portes, péristyle égyptien.... et ensuite un jardin avec allées d'arbres, serres, étangs, cascades, grottes, jets d'eau, labyrinthe, autels, cénotaphes, belles statues, temples, ruines.... enfin quelques bagatelles de bon goût... et sur le sommet de la colline qui domine le jardin, un belvéder de marbre de Florence avec des voûtes de cristal, au milieu d'une plantation d'orangers du Pérou.

Mme. MONIQUE.

Mon Dieu, quelle magnificence !

LE BARON.

Tout cela est à vous, vous serez servie là comme une reine. Mon palais, mes sorbets, mes perroquets, ma table, mes carrosses d'ivoire avec des ressorts à la chinoise, tout est pour vous.

Mme. MONIQUE.

Monsieur, tant de bonté me confond.

LE BARON.

Vous méritez et je vous dois davantage, puisque vous avez été pour moi, dans ma mauvaise fortune, l'Iris de paix et il est juste qu'une si grande obligation soit reconnue.... Mais dites-moi, car entre nous la réserve et le mystère sont déplacés, ce certain jeune homme qui se promène dans notre rue et qui observe attentivement nos fenêtres, qui peut il être ? il est nouvellement dans ce village.

Mme. MONIQUE.

De manière, monsieur le baron, que....

LE BARON.

Cette nuit,... je ne sais si vous étiez éveillée... il était tard, j'entendis une guitare et ensuite une romance de Gazul, certain Maure qui se plaint de ce que sa belle Maure le dédaigne pour un nouveau galant. Ne me direz-vous pas....

Mme. MONIQUE.

Si monsieur. (*A part.*) Bon Dieu ! je suis morte ! j'ai beau m'efforcer.

LE BARON.

Enfin, pourrai-je savoir qui il est ?

Mme. MONIQUE.

Oui, monsieur, oui.... Voyez-vous.... comme il est d'ici...

LE BARON.

D'Illescas ?

Mme. MONIQUE.

Oui, monsieur, et il revient maintenant de Tolède,... mais quant à elle.... Non, monsieur,... jamais...

LE BARON.

J'entends.

Mme. MONIQUE.

C'est un sot, qui se met dans la tête que.... Oui, mais la première chose que j'ai dite à Isabelle : « Quand il reviendra, souviens-toi qui ne doit pas mettre le pied ici. »

LE BARON.

Excellente précaution ! si la charmante Isabelle ne l'aime pas, qu'il ne s'avise pas de venir.

Mme. MONIQUE.

Comment l'aimerait-elle ? Non, monsieur, il n'en est rien. Ne serait-ce pas une belle extravagance ?.... Je ne dis pas que cette jeune personne mérite un marquis...

LE BARON.

Il n'est rien qu'elle ne mérite, Mme. Monique !.... elle est très-belle, très-aimable.... apprenez que je m'intéresse beaucoup, beaucoup à sa félicité.... Adieu, il n'est pas encore temps que je vous en dise davantage; mais il viendra enfin le jour de mon bonheur et du vôtre.

(Il lui prend la main et la lui serre très-affectueusement.)

SCÈNE VII.

Mme. MONIQUE, ensuite FERMINA.

Mme. MONIQUE.

Il n'y a pas à en douter, il l'aime éperdument, cela est clair, très-clair.... et l'autre drôle !... qu'il revienne, soit de jour, soit de nuit, se mettre en sentinelle devant la maison, je lui promets.... Quel bonheur! mais qui me l'aurait dit il y a deux mois? et maintenant les grandes dames d'Illescas, les femmes d'hidalgos, qui sont plus vaines; plus.... Mon tour est enfin arrivé.... les orgueilleuses ! elles enrageront bien quand elles le sauront. Fermina!

FERMINA, derrière la coulisse.

Madame.

Mme. MONIQUE.

Où est Isabelle ?

FERMINA, entrant sur le théâtre.

Dans la salle à manger.

ACTE I, SCÈNE VII.

Mᵐᵉ. MONIQUE.

Seule?

FERMINA.

Toute seule.

Mᵐᵉ. MONIQUE.

Et que fait-elle là?

FERMINA.

Elle se promène en long et en large, soupire, pleure un peu, s'assied, reste immobile un moment, se met à coudre, quitte son ouvrage, recommence à pleurer....

Mᵐᵉ. MONIQUE.

Que signifie tout cela?

FERMINA.

Qu'elle n'est pas très-contente.

Mᵐᵉ. MONIQUE.

Pourquoi?

FERMINA.

Parce que.... je ne sais, parce que... des folies, des idées de jeunesse...

Mᵐᵉ. MONIQUE.

Tu ne sais donc pas d'où viennent cette inquiétude et ces pleurs?

FERMINA.

Moi! si.

Mᵐᵉ. MONIQUE.

Eh bien, dis-le, qu'attends-tu?

FERMINA.

Que vous me promettiez de m'écouter avec beaucoup de douceur.

Mme. MONIQUE.

Ne me laisse pas dans l'impatience.

FERMINA.

Que si je dis quelque chose qui vous choque, vous ne me traitiez pas si durement....

Mme. MONIQUE.

Allons.

FERMINA.

Qu'il n'y ait pas de disputes.

Mme. MONIQUE.

Dépêche-toi.

FERMINA.

Et que je n'aille pas payer les fautes des autres.

Mme. MONIQUE.

As-tu fini?

FERMINA.

Je commence, puisque vous m'en donnez la permission. Le mal qu'elle éprouve est de l'amour, et puisqu'il faut que je m'explique clairement, c'est vous qui êtes la cause de sa peine.

Mme. MONIQUE.

Moi?

FERMINA.

Oui, madame; Léonard...

Mme. MONIQUE.

Ne me prononce pas son nom, si tu ne veux pas me mettre en colère.

FERMINA.

Fort bien, si cela vous fâche, qu'il n'en soit plus

question. Eh bien, ce jeune homme, fils de dame Manuela, à qui dans un autre temps vous fîtes tant de caresses et d'amitiés; ce jeune homme, comme tout le monde peut le voir, a une jolie figure, il est aimable et galant, il sait exprimer les peines qu'il éprouve, il a plu à votre fille... C'est une chose très-naturelle et très-fondée en raison, et celui qui s'en étonnerait n'entendrait rien à ces sortes d'affaires. Et en effet, n'est-ce donc rien? Jeunesse, esprit, galanterie, qualités estimables, sermens d'amour et de constance éternelle, comment tout cela n'inspirerait-il pas de l'amour? Car enfin, nous ne sommes pas de pierre, et ensuite...

Mme. MONIQUE.

Ne m'en dis pas davantage.

FERMINA.

Je me tairai comme une morte. Si les autres se taisaient aussi; mais les gens de ce village ont bonne langue....

Mme. MONIQUE.

Eh bien, qu'est-ce?

FERMINA.

Rien.

Mme. MONIQUE.

Ne viens pas ici me faire des mystères.

FERMINA.

Comme il y a tant de coquins, tant d'esprits de travers, on dit que... Mais, silence. Je ne veux pas bavarder.

Mme. MONIQUE.

Que dit-on?

FERMINA.

Ce matin, là-bas, près de l'église, un certain individu de votre connaissance.... le nom ne fait rien à l'affaire, m'appela et me dit : Friponne que tu es, de ne nous avoir rien dit....

SCÈNE VIII.

PASCAL et les précédentes.

Mme. MONIQUE.

Que veux-tu? (*Pascal tient à la main un petit paquet enveloppé de papier; aux premiers mots de Mme. Monique, il retourne vers la porte par où il est entré.*) Voyez donc cet imbécile! Je t'ai déjà dit de ne pas venir qu'on ne t'appelle.... Entends-tu?

PASCAL.

C'est bon.

Mme. MONIQUE.

Tu dois rester dans la pièce où sont les chiens.

PASCAL.

C'est bon.

Mme. MONIQUE.

Et que jamais il ne t'arrive de monter quand je suis à parler avec quelqu'un. Souviens-toi de ce que je te dis.

PASCAL.

C'est bon.

ACTE I, SCÈNE VIII.

Mme. MONIQUE.

Voyez donc cette manière.

PASCAL.

C'est que, comme je....

Mme. MONIQUE.

Dis donc, que tiens-tu là?

PASCAL.

Un paquet.

Mme. MONIQUE.

Quoi?

PASCAL.

Un papier.

Mme. MONIQUE.

Mais, qui.... Appelle-le, sotte. (*Fermina va vers la porte pour arrêter Pascal.*) Qu'est cela?

PASCAL.

C'est un cornet de papier.

Mme. MONIQUE.

Vois donc quel flegme! Donne-le.

PASCAL.

Je m'en vais avec les chiens.

Mme. MONIQUE.

Il me fera perdre la patience. N'est-ce pas mon frère qui te l'a donné?

PASCAL.

Oui, madame.

Mme. MONIQUE.

Eh bien! qu'attends-tu? Donne-le moi et va-t'en.

(Elle lui prend le papier des mains.)

PASCAL, à part en s'en allant.

Elle se fâche toujours, quand....

Mme. MONIQUE.

Que chantes-tu ?

PASCAL.

Quand... on a beau faire pour le mieux... jamais on ne réussit.

SCÈNE IX.

Mme. MONIQUE, FERMINA.

Mme. MONIQUE.

Continue ton récit.

FERMINA.

Voilà ce qu'il me disait : Ça, le mariage du baron et d'Isabelle est donc arrangé. Moi, monsieur, je ne sais rien de cela, lui dis-je. — Comment, tu ne sais rien. Va donc conter cela à ta grand'mère : tu te tais, parce que tu sens la sottise que veut faire ta maîtresse ; mais déjà on ne parle pas d'autre chose dans tout le village. Tout le monde dit que, poussée par l'intérêt, elle tyrannise sa fille et lui fait violence. D'où lui est venue à cette vieille folle l'idée de s'allier à des marquis et à des princesses. A-t-elle jamais eu, dans sa haute et basse parenté, autre chose que des laboureurs? Que demande-t-elle de plus, que prétend-elle? Pourquoi ne marie-t-elle pas Isabelle avec un homme de sa classe, qui lui donne un état honorable et qui soit homme de bien, car l'honneur vaut mieux que les grandeurs, au lieu de la donner à un fripon tombé des nues, tellement que personne ne peut dire dans Illescas qui il est, ni d'où il vient, ni où il va, ni ce qu'il attend ? Un galopin, qui doit être baron comme je suis abbesse ; un va-nu-pieds, qui arriva sans culottes et sans bas, et qui, héritier de ton maître, se promène sans aucune vergogne dans le village, paré de beaux habits qui ne sont pas à lui. Un animal ! ah ! si celui qui est en terre pouvait lever la tête, s'il voyait tant de désordres dans sa maison ; le pauvre homme ! il n'est pas mort de la goutte, il est mort de cette maudite femme qui fut son purgatoire sur la terre, ridicule, ennuyeuse, écervelée, sotte et vieille....

Mme. MONIQUE.

Allons, tais-toi, c'est assez. Qu'ils disent ce qu'ils voudront ; c'est l'envie qui les fait parler, pas autre chose.

FERMINA, à part.

Tu viens d'entendre joliment ton fait. (*Haut.*) Sans doute c'est pure envie.

Mme. MONIQUE.

Je ferai ce qui me plaira.

FERMINA.

Assurément.

Mme. MONIQUE.

Je n'ai pas besoin qu'aucun d'eux vienne me régenter.

FERMINA.

Certes !

Mme. MONIQUE.

Je vois bien qu'ils sont désespérés, les coquins!... Enfin Dieu m'accordera de les voir confondus, de m'éloigner d'eux, et de ne jamais revenir dans ce maudit village.

FERMINA.

Oui? Mon Dieu! quelle excellente résolution, madame! et où irons-nous?

Mme. MONIQUE.

Que tu es sotte! à Madrid.

FERMINA.

Quel plaisir!..... à Madrid.... quoi, vraiment, à Madrid? avec le baron?

Mme. MONIQUE.

Sans doute.

FERMINA.

Que mademoiselle sera contente! que nous serons tous heureux! A Madrid! (*A part.*) Pauvre Isabelle, voilà ton arrêt prononcé. (*Haut.*) Le baron, madame.

Mme. MONIQUE.

Va-t'en... Ah! écoute... secoue un peu ces robes que j'ai tirées du coffre, et fais venir le tailleur.

SCÈNE X.

Mme. MONIQUE, LE BARON. Il entre tout pensif, avec des papiers à la main.

Mme. MONIQUE.

Je suis charmée de vous voir. Qu'y a-t-il de nouveau ? Vous ne répondez pas ? Ah ! monsieur....

LE BARON.

Comme les soucis et les peines viennent se mêler aux plus grandes félicités ! Cet individu dont je vous ai parlé plusieurs fois, qui se rend à Madrid sous un déguisement, qui examine et observe tout, qui voit mes gens et conduit toute la correspondance, vient d'arriver.

Mme. MONIQUE.

Oui ? et a-t-il apporté quelque bonne nouvelle ?

LE BARON.

Voilà une lettre de ma sœur ; si vous voulez, vous pouvez la lire.

Mme. MONIQUE reçoit la lettre et se met à la lire.

« Mon cher frère, j'ai reçu ta dernière lettre
» avec la bague de diamans que tu m'envoies de
» la part de cette dame, à qui tu feras, en mon
» nom, les remercîmens les plus empressés. Tu
» l'assureras du vif désir que j'ai de la connaître,
» et tu lui diras aussi que je ne lui envoie rien
» en ce moment, afin qu'elle ne croie pas que je
» veux payer ses attentions et les services qu'elle te

» rend, par des présens qui, quelque précieux qu'ils
» fussent, seraient toujours bien inférieurs à la
» sincère affection que je lui porte. Notre cousin
» l'archevêque d'Andrinople a écrit de Cacabelos,
» et il paraît que dans peu il arrivera à son dio-
» cèse. Mille complimens de la part du connétable
» et du marquis de Famagosta son gendre. Tu peux
» penser quelle a été notre joie en voyant ton in-
» nocence reconnue et tes ennemis punis. Le roi
» désire te voir; il en est de même de tes amis
» et parens, et plus qu'eux tous, de ta sœur bien-
» aimée,

» La vicomtesse DE MOSTAGAN. »

Juste ciel! quel bonheur! je vous en félicite mille fois. Grâces soient rendues à Dieu!

(Elle lui rend la lettre.)

LE BARON.

Ah! madame!

Mme. MONIQUE.

Quel chagrin vous trouble au milieu de tant de félicité?

LE BARON.

Le plus grand, le plus funeste pour moi..... Voyez cette lettre, vous y trouverez l'arrêt de ma mort.

(Il lui donne une autre lettre.)

Mme. MONIQUE, lisant.

« Décidément, mon cher neveu, tes affaires se
» sont arrangées comme nous le désirions. Hier
» on a publié la résolution du roi. Il déclare in-

» justes toutes les charges énoncées contre toi, et
» le comte de la Péninsule, ton accusateur, est
» condamné à une prison perpétuelle dans le châ-
» teau des Sept-Tours. Je fais disposer en toute
» hâte les carrosses et les laquais qui doivent t'aller
» chercher. Cependant, je dois te rappeler que ton
» mariage avec dona Violante de Quincozes, fille du
» marquis d'Utrique, capitaine général des îles
» Philippines et de la côte Patagonique, ne présente
» plus aucune difficulté depuis l'arrangement de
» cette affaire, qui l'avait retardé jusqu'à présent.
» Le chevalier Wolfang de Remestein, chef d'es-
» cadre de l'Empereur, qui se trouve à Madrid
» à son retour des bains de Trillo, sera le parrain,
» et nous attendons avec impatience la conclusion
» de cette alliance, à laquelle s'intéressent beau-
» coup les deux familles. Reçois, en attendant, mes
» félicitations, et compte sur l'estime de ton oncle,

» Le prince DE SYRACUSE. »

Eh bien ! d'après cela ?....

LE BARON.

Vous voyez (*Il reprend la lettre, qu'il remet avec les autres*) comment se traitent et s'arrangent, entre les grands seigneurs, les affaires d'une telle conséquence. Parce qu'elle apporte en dot cinq bourgs et quatorze hameaux, et pour que notre héritier puisse ajouter dans son écusson, à mes tours d'argent et à mes bannières noires, deux aigles, sept griffons verts et neuf couleuvres, il faut que je perde ma liberté !....... Si je pouvais me résoudre..... Et pourquoi pas? Que le prince de Syracuse pense ce qu'il lui plaira, et que le sénéchal dise ce qu'il voudra, mon choix est libre.... Mais que faire dans une position si restreinte, dans un misérable village.... où il n'y a ni négocians ni courtiers, où l'on ne peut faire accepter des lettres de change?..... Allons, c'est une affaire manquée.... Si au moins on connaissait ma signature, je tirerais sur Smyrne ou sur Philadelphie pour une somme de dix mille rixdalers, et alors.....

Mme. MONIQUE.

Et alors?

LE BARON.

Je prendrais mon parti : j'éviterais qu'on me trouvât ici; je laisserais tout disposé; je me rendrais avec la plus grande diligence à Montespino, qui est à dix-sept lieues d'ici : vous y viendriez aussi; et un dimanche, dans une petite chapelle secrète, nous nous marierions.

Mme. MONIQUE.

Qui?

LE BARON.

Comment! vous ne devinez pas quel est l'objet de mon amour? Isabelle.

Mme. MONIQUE.

Monsieur!

LE BARON.

Pour elle je dédaignerais tout.

Mme. MONIQUE.

Permettez.

(Elle veut se mettre à genoux, le baron l'en empêche.)

ACTE I, SCÈNE X.

LE BARON.

Que faites-vous?

Mme. MONIQUE.

Je voudrais parler; et je ne puis, tant est grande la surprise,... et le plaisir.... Dieu soit béni!

LE BARON.

Ne vous étonnez pas de la violence de ma passion; la beauté et la modestie sont bien puissantes. Mais Isabelle a-t-elle pu apprendre combien son hôte appréciait son mérite? a-t-elle connu combien il désirait lui plaire? sait-elle, par hasard....

Mme. MONIQUE.

Isabelle, monsieur, n'est nullement une sotte; et quoique je ne lui aie jamais parlé que d'une manière très-indirecte,... il était certainement impossible qu'elle ne remarquât pas en vous une grande inclination pour elle.

LE BARON.

Votre frère, que pense-t-il de moi? que dit-il? a-t-il su quelque chose?

Mme. MONIQUE.

Il en soupçonne du moins la plus grande partie; car il ne manque pas de malice.... Mais... bah!... il n'y a pas moyen de compter sur lui pour la moindre chose: nous sommes toujours en contestation; et, comme vous le voyez, il vient fort rarement chez moi. C'est un homme extravagant, et....

LE BARON.

Mais c'est votre frère; et il ne serait pas convenable d'aller plus loin sans lui en faire part. D'ail-

LE BARON,

leurs, il me revient une idée... que vous ne devriez pas oublier. Je me souviens qu'une fois, en nous entretenant sur ce sujet, vous me dîtes qu'il aime beaucoup Isabelle, et qu'il songe à lui donner une dot.... Combien ?

Mme. MONIQUE.

Il peut lui donner beaucoup, s'il veut. Oh! si...

LE BARON.

Comment donc ? est-ce qu'il ne voudra pas ?

Mme. MONIQUE.

Il est bien bizarre.

LE BARON.

Voilà qui me surprend beaucoup. Il ne voudra pas? Mais quand Isabelle ne montre pas de répugnance; quand, vous, vous témoignez tant de joie; et quand moi, je veux....

Mme. MONIQUE.

Monsieur, ne vous formalisez pas; ce sont des originalités qui lui sont particulières.

LE BARON.

N'importe, il faut qu'il le sache.

Mme. MONIQUE.

C'est inutile.

LE BARON.

Pourquoi? Il convient que je le voie; je lui parlerai.

Mme. MONIQUE.

Fort bien; mais n'espérez pas qu'il cède; il est très-entêté.

ACTE I, SCÈNE X.

LE BARON.

Et si cette crainte nous arrête, que croyez-vous que nous puissions faire? Supposez que voilà mon train qui arrive; que le village se remplit de plumets et de livrées; que mon cousin l'archiduc, sans que je puisse m'en défendre, m'emmène à Madrid.... Et Isabelle ? et mon amour ?... Quand un grand seigneur se trouve sans argent, mon Dieu, qu'il est petit! Maudit argent!

Mme. MONIQUE.

Si pour votre fuite il suffisait de.... Mais la somme est si modique, que je suis presque honteuse de vous l'offrir. J'ai ici cent doublons; s'ils pouvaient vous servir...

(Elle présente le papier que lui a donné Pascal; le baron le prend et le garde.)

LE BARON.

Donnez.... C'est de l'or? Bien ; fort bien... Je partirai comme je pourrai ;... sur une mule... Aussitôt mon arrivée, je donnerai mes ordres pour que mon majordome amène une voiture, qui s'arrêtera à l'auberge, et qui n'arrivera ici que quand tout le monde sera endormi. Il vient, il vous avertit; vous serez en mesure de manière à partir d'ici à deux heures du matin , par la fraîcheur; et au grand galop de six chevaux, vous êtes à huit heures et demie à Montespino; mon chapelain nous dit une messe très-courte ; il nous fiance, s'il le faut même il nous marie, et à dix heures vous êtes ma mère.

Mme. MONIQUE.

Mais, monsieur...,.

LE BARON.
Qu'est-ce qui vous inquiète ?

Mme. MONIQUE.
Rien... Est-ce un songe ?

LE BARON.
Il faut que vous prépariez tout ce qui est nécessaire; de mon côté je vais faire toutes les diligences.... Adieu.

Mme. MONIQUE.
Fort bien. (*A part, en s'en allant.*) Je ne sais ce que j'éprouve ; je suis hors de moi ;... folle, folle,... et je tremble depuis les pieds jusqu'à la tête.

SCÈNE XI.

LE BARON seul, se promenant.

Je suis las de mentir. Cette vieille a beau dire.... il faut que je le voie.... S'il doit finir par donner la dot, qu'il se dépêche; car je suis pressé... je palpe les espèces, et adieu Illescas; adieu, vous tous imbéciles ; je m'en vais quelque part, où je ne vous reverrai jamais. Oui,... morbleu ! Car ce nouvel amant, qui vient nous épier, ne me plaît pas du tout.

SCÈNE XII.

LE BARON, FERMINA, elle porte différens ajustemens de femme qu'elle pose sur une chaise; elle s'approche de la porte et appelle.

FERMINA.

Pascal!

LE BARON.

Dis-moi, quelles sont ces parures?

FERMINA.

Ce sont des vêtemens de ma maîtresse, qu'il faut avec toute la dextérité possible agrandir, rapetisser, doubler, raccommoder, garnir, défigurer de manière à ce qu'ils paraissent à peu près neufs... et madame voulait absolument que je fisse tout cela moi-même.... joli ouvrage! comme s'il n'y avait pas de tailleurs!

LE BARON.

Pauvre Fermina!

FERMINA, appelant.

Pascal!... je suis sûre qu'il est au cabaret, à regarder le portrait de Charlemagne. Pascal!

LE BARON.

Je lui dirai de venir.

FERMINA.

Non, monsieur, j'irai moi-même.

LE BARON.

Mais puisque je sors, il ne m'en coûte pas davantage de le prévenir.

FERMINA.

Bien des remercîmens.

SCÈNE XIII.

LE BARON, FERMINA, PASCAL, qui entre au moment où le baron va sortir.

LE BARON.

Dis-moi, Pascal, pourrais-je en ce moment voir don Pédro sans le déranger?

PASCAL.

Comme il a coutume de se coucher après souper et qu'il soupe tantôt tard, tantôt de bonne heure, et tantôt.... en conséquence, c'est un bon moment pour le voir.

LE BARON.

Oui.

PASCAL.

Je veux dire que, s'il est rentré chez lui, alors... Mais, s'il n'est pas revenu, nécessairement il...

LE BARON.

J'entends....

PASCAL.

De manière....

LE BARON.

Adieu. Voilà d'excellentes explications!

(Il sort.)

PASCAL.

Tu m'appelais?

FERMINA.

Oui ; tout de suite, à l'instant, il faut d'un saut aller chez le tailleur.

PASCAL.

J'y vais.

(Il va pour sortir et revient.)

FERMINA.

Écoute donc, imbécile. Je ne t'ai pas dit ce que tu avais à lui dire; pourquoi tant te presser?

PASCAL.

C'est pour qu'on ne me dise pas que je suis un paresseux et un lourdaud.

FERMINA.

Dis-lui qu'il vienne à l'instant même, que ma maîtresse l'attend, entends-tu?

PASCAL.

Oui.

FERMINA.

Eh bien, cours et ne t'arrête pas.

SCÈNE XIV.

ISABELLE, FERMINA.

ISABELLE.

Fermina, Léonard va venir. Je l'ai vu au travers de la jalousie, il se disposait à monter. Je veux lui parler... peut-être pour la dernière fois. Ma mère, qui est maintenant à faire ses prières dans sa chambre, nous en offre l'occasion. Toi... oui, Fermina, que je te doive ce bienfait, si tu m'aimes bien..... tu te tiendras dans ce corridor ; observe si ma mère vient ou si elle appelle, ou si quelqu'un entre du dehors, et avertis-moi... qu'on ne nous surprenne pas ensemble, car tout serait perdu. Feras-tu cela pour moi ?.... Mais il vient.... Chère amie, ne t'arrête pas ici.... Va.

FERMINA.

J'y vais.

SCÈNE XV.

LÉONARD, ISABELLE.

LÉONARD.

Isabelle !

ISABELLE.

Léonard ! qui me l'aurait dit ? Léonard !

LÉONARD.

Et qui, en te quittant si aimante et si tendre, aurait pu craindre de trouver tant de chagrins à son retour ? Ce temps si court a suffi...

ISABELLE.

Ton absence a été bien fatale.

LÉONARD.

Eh bien, que je sache enfin aujourd'hui quel est mon malheur, quel est mon sort... dissipe les doutes qui me tonrmentent. Dis-moi s'il est possible que ce

ACTE I, SCÈNE XV.

que tout le monde soupçonne soit vrai; si ces larmes m'annoncent ton amour et si je dois les croire.

ISABELLE.

Léonard, l'occasion ne te permet pas de perdre le peu d'instans que nous pouvons passer ensemble, à élever sur ma foi des doutes qui sont autant d'offenses; autrement, j'aurais beaucoup à te dire, mais lorsque le temps manque, les plaintes sont superflues. Je t'ai aimé et je t'aime.... Dieu sait quelle violence je me fais pour te le dire, et ce que souffre une femme honnête, lorsqu'il faut que sa bouche prononce ce qui devrait rester enseveli dans le silence. Je t'aime et je vais te perdre.

LÉONARD.

Peux-tu me parler ainsi !... Tu n'attends rien de moi !

ISABELLE.

Ce qui jusqu'à présent n'était qu'une crainte vague, est maintenant l'évidence. Ma mère s'irrite, rien qu'en entendant ton nom; elle ne veut pas que tu passes le seuil de notre porte; elle défend même aux domestiques de te saluer, et.... Mais que faut-il davantage ? A l'instant même elle vient de m'annoncer cet hymen abhorré.... Malheureuse que je suis !

LÉONARD.

Ne crains rien.

ISABELLE.

Et il doit se faire sous peu, à ce que j'ai pu comprendre. Elle a la tête perdue, elle est hors d'elle-même..... Que pourrons-nous faire ? quelle espérance nous reste ?

LÉONARD.

Mais, Isabelle, chère maîtresse de mon cœur! quelle étrange douleur t'accable? toi malheureuse, quand je vis, quand je suis près de toi!.... Ne me témoigne pas tant de craintes; ne m'ôte point mon courage; songe qu'il pourrait m'abandonner, en te voyant désespérée et inondée de larmes. Je verrai ta mère, et, si la passion donne quelque éloquence, je saurai la convaincre; ou, si je voyais nos espérances trompées, l'amour est fécond en expédiens, et rien ne m'arrêtera, Isabelle, étant sûr d'être aimé de toi.

ISABELLE.

Tu es résolu à lui parler?

LÉONARD.

Oui.

ISABELLE.

Que pourras-tu lui dire, qui suffise pour atteindre le but que tu te proposes?

LÉONARD.

Ce que je lui dirai? Que si elle persiste à te rendre malheureuse, à te vendre à une opulence imaginaire, à donner ta main à un imposteur, à manquer à tant de promesses, à se rire de moi,... elle entreprend une chose difficile : je lui dirai que tu es à moi; que le barbare qui prétend me priver de toi en rompant les nœuds que l'amour a formés, paiera tant d'audace de son sang et de sa vie. Si tel est le but où il aspire, qu'il expose sa poitrine à mon épée, et qu'il apprenne que, pour m'enlever l'objet de ma tendresse, il ne lui suffit pas de mentir, de

ACTE I, SCÈNE XV.

tromper et de séduire, il faut encore combattre et vaincre. Tu seras la récompense du courage : puisqu'on méprise ton choix et tes larmes, que le moins heureux succombe sous les coups de son ennemi.

ISABELLE.

Est-ce bien là ce que tu dois faire ?

LÉONARD.

Oui, ou bien il faut consentir à perdre en un moment tant d'années d'espérance, de tendresses réciproques, d'un amour si pur... Mais tâchons de bien employer des instans précieux... Je vais lui parler. Adieu. Notre triste situation demande de la résolution, de l'audace, et non de timides plaintes.

ISABELLE.

Tous tes efforts seront vains. Tu vas l'irriter et non la convaincre.

LÉONARD.

Non, elle cédera.

ISABELLE.

Tu connais mal son obstination.

LÉONARD.

Si cette obstination est si grande et que ce moyen ne réussisse pas, il m'en reste d'autres plus efficaces.

ISABELLE.

Moyens cruels ! sanglans !...

LÉONARD.

Qui aime comme moi peut tout tenter. Il y va pour moi d'un intérêt trop cher pour que je puisse hésiter et craindre quoi que ce soit : mon Isabelle m'est trop précieuse pour m'exposer à la perdre.

(Il lui prend la main avec tendresse.)

ISABELLE.

Léonard, mon ami... je ne sais que dire... fais ce que tu voudras. Dans un tel péril, toi seul sais ce qui convient le mieux. Moi, malheureuse ! que puis-je faire ? pleurer... Adieu. Fasse le ciel que je te revoie bientôt plus heureux, et que nos douleurs reçoivent quelque adoucissement !

LÉONARD.

La fortune a toujours favorisé l'audace, et le lâche qui la redoute l'a toujours trouvée contraire.

FIN DU PREMIER ACTE.

ACTE DEUXIÈME.

SCÈNE PREMIÈRE.

LE BARON seul.

Le diable soit de l'homme. (*Il s'assied près d'une table sur laquelle il y a deux lumières.*) Quand nous n'avons pas besoin de lui, il est au lit à quatre heures du soir; et aujourd'hui qu'il est intéressant pour moi de le voir, il ne rentre pas. Oh! si à compte de la dot il voulait donner une certaine quantité d'onces.... ce serait un grand coup!... Il est vrai que le vieillard est très-fin, très-rusé.....

SCÈNE II.

LE BARON, LÉONARD qui entre en se parlant à lui-même.

LÉONARD.

Quelle femme! quel caractère! quelle ignorance! quelle insensibilité! (*Approchant du baron.*) Ah!....

LE BARON, à part.

Mauvaise rencontre! voilà ce démon qui va m'avaler.

LÉONARD.

Monsieur le baron.

LE BARON, se levant.

Quoi ! qu'y a-t-il ?

LÉONARD.

Quatre mots.

LE BARON.

Dites-en quatorze et asseyez-vous, car il ne convient pas que.....

LÉONARD.

Du tout, du tout; je suis bien ainsi : savez-vous qui je suis ?

LE BARON.

Moi ? non ; mais il suffit de vous voir pour connaître que vous êtes un homme d'importance. Prenez un siége.

(Il s'assied.)

LÉONARD.

J'ai déjà dit que non.

LE BARON.

Bien.

LÉONARD.

On m'appelle Léonard ; je suis un habitant de ce village : cette jeune personne m'aime....

LE BARON.

Quelle jeune personne ?

LÉONARD.

Isabelle.

LE BARON.

Ah !

ACTE II, SCÈNE II.

LÉONARD.

Je l'aime; on veut faire violence à sa volonté, et, franchement, ce projet m'irrite. Isabelle vous déteste de tout son cœur; et penser un seul instant que, parce que sa mère est une sotte et vous un seigneur ou un escroc (car j'ignore lequel des deux); penser, dis-je, pour cette raison, qu'elle et moi devions souffrir une si grande offense, c'est folie. De nous deux, un seul doit l'obtenir : en conséquence, si vous êtes... (qui en doute?) un homme d'honneur, et que vous vous trouviez offensé par celui qui prétend vous disputer l'amour d'une dame, aujourd'hui, à minuit, je vous attends derrière les murs, près du chemin; là nous verrons lequel des deux.....

LE BARON.

Quelle folie! Eh! non, monsieur, je ne veux pas vous tuer, non.

LÉONARD.

Bien des remercîmens; mais il faut que cela soit.

LE BARON.

Il faut que cela soit? et à minuit?

LÉONARD.

Sans faute.

LE BARON.

Là-bas, derrière les murs de....

LÉONARD.

Oui, à environ une portée de fusil d'ici..... Mais si vous voulez, je vous attendrai sur la place : nous irons ensemble.

LE BARON.

Non, vraiment. J'irai seul..... cela me cause..... assurément il est pitoyable, pour un enfantillage.... Que diantre! ôter la vie à un homme aussi estimable que vous!

LÉONARD.

Que cela ne vous inquiète pas.

LE BARON.

Quel âge avez-vous?

LÉONARD.

Celui qui suffit pour ne pas craindre la mort.

LE BARON.

Avez-vous une mère?

LÉONARD.

Oui, et des sœurs... Et vous, qu'avez-vous? Est-ce sagesse ou peur? comment cela s'appelle-t-il?

LE BARON.

Moi, peur?

LÉONARD.

Je dis que cela pourrait arriver.

LE BARON.

Quelle témérité! quelle insulte!

(Il se lève avec vivacité.)

LÉONARD.

N'avez-vous pas peur? Eh bien, en ce cas, j'espère que M. le baron viendra au rendez-vous.

LE BARON.

Sans doute.

LÉONARD.

A minuit.

LE BARON.

C'est l'heure indiquée par vous... J'irai à minuit.

LÉONARD.

Adieu.

(Il va pour sortir et revient.)

LE BARON.

Bonjour.

LÉONARD.

J'ai encore quelque chose à vous dire, afin que vous n'en prétendiez cause d'ignorance. Songez que si vous me manquez de parole, cette plaisanterie vous coûtera cher, et qu'en quelque lieu que je vous rencontre, seul ou accompagné, avec ou sans arme, dans la rue ou autre part, dans une maison, à l'église, je vous passe mon épée au travers du corps.

SCÈNE III.

LE BARON seul, se promenant.

Nous voilà bien... Moi, sortir pour aller à un rendez-vous! et cet individu a un air à faire ce qu'il dit.... Moi, sortir.... je sortirai, mais reste à savoir pour où aller.... si l'air sec d'Illescas m'est contraire... ce n'est pas que j'aie peur... il a vu à ma figure que je ne suis pas un spadassin.... mais pour ce qui est de m'en aller sans jouer un tour à ce vieux coquin... non, certes... Est-ce que par hasard on serait plus malin à Illescas qu'à

Triana? (*Il tire sa montre.*) Huit heures... mais s'il m'attend en effet, s'il s'impatiente de ne pas me voir, s'il me rencontre ensuite et qu'il me... la chose vaut la peine d'y penser... Allons, voilà l'autre qui arrive.

SCÈNE IV.

DON PÉDRO, LE BARON.

LE BARON.

La servante vous a sans doute dit que j'avais été pour vous voir; il aurait mieux valu qu'on m'avertît, et je serais passé chez vous.

DON PÉDRO

Moi, on ne m'a rien dit, et ce n'est pas pour vous que je viens. Je voulais parler un peu à ma sœur d'un conte qu'on vient de me faire ; c'est un de ces propos comme il en court dans le village : le public est passablement méchant, et sur une bagatelle il se met à mentir, à divaguer, et à dire des choses qui... en vérité...

LE BARON.

Mais enfin, qu'est-ce que c'est ?

DON PÉDRO.

Rien en substance, mais cependant cela pourrait avoir de très-facheux résultats. Ma sœur n'y fait pas assez attention : elle a une fille, et la pauvre enfant, honnête, bien élevée, qui jamais n'a donné lieu de dire un mot sur sa conduite, perd par sa mère ce qu'elle gagne par elle-même.

LE BARON.

Mademoiselle Isabelle est un assemblage de grâces et de perfection, et la voir obscurcie, éclipsée dans un mauvais village, exposée à être livrée demain à un rustique laboureur sans usage, sans savoir-vivre, sans éducation cela fait vraiment compassion. Heureusement il ne manquera pas, non, il ne manquera pas de se trouver quelqu'un qui peut-être saura la tirer de cette atmosphère, la placer à la plus grande élévation, et faire retomber sur elle et sur sa famille les dons que la fortune contraire leur a refusés.

DON PÉDRO, riant.

Quelle folie! Non, monsieur, non, elle n'est pas aussi malheureuse que vous le dites, l'atmosphère n'est pas si obscure et si opaque... il n'y a pas d'éclipses, et il n'est pas nécessaire d'élever Isabelle si haut... Non, monsieur, rien de tout cela. Les filles se marient fort bien dans ce village : il est certain qu'il n'y a pas ici (et c'est sans doute un grand malheur) une jeunesse corrompue, parfumée, pétulante, oisive, pleine de babil et de fatuité, comme celle que j'ai vue aller danser des contre-danses à la porte du soleil; nous n'avons rien de tout cela, mais il y a ici des jeunes gens honnêtes, riches, bien élevés, raisonnables, qui jamais ne manquent au respect dû aux cheveux blancs, qui, attentifs près des femmes, ne les adorent ni ne les outragent, mais les estiment; qui, s'ils ignorent les folles extravagances qu'invente le luxe, sont toujours vêtus comme les convenances l'ordonnent. Leur instruction n'est pas très-étendue, mais ils ont celle qui suffit pour être hommes de bien, pour gouverner leur maison, donner de bons exemples à leurs enfans et leur rendre aimable et facile la vertu qu'ils pratiquent. Isabelle n'a pas appris autre chose, et elle n'est point tourmentée d'ambitieuses espérances. Elle a un amant qui l'aime et qu'elle estime de toute son âme. Je suis content, et j'espère qu'il ne se passera pas deux semaines sans que la noce se fasse... Nous aurons un grand dîner, du bruit et de la danse, et le soir du chocolat, de la limonade et de l'orgeat.

LE BARON.

J'admire infiniment cette façon de penser.

DON PÉDRO, imitant le ton grave et sentencieux du baron.

Et moi, je suis dans l'enthousiasme de la vôtre. Vous voulez donc qu'elle soit vicomtesse ou femme d'amiral ?

LE BARON.

Je voudrais la voir heureuse.

DON PÉDRO.

Si tel est votre désir, laissez-la.

LE BARON.

Mais si le sort faisait qu'on lui procurât un destin meilleur...

DON PÉDRO.

Meilleur que de se voir mariée à son goût, dans son endroit? Cela ne peut être.

LE BARON.

Je pensais que sa mère, dans ce cas, devrait être consultée et obéie.

ACTE II, SCÈNE IV.

DON PÉDRO.

Sa mère est une pauvre villageoise et ne connaît pas plus le monde qu'un enfant à la mamelle; mais peu importe. Il n'est pas bien difficile de la convaincre et de la tirer d'erreur, et, malgré son ignorance, dans très-peu d'heures elle saura qui la trompe.

LE BARON.

Qui est donc celui qui ose....

DON PÉDRO.

Il y a des fripons qui ne vivent que de ruse et de tromperie.

LE BARON,

Que me dites-vous ?

DON PÉDRO.

Oui, monsieur; mais heureusement toutes les issues sont gardées, et j'espère....

LE BARON.

Mais qu'y a-t-il et que se passe-t-il ?

DON PÉDRO.

Peu de chose. Un certain individu qui ignore, à ce qu'il paraît, à qui il a affaire, ment, vole, flatte ma sœur, introduit la discorde dans la famille, et cause à tous mille chagrins... Mais le misérable qui nous traite ainsi fera amende honorable ce soir, ou nous l'enterrerons demain.

LE BARON, se troublant.

Comment?... quoi !... monsieur don Pédro, veuillez m'excuser... j'ai à écrire... j'ai été vous chercher... seulement pour avoir le plaisir de vous voir, et... puisque...

DON PÉDRO.

Fort bien.

LE BARON.

Quoique la prudence consommée qui vous distingue suffise pour mettre à fin de plus grandes entreprises, si vous voulez vous servir de moi, je me réjouirai infiniment de concourir de tous mes moyens au but que vous vous proposez.

DON PÉDRO.

Bien reconnaissant.

LE BARON.

J'ai pour vous beaucoup d'affection, et toutes les fois que je vous regarde, je pense à Pero Nunez de Bargas, mon bisaïeul. Son portrait qui est chez moi vous ressemble tant, que....

DON PÉDRO.

En vérité?

LE BARON.

Oui, la même douceur dans le regard, le sourcil bien arqué, et ce nez prolongé, robuste, et...

DON PÉDRO.

Certes, voilà un plaisant hasard. Qui penserait que....

LE BARON.

Comment?

DON PÉDRO.

Je dis qu'il faut être bien malheureux. Un seigneur d'une si haute importance ressembler à un pauvre diable, c'est jouer de malheur.

LE BARON.

Mais ne doutez pas de ce que je vous dis.

DON PÉDRO.

Je vous crois.

LE BARON.

Dix mille écus en onces d'or m'ont été offerts par mon cousin le duc de...... pour le tableau seulement.

DON PÉDRO.

Sans le cadre ?

LE BARON.

Oui, sans le cadre.

DON PÉDRO.

Il faut que ce portrait soit un morceau bien rare.

LE BARON.

J'ai chez moi les meilleurs ouvrages de l'Italie....

DON PÉDRO.

Bonne nuit.

LE BARON.

Au revoir. Je vous répète ce que je vous ai dit, et.......

DON PÉDRO.

Bien des remercîmens, monsieur le baron.

LE BARON, à part.

Ce vieux coquin est un puits de malice.

(Il prend une des lumières et sort par la porte du fond.)

SCÈNE V.

DON PÉDRO, ISABELLE.

DON PÉDRO.

Le petit-fils de Pero Nunez a passablement peur... quel impudent verbiage !....

ISABELLE.

Monsieur.

DON PÉDRO.

Isabelle, qu'y a-t-il ? dans quelle tristesse, dans quelle désolation je te vois plongée !

ISABELLE.

Comment pourrais-je être autrement ? Je ne conserve plus d'espérance, puisque je vois que les prières, la soumission, les larmes, les raisons et les menaces sont sans effet. En vain Léonard a voulu la persuader et la calmer, il n'a fait que l'irriter davantage.

DON PÉDRO.

Je le sais, il me l'a dit.... Il s'est trop emporté. Dans la jeunesse nous manquons de modération.... et il nous est impossible d'agir avec cette mesure que donnent les années. Léonard se voit offensé, ma sœur est entêtée ; il n'est pas étonnant que de parole en parole la dispute en soit venue au point où viennent toutes les disputes, quand les passions nous échauffent et nous entraînent.

ISABELLE.

Il est vrai, c'est ce que je craignais, et je le lui ai dit ; mais il voulait absolument la voir....

DON PÉDRO.

Eh bien, qu'y faire ? c'était un malheur inévitable.

ISABELLE.

Peut-être de plus grands malheurs m'attendent. Vous saurez qu'il veut se battre avec le baron. Si cela arrive.... s'il meurt.... ou s'il revient sous le poids d'une accusation d'homicide, quelle funeste victoire ! quel horrible moment pour moi !

DON PÉDRO.

Ne crains rien, chère Isabelle ; du courage. Penses-tu que le duel puisse avoir lieu lorsque moi je joue un rôle dans cette comédie ? non certainement. Notre baron n'aime pas les coups d'épée. Léonard, en sortant, lui a dit qu'il l'attendait à minuit. Cette résolution serait téméraire et dangereuse dans une autre circonstance ; mais comme il s'agit ici de l'inquiéter, de le vexer de toutes les façons, de l'obliger à s'en aller, à se désister de ses prétentions, et à nous dire nettement et en quatre mots qu'il est un misérable, il fallait frapper de terreur ce lâche coquin, et nous y avons réussi. Il n'y a aucun danger. L'un tremble et veille à sa propre sûreté, et moi je veille à celle de l'autre. Tu peux t'en reposer entièrement sur moi.

ISABELLE.

Ce n'est qu'en vous que je puis avoir confiance.

LE BARON,

DON PÉDRO.

Tu verras la malice de ton hôte complétement déjouée ; tu verras que ta mère apprendra enfin combien les apparences sont trompeuses. Oui, console-toi. Tu sais que j'ai toujours été dans la maison ton ami et ton protecteur ; qu'il n'y a rien au monde qui puisse m'arrêter quand il s'agit de ton bien. Ne te souviens-tu pas qu'étant toute petite tu m'appelais ton autre papa ? que tu as été ma consolation dans mes malheurs ? qu'aujourd'hui c'est moi qui dois remplacer près de toi ton excellent père, et assurer ton bonheur pour le reste de ta vie ? ne le sais-tu pas ?

ISABELLE.

Oui, je le sais.

DON PÉDRO.

Eh bien, calme cette agitation.

ISABELLE.

Ces larmes, ce trouble, ce n'est plus la crainte qui les cause.... c'est la joie, la tendresse, la douce espérance et la reconnaissance.

(Elle lui baise la main et lui fait des caresses.)

DON PÉDRO.

Allons, des caresses ! il ne manquait que cela.

ISABELLE.

Mon père !

DON PÉDRO.

Ma fille !

ISABELLE.

M'aimez-vous ?

DON PÉDRO.

Pourquoi le demander? puis-je ne pas t'aimer? ne vois-tu pas que mes yeux se remplissent aussi de larmes?.... Mais voilà ta mère qui vient.

ISABELLE.

Sa présence ne m'intimide plus, puisque j'ai en vous un ami qui me protége.

SCÈNE VI.

DON PÉDRO, Mme. MONIQUE, ISABELLE.

Mme. MONIQUE, à part.

Ha ha! tous deux en conférence! quelles affaires si importantes peuvent-ils donc avoir à discuter? (*A Isabelle.*) Ne t'ai-je pas déjà dit mille fois de ne pas venir ici?

ISABELLE.

Je suis venue.....

Mme. MONIQUE.

Tu sais que je n'aime pas tous ces bavardages.

ISABELLE.

Madame, si....

Mme. MONIQUE.

Va-t'en. (*Isabelle fait une révérence et sort.*) C'est toi qui lui tournes la tête, c'est toi qui la perdras.

DON PÉDRO.

Moi, femme?

Mme. MONIQUE.

Oui, toi.... Que lui disais-tu là?

DON PÉDRO.

De souffrir ton humeur.

Mme. MONIQUE.

Tu seras venu lui troubler la cervelle, lui remplir la tête d'illusions, afin qu'elle ne fasse rien de ce que je lui ordonnerai.

DON PÉDRO.

Non, vraiment; je suis venu, parce que tout le monde dit dans le village que tu la maries avec le baron. On me fait un tas de questions à moi, qui ne sais pas un mot de ce qui se passe, et je joue un très-triste rôle... C'est une chose unique! on ne parle que de cela dans les boutiques, chez l'apothicaire, sur la place, à l'auberge, et tu ne me dis rien à moi de ce beau mariage.

Mme. MONIQUE.

Tu le sauras quand il en sera temps; et ceux qui passent leur vie à faire des caquets verront ensuite s'ils se trompent ou s'ils devinent juste.

DON PÉDRO.

Mais, si tu voyais comme cela les fait rire, et comme moi j'ai envie d'enrager! Qui peut avoir assez de flegme pour souffrir patiemment qu'on dise de telles choses d'une sœur? Je te dis la vérité; si tu veux voir cesser tous ces bruits, et démentir les mensonges qu'on débite contre toi, marie-la bien vite.

ACTE II, SCÈNE VI.

Mme. MONIQUE.

C'est ce que je ferai.

DON PÉDRO.

Et que nous voyons partir ce baron ou cet enfer, qui semble avoir bouleversé toutes les têtes.

Mme. MONIQUE.

Quand il voudra, il trouvera la porte ouverte.

DON PÉDRO.

Et s'il ne veut pas?

Mme. MONIQUE

S'il ne veut pas, je ne suis pas assez déhontée pour le chasser de chez moi. Un seigneur de son caractère, et à qui je suis redevable de tant de bontés, penses-tu donc qu'il soit convenable de lui faire une pareille insulte? Toi, avec ta grammaire et tes livres, tu en sais sans doute beaucoup; mais en fait d'urbanité et de savoir-vivre, tu sais fort peu de chose.

DON PÉDRO, s'asseyant.

Ainsi donc réellement, la nouvelle en question n'est pas fausse.

Mme. MONIQUE.

Quelle nouvelle?

DON PÉDRO.

Celle que tu es entichée de l'idée que le baron doit être ton gendre. On n'a jamais vu d'illusion semblable.... Maudite vanité, qui nous ôte ainsi le jugement et nous mène à notre perte! Un homme d'une si illustre origine, cousin de comtes et de ducs, arrière-petit-fils de dona Urraca [1], et descendant au quatrième degré du roi don Silo, venir nous faire la grâce de se marier avec ta fille!... Quelle extravagance!

####### Mme. MONIQUE.

Qu'appelles-tu extravagance? Trouverais-tu mauvais, par hasard, qu'on saisît une occasion favorable lorsqu'elle se présente? Sera-ce la première fois qu'un gentilhomme se mariera avec une femme sans naissance? Qui ignore ce que peut faire faire une passion véritable?

####### DON PÉDRO.

Il s'agit bien ici de passion! prends donc garde, femme!... Où as-tu vu des passions taillées sur ce modèle? dans les comédies, où il vient des princes de Danemarck habillés en jardinier, qui enragent d'amour pour quelque petite bergère avec sa panetière et ses chèvres. Ils se disent des choses toutes fleuries; il y a des jalousies, des brouilleries, des pleurs, des changemens;... ils se marient, enfin, et ensuite ils s'en vont en vous débitant sottement que la jeune personne se trouve être fille du duc de Transilvanie, et autres folies semblables; mais dans le monde il n'arrive rien de pareil.

####### Mme. MONIQUE.

Non?

####### DON PÉDRO.

Jamais. Et quand quelque grand seigneur parle d'amour à une jeune fille jolie, orpheline, plébéienne et pauvre, il ne faut pas y regarder deux fois pour connaître qu'il y a là quelque piége. Non, non,

ACTE II, SCÈNE VI.

les mariages de ces gens-là ne se forment pas par attachement et par inclination. Ils prennent la plume, et sur une feuille de papier ils font l'état des biens : quatre et deux sont six, huit et sept sont quinze ; ajoutez tant, ôtez tant, reste tant ; on écrit le total au bas de la page ; et, suivant ce qu'ils gagnent au marché, il y a ou il n'y a pas mariage.... Et que la future soit bossue, camarde et louche, et le futur manchot, vieux, goutteux et galeux ; qu'ils se connaissent beaucoup ou qu'ils ne se soient jamais dit un mot, avec ou sans amour, Dieu les bénisse ! ils se marient.

Mme. MONIQUE.

Sans doute, il n'y a qu'à te laisser dire, les méchans propos et les calomnies ne manqueront pas... Enfin, si ma façon de parler et de penser te déplaît et t'irrite, va-t'en, laisse-moi en paix ; ne viens plus me faire des contes, ni tourner la tête à ta nièce avec les sottises que tu lui débites : c'est à moi de la diriger, c'est moi qui sais ce qui lui convient le mieux ; personne ne s'intéresse autant à elle que moi ;... elle est ma fille, et aucune tendresse ne peut se comparer à celle d'une mère.

DON PÉDRO.

Et c'est par un effet de cette tendresse que tu veux la perdre, la livrer à un homme inconnu, à un vagabond, à un misérable. Est-il possible que tu sois si aveugle ! ne vois-tu pas que c'est un fripon qui te trompe ? ne le vois-tu pas ?

Mme. MONIQUE.

Non, parce que je connais des antécédens qui

suffisent à ma conviction ; tu ne les connais pas, toi, et c'est pour cela que tu débites tant de sots propos.

DON PÉDRO.

Mais je veux bien encore t'accorder que c'est un seigneur ; que le roi et lui déjeunent ensemble. Que conclus-tu de là ? lui donneras-tu ta fille ?

Mme. MONIQUE.

Aurais-tu de la répugnance à la lui donner ?

DON PÉDRO.

Oui.

Mme. MONIQUE.

On voit bien que tu n'es pas sa mère, et que tu parles comme un vieillard sans cervelle.

DON PÉDRO.

Parlons clairement, ma sœur. Cet amour de mère que tu me fais à chaque instant sonner si haut, n'est pas le motif qui te dirige ; et si tu veux me tromper, moi, tu perds ton temps : écoute, tu as la rage de vouloir jouer un grand rôle ; tu as toujours été fière et vaniteuse, aimant beaucoup à commander, ennemie déclarée de quiconque a plus d'argent, une meilleure mantille ou une plus belle robe que toi ; tu te ronges d'envie quand tu entends donner le titre de *dona* aux femmes des gentilshommes, et tu te donnes au diable, quand tu les vois assises à l'église auprès du banc de la justice ; et pour exciter leur dépit, pour te venger de l'humiliation passée, tu es capable, non-seulement de livrer ta fille à un homme indigne, mais encore de te mettre la corde au cou.

Mᵐᵉ. MONIQUE.

Moi ?

DON PÉDRO.

Toi.... Quelles idées immodérées de grandeur te passent par la tête ! N'est-il pas vrai que déjà, à part toi, tu attends l'heureux moment où tu entendras tout le monde t'appeler excellence ; car le titre de seigneurie est trop commun. N'est-il pas vrai que tu as déjà tracé dans ta tête le plan de vie que tu dois suivre ? Carrosses, modes brillantes, essences, pomades, table ouverte aux affamés qui viennent manger pour prix de leurs flatteries, bals, académies, spectacles, escroqueries solennelles sous le nom de Pharaon, prodigalité, misère, orgueil, bassesse et fourberie ; appeler politesse l'infâme dépravation de la cour, nommer imbécile tout homme de bien, et canaille tout créancier.... N'est-ce pas là ton plan ? n'est-ce pas là la grande fortune que tu réserves à ma malheureuse nièce ? Et cette ambition insensée, cette vanité, oses-tu la nier et l'appeler amour maternel ?

Mᵐᵉ. MONIQUE.

Veux-tu me laisser en paix ? Va-t'en, tais-toi.

DON PÉDRO.

Connais-tu le mal au-devant duquel tu cours ? sais-tu qu'où la modération manque, il n'y a pas de plaisir ! sais-tu qu'où la vertu n'est pas, il n'y a pas de bonheur ?

Mᵐᵉ. MONIQUE.

Pédro, pour Dieu ! ne me pousse pas à bout.

SCÈNE VII.

Les précédens, LE BARON.

LE BARON.

Permettez-vous que pour un seul instant j'interrompe votre conversation ?

Mme. MONIQUE.

Elle n'était pas bien importante ; et lors même qu'elle le serait.....

LE BARON.

Je suis charmé de vous trouver ensemble..... J'hésitais..... mais il faut enfin sortir une bonne fois d'inquiétude, m'expliquer clairement, ne point donner lieu à des inimitiés, ni souffrir à mon honneur la tache la plus légère. Monsieur Pédro, par un malheur que vous connaissez peut-être, je me vis dans la dure nécessité d'abandonner mes amis, mes habitudes, ma patrie... Déguisé, fugitif, je fus forcé de prendre dans différens pays des noms et des qualités supposés, et quand, après tant de vicissitudes, je vis luire quelques rayons d'espérance, je vins dans ce village, croyant qu'il me serait avantageux d'être à peu de distance de la cour. Votre sœur me vit ; je lui contai mon histoire : en l'écoutant, elle me plaignit ; elle me donna l'hospitalité chez elle ; et là, à force d'attentions non espérées et peut-être non méritées, mes chagrins trouvèrent quelque soulagement. Isabelle.... croyez-vous qu'il fut facile de la connaître sans l'aimer ?.... Je vous prie de ne point vous fâcher : il me reste peu de chose à ajouter, et j'espère que vous aurez assez de patience pour ne pas interrompre un homme qui vous parle pour la dernière fois. J'aimai donc Isabelle, et, quoique sa mère vous en fasse un mystère, je songeai à en faire mon épouse, dans la ferme espérance qu'on ne me la refuserait pas, et croyant que vous ne perdriez rien à ce mariage ; mais j'ai vu que, dans le village, on murmure, on propage mille calomnies contre moi ; il y a un individu qui monte la garde à la porte, et qui pousse l'audace jusqu'à m'insulter et me menacer : il y a une autre personne qui dénigre mon caractère, qui me traite de séducteur, et....

DON PÉDRO.

Pour qui dites-vous cela ?

LE BARON.

Pour personne. Les Benavides de Vargas ne supportent pas de pareilles injures..... avec deux lignes d'écriture je pourrais confondre ceux qui m'insultent,..... je ne le ferai pas. J'ai reçu la nouvelle que l'on m'attend à la cour ; mon ennemi est arrêté ; le roi m'appelle, il veut me voir, et il faut que je parte en toute diligence ; mais en attendant je ne vous importunerai plus. Pendant le temps que j'ai encore à passer à Illescas (en supposant que mes voitures n'arrivent pas avant après-demain), j'ai le projet d'aller loger à l'auberge que j'occupai à mon arrivée, et je vous jure que je sortirai de cette maison demain, aussitôt qu'il fera jour ; et lors même que je resterais encore plusieurs mois dans ce village, jamais je ne mettrai les pieds ici.

LE BARON,

Puisque ce fut de ma part une si grande offense que d'aspirer à cet hymen qu'on rejette avec horreur, je vous laisse ici la malheureuse Isabelle; sacrifiez-la..... J'ai voulu la rendre heureuse, vous ne le voulez pas; il suffit.

Mme. MONIQUE.

Mon Dieu ! mon Dieu ! Mais.....

LE BARON.

Non, il est inutile d'en parler davantage.

Mme. MONIQUE.

Voilà un bien grand malheur !... Que vont dire les autres !.... tandis que moi, je n'y ai donné aucun sujet; tandis que ma fille est prête à faire ce que sa mère lui ordonne.... mes chers enfans, croyez.... Et toi, que dis-tu ?

DON PÉDRO.

Rien : que le baron parle à merveille; que je reçois la parole qu'il vient de me donner; que s'il la tient, nous lui devons tous des remercîmens, et que je vais me coucher.

Mme. MONIQUE.

Quelle sottise! quelle ignorance! c'est le plus imbécile !.... Mais moi, monsieur, pourquoi....

DON PÉDRO.

Consolez-la, monsieur le baron.

LE BARON.

Il le faut absolument.

Mme. MONIQUE.

Que je suis malheureuse !

LE BARON.

Il faut qu'il en soit ainsi, les circonstances l'exigent. Ma réputation passe avant mon amour.

DON PÉDRO, à part.

Dans quel panneau il a voulu me faire donner! (*Haut.*) Adieu, Monique. Couche-toi et dors bien. Bonne nuit, monsieur le baron. Il est entendu que demain, aussitôt qu'il fera jour.....

LE BARON.

Oui.

DON PÉDRO.

Vous irez à l'auberge?

LE BARON,

Comme je vous l'ai dit.

DON PÉDRO.

Et vous ne revenez plus ici?

LE BARON.

Non.

DON PÉDRO.

Et aussitôt après l'arrivée de votre train, de vos attelages, de vos carrosses de nacre, vous vous en allez?

LE BARON.

Je m'en irai.

DON PÉDRO.

A merveille. (*A part.*) Eh bien, avec tout cela, tu ne me trompes pas.

SCÈNE VIII.

LE BARON, Mme. MONIQUE.

Mme. MONIQUE.

Qu'est-ce qui m'arrive, mon cher monsieur le baron ? qu'est-ce que tout cela ?

LE BARON.

C'est pour voir si, au moyen d'un artifice, on peut calmer l'envie, la haine et la fureur de cette gent téméraire.

Mme. MONIQUE.

Que me dites-vous ?

LE BARON.

Tout cela n'a été qu'une feinte ; jamais mes promesses n'ont été vaines : ne craignez rien.

Mme. MONIQUE.

En vous écoutant, j'étais morte, véritablement morte... Si on m'ouvrait les veines, on n'en tirerait pas une goutte de sang.

LE BARON.

Je le crois ; mais c'est tout bonnement un arrangement pour lui jeter de la poudre aux yeux.

Mme. MONIQUE.

Bien, fort bien fait.

LE BARON.

Cette précaution était nécessaire..... Mais écoutez ce qu'il y a à faire de point en point. Demain, je

passerai la journée à l'auberge : à la nuit tombante,
je sortirai d'Illescas. Je laisse à Tolède ma mule chez
l'archidiacre, je prends sa voiture, on attèle les
chevaux, et d'une traite, avant qu'il fasse nuit, je suis
à Parme.... C'est un petit village, le premier qui se
trouve en entrant dans mes états, près du lac de
Miaragua. C'est aujourd'hui lundi.... bon ! je suis le
mercredi chez moi; jeudi, vendredi.... Voilà qui
est arrangé à merveille. Soyez prêtes, ayez tous vos
effets disposés, et le samedi, sans plus de retard,
vous recevrez à minuit une lettre que vous donnera
mon majordome. Aussitôt, accompagnées d'un nègre,
vous vous rendez où la voiture vous attend, et.....
comme je vous l'ai dit, le dimanche, toutes mes espérances sont comblées. Eh bien, est-ce une affaire
arrangée, à minuit ?

Mme. MONIQUE.

Oui, oui, j'ai bien entendu; à minuit. Cela suffit.

LE BARON.

Songez que je m'en vais dans cette confiance et
que je vous attends.

Mme. MONIQUE.

Craignez-vous donc, monsieur, que je n'y aille
pas ? quand même il nous faudrait y aller seules, à
pied et sans souliers, nous irions encore; soyez
tranquille.

LE BARON.

Vous pouvez emmener aussi votre domestique,
pour vous servir pendant le voyage; et faites bien
attention qu'au point du jour, il s'élève un petit
vent frais qui ne laisse pas d'incommoder. Ayez

soin de vous bien couvrir; car, quoique la voiture ait des glaces, des fourrures et une étuve, vous êtes assez délicate, et il est bon d'avoir soin de soi.

Mme. MONIQUE.

C'est aussi ce que je ferai.

LE BARON.

Si cette affaire venait à se savoir, elle serait peut-être bien aventurée. Vous voyez qu'à Madrid, on m'offre une héritière riche, belle et illustre. Son père est caudataire du pape, son cousin est duc d'Ultonie. Il serait impossible de rencontrer une noblesse plus pure, plus antique que la sienne, lors même qu'on exprimerait celle de tous les princes d'Allemagne. Il n'est donc pas facile de renoncer à ce mariage, sans qu'il y ait de grands mécontentemens, et pour cette raison j'ai le projet d'écrire quelques lettres dans lesquelles j'inventerai différens prétexte pour éviter qu'on vienne me chercher ; de cette manière nous gagnerons du temps..... Mais à personne, à personne au monde, vous ne devez en dire un mot.

Mme. MONIQUE.

Non, sans doute, monsieur.

LE BARON.

A personne. Et quand on viendra vous dire, demain ou après, que je suis parti, faites comme si vous n'en saviez rien.

Mme. MONIQUE.

C'est bon.

ACTE II, SCÈNE VIII.

LE BARON.

Dissimulez pendant ce peu de jours. Venez ensuite me trouver ; que j'obtienne la possession tant désirée d'Isabelle, et jusqu'à ce moment que personne ne sache ce qui se passe.

Mme. MONIQUE.

Oui, oui, j'entends.

LE BARON.

Vous verrez ensuite que dans ces heureux événemens, ce qui vous est réservé ira au delà de vos espérances.

Mme. MONIQUE.

Ah ! monsieur ; quoi de plus....

LE BARON.

Je ne voulais pas vous le dire ; mais parlons à cœur ouvert. Quel âge pouvez-vous avoir ? Vous êtes fraîche, bien conservée, robuste et leste.... il est vrai que la denture ne laisse pas de faire faute.

Mme. MONIQUE.

Ah ! monsieur, ce n'est pas la vieillesse qui en est cause ; ce sont les migraines, les fluxions et les chagrins....

LE BARON.

Ma sœur, la vicomtesse, qui aura vingt-deux ans à Pâques, est absolument comme vous, et, pour ne pas perdre la seule dent qui lui reste, elle ne mange que de la semoule, des omelettes soufflées, de la bouillie et autres mets semblables.... La toux obstinée qui vous tourmente, les flatuosités, la faiblesse et les nausées d'estomac, se guériront en changeant d'air, et d'alimens. Avec un peu d'exercice et un assez bon nombre de frictions qu'on vous fera, vous verrez se dissiper la légère enflure qui vous charge les jambes, et en deux jours vous vous trouverez forte, et propre à contracter un second mariage.

Mme. MONIQUE.

Qui, moi ?... mais, monsieur... bah !.. mon Dieu, qu'il fait chaud !

LE BARON.

Ma bonne amie, le veuvage sans consolation est un état terrible ; et, dans cette situation, les jeunes femmes ont bien des maux à souffrir... Une prise, s'il vous plaît.

Mme. MONIQUE.

Oui, et dans ma tabatière d'argent.

(Elle tire une tabatière et la donne au baron, qui après avoir pris une prise, la garde comme par distraction.)

LE BARON.

Mon oncle, dont je vous ai parlé quelquefois, se trouve veuf et sans enfans : s'il meurt, tous ses états passent à un étranger, qui est beau-frère de l'hospodar de Valachie, et cela est douloureux.

Mme. MONIQUE.

Assurément, puisque c'est un étranger.

LE BARON.

Je prendrais mon parti s'il n'était qu'étranger, et rien de plus ; mais ce qui nous désole, c'est qu'en outre il est hérétique.

Mme. MONIQUE.

Sainte Vierge ! hérétique !

LE BARON.

Jugez, d'après cela, comme il serait agréable pour nous, si demain l'oncle venait à mourir, de voir tous ses biens passer à ce chien, qui n'entend pas un mot d'espagnol, qui ne sait pas le *credo*, qui ne va pas à la messe....

Mme. MONIQUE.

Quelle canaille !

LE BARON.

Qui ne jeune pas, qui....

Mme. MONIQUE.

Le coquin !

LE BARON.

C'est pour cela que nous pensions à lui jouer un tour. Mon oncle est dans la même disposition, et se prête à tout. Il s'agirait de le marier; et si la future se charge de lui donner en deux ou trois ans deux ou trois enfans, cela suffit; on ne lui en demande pas davantage, et l'autre pourra se passer la plume par le bec. En conséquence, voyez si....

Mme. MONIQUE.

Moi, monsieur ! quoique à la vérité je fusse bien éloignée de penser à cela.... Mais, s'il s'agit de vous servir, vous pouvez me commander comme à une esclave. Dans tout ce qui sera en mon pouvoir, je....

LE BARON.

Bien.

Mme. MONIQUE.

Je suis toute troublée, monsieur; je ne sais....

LE BARON.

A l'instant je vais écrire tout ceci au prince, votre futur, qui attend avec anxiété la décision.

Mme. MONIQUE.

Dites-lui mille choses.

LE BARON.

Je n'y manquerai pas.

Mme MONIQUE.

Faites-lui des remercîmens à l'infini.

LE BARON.

Bien ; maintenant je vais écrire ces lettres; ayez soin que personne ne monte là-haut, et qu'on ne fasse pas de bruit.

Mme. MONIQUE.

C'est bon.

LE BARON.

Aussitôt que je les aurai fermées, je me coucherai.

Mme. MONIQUE.

Sans souper ?

LE BARON.

Je n'ai pas faim ; j'ai beaucoup dîné.

Mme. MONIQUE.

Si vous vouliez un potage ?

LE BARON.

Rien, rien.

Mme. MONIQUE.

Ou un œuf frais à la coque ?

LE BARON.

Non, il n'est pas nécessaire. Demain un courrier

ACTE II, SCÈNE VIII.

portera les lettres à Madrid; et, aussitôt après qu'il sera parti, je m'en vais à l'auberge.... Adieu;.... embrassons-nous.

Mme. MONIQUE.

Mille fois si vous voulez!

(Ils s'embrassent.)

LE BARON.

Respectable amie!

Mme. MONIQUE.

Votre servante.

LE BARON.

Adieu.... Cette absence ne sera pas longue.

Mme. MONIQUE.

Avec tout cela, monsieur, j'étoufferais si je ne pleurais pas.

(Elle essuie ses larmes; elle prend une lumière pour éclairer le baron; celui-ci la lui ôte et lui prend la main qu'il baise respectueusement.)

LE BARON.

A dimanche.... Que faites-vous?

Mme. MONIQUE.

Je vous éclaire.

LE BARON.

Il ne manquait que cela.

Mme. MONIQUE.

Mais je....

LE BARON.

Vous êtes ma mère, et non ma servante.

SCÈNE IX.

Mme. MONIQUE seule.

Bénédiction, bénédiction sur lui! Ainsi soit-il! Avec quel respect me traite ce pauvre jeune homme!.... Quelle soumission! Il en a plein la bouche, quand il m'appelle sa mère; mais il n'a pas dit juste, non, certes; s'il me manque quelques dents de devant, j'ai les grosses dents très-saines, grâces à Dieu, et je n'ai pas mauvaise haleine... J'aime cette idée.... Il serait plaisant que cet autre coquin nous vînt de l'étranger baragouinant son jargon sauvage; le maudit!.... Eh bien! quand il vivrait plus long-temps que Mathusalem, je lui jure bien qu'il n'aura jamais une épingle, ni un bout de fil.... Non, vraiment; tout pour mes enfans. Ah! fils de mes entrailles! chers petits anges! comme leur père va les aimer! ah!

SCÈNE X.

PASCAL, Mme. MONIQUE.

PASCAL.

Madame, j'en reviens, et j'ai dit qu'on l'attendait à l'instant.

Mme. MONIQUE.

Qui?

PASCAL.

Le tailleur.

####### Mme. MONIQUE.

Et il t'a fallu deux grandes heures pour cela?

####### PASCAL.

Parbleu, j'y ai été, et je lui ait dit, comme je vous le dis ici : Ma maîtresse attend M. Juan, et elle dit qu'elle l'attend; qu'il ne tarde pas; qu'il se dépêche, parce qu'elle a besoin de lui; qu'il coure...

####### Mme. MONIQUE.

Bien; et qu'a-t-il dit?

####### PASCAL.

Qui, lui? il n'a rien dit.

####### Mme. MONIQUE.

Comment donc, est-ce que tu ne l'as pas vu?

####### PASCAL.

Moi? non, certainement.

####### Mme. MONIQUE.

Et on ne lui a pas dit que tu venais le chercher?

####### PASCAL.

Sa femme le lui a dit.

####### Mme. MONIQUE.

Eh bien, viendra-t-il?

####### PASCAL.

Comment voulez-vous qu'il vienne?

####### Mme. MONIQUE.

Explique-toi; pourquoi ne vient-il pas?

####### PASCAL.

Parce qu'il paraît que ce matin.... Voyez-vous,

madame, le pauvre tailleur monta pour mettre quelques planches dans son pigeonnier et une grille à la fenêtre; et étant là, la tête lui tourne; comme il était à clouer des clous, ses cheveux se prirent à un crochet, et de là il tomba sur le bâton où ils attachent la poulie quand ils ont des sacs de paille à monter, et de là il tomba sur le toit de sa voisine Marte, et de là il tomba par terre, et de là par le soupirail de la cave, zest, il tomba dans la cave, parce que le soupirail n'était pas fermé; et de là il tomba dans une jarre d'eau-de-vie, et de là on le porta dans son lit; et, tant qu'il sera couché, il ne veut pas sortir de chez lui;... de sorte qu'il ne peut venir.

Mme. MONIQUE.

J'ai vraiment du bonheur; chaque fois que je le fais demander il se casse bras et jambes. Prends ces effets.... avec précaution,.... et porte-les dans ma chambre.... Attends, ne vois-tu pas que tu chiffonnes tout?

PASCAL.

C'est pour ne pas les laisser tomber.

Mme. MONIQUE.

Voyez comme il s'y prend.

PASCAL.

Mais.....

Mme. MONIQUE.

Remets-les là; Fermina va venir les plier; laisse-les.

PASCAL.

Bien.

ACTE II, SCÈNE X.

Mme. MONIQUE.

Dis-moi ; pourquoi as-tu laissé entrer Léonard ce soir ?

PASCAL.

Parce que... mon Dieu ! tout me passe de l'idée... Je ne sais plus pourquoi.

Mme. MONIQUE.

Prends garde de ne plus lui ouvrir la porte une autrefois, entends-tu ?

PASCAL.

J'entends.

Mme. MONIQUE.

Tant qu'on ne le demandera pas, il n'a aucun sujet de venir ici. Dis-lui, s'il revient encore, que ta maîtresse t'a dit de ne pas le laisser monter, qu'elle est fatiguée de lui ; qu'elle ne veut ni le voir ni l'entendre davantage ; qu'il s'en aille. Entends-tu ?

PASCAL.

Parbleu ! certainement, j'entends. J'étais dans le corridor, et quand il vint, je dis : Ma maîtresse est sortie ; et lui me dit : Imbécile, je viens de la voir à la fenêtre.... De sorte qu'il entra, et resta ici quelque temps. Il sortit ensuite.... Je pensais qu'il ne reviendrait pas ; mais quelques instans après, le voilà encore. Il s'arrête à la porte, et dit... non... alors il ne dit rien : il entra tout droit sans dire un mot ; de manière que moi, voyant qu'il ne demandait rien.....

Mme. MONIQUE.

Il est venu deux fois ?

PASCAL.

Oui, deux fois.... Parbleu! il ne fait qu'aller et venir.... et il fait des signes.... La nuit dernière, à onze heures sonnées, il s'est mis à chanter.

Mme. MONIQUE.

Bien, je le sais.

PASCAL.

Ce n'était pas avec une guitare, c'était avec une autre espèce de....

Mme. MONIQUE.

Oui; j'entends.

PASCAL.

Avec une autre espèce d'instrument.

Mme. MONIQUE.

Tais-toi. (*A part.*) Les coquins!... tous, tous sont contre moi; tous s'attachent à se jouer de moi; mais je leur promets.....

(Elle sort très-en colère sans faire attention à ce que dit Pascal.)

SCÈNE XI.

PASCAL seul.

Je dis donc qu'il chantait des couplets... Ah! par exemple, de bien jolis couplets, et... Tiens... elle est partie. Cette femme est à moitié folle... Ah! quel beau jupon! (*Il s'approche de l'endroit où sont les ajustemens, et déploie une robe qu'il examine avec admiration.*) Non, vraiment, c'est bien une robe avec sa queue, ses grandes manchettes et ses rubans.... C'est superbe! Je parie qu'elle m'irait à merveille.

Voyez donc ces femmes, comme elles ont de beaux ajustemens! Elle paraît bien étroite.... Essayons-la, pour voir. (*Il met la robe, se regarde dans le miroir, et se promène en long et en large, en imitant la démarche d'une femme.*) Vraiment, elle a été faite pour moi... Pauvre Pascal! toujours vêtu de laine commune.... Ah! que je suis bien comme cela! C'est ainsi que la femme du médecin se promène sur la place : la même chose, absolument la même chose.

SCÈNE XII.

PASCAL, FERMINA.

FERMINA.

Que fais-tu là? Voilà un joli passe-temps!

PASCAL.

Ah! quelle peur tu m'as faite!

FERMINA.

Allons! dépêche-toi; ôte-moi tout cela.... A-t-on vu un pareil imbécile!

PASCAL.

Allons! ne te fâche pas.... tire un peu.

FERMINA.

Doucement; tu vas déchirer.... maudit soit!...

PASCAL.

Ne te fâche pas, femme.

Mme. MONIQUE, *appelant au dehors*.

Fermina!

FERMINA.

Mon Dieu ! la voilà qui appelle.

PASCAL.

Je te demande, si elle vient et qu'elle nous surprenne....

FERMINA.

J'en serai charmée.

PASCAL.

Comme j'ai mis cette robe par-dessus ma veste, elle se plisse et je ne puis l'ôter.

Mme. MONIQUE, de dehors.

Fermina !

PASCAL.

Morbleu ! tire donc.

FERMINA.

Si tu ne tends pas un peu le bras.... Ah ! la voilà qui vient.

PASCAL.

Sans doute, elle vient.

FERMINA.

Va-t'en, cours.

PASCAL.

Où ?

FERMINA.

Que sais-je ? Au grenier.

PASCAL.

Si haut que çà... Au grenier.... Écoute : pour Dieu ! ne va pas dire....

FERMINA.

Cours, et tais-toi.

(Pascal s'en va par la porte du fond en traînant la robe, qui est à moitié défaite.)

SCÈNE XIII.

FERMINA, Mme. MONIQUE.

Mme. MONIQUE.

Où es-tu donc, maudite sourde? Je crie comme une désespérée, et tu ne réponds pas.

FERMINA.

J'étais ici à plier ces robes.

Mme. MONIQUE.

Finis vite, et donnes-nous à souper.

FERMINA.

Est-il neuf heures?

Mme. MONIQUE.

Peu s'en faut.

FERMINA.

Mais, ne faut-il pas faire la soupe aux amandes?

Mme. MONIQUE.

Non; monsieur le baron ne descend pas : il est à écrire, et quand il aura fermé ses lettres, il veut se coucher.

FERMINA.

Chose étrange! sans souper.... Ce n'est pas son habitude.

Mme. MONIQUE.

Écoute : demain, sur les cinq heures, il doit partir; tiens-lui tout prêts le beurre, le chocolat, les gâteaux, l'eau d'orange; enfin, ce qu'il prend tous les jours : tu entends?

Mme. MONIQUE.

Bien.

Mme. MONIQUE.

Laisse la fenêtre entr'ouverte; autrement, quand tu es entre les draps, et dans l'obscurité, tu dors comme une souche.

FERMINA.

Ainsi donc, le baron s'en va réellement. Est-ce qu'il n'emporte pas une omelette au jambon ou un peu de....

Mme. MONIQUE.

Il ne sort pas du village.

FERMINA.

Ah! quel malheur! Il revient donc?

Mme. MONIQUE.

Non, certainement : il nous quitte; il sort de la maison, et ne revient plus.

FERMINA.

Bon voyage! Mais comment....

Mme. MONIQUE.

Tant de questions m'ennuient. Serre ces ajuste-mens, apporte le souper, et laisse-moi en paix. Mais.... qu'est cela?

FERMINA.

C'est Turc qui aboie.

Mme. MONIQUE.

Cet imbécile de Pascal!... Il est impossible de lui faire rien entendre.... Je lui ai dit de le tenir en-

ACTE II, SCÈNE XIV.

fermé dans l'écurie.... Ce chien se met à crier pour une mouche qu'il entend voler.

(Le chien recommence à aboyer.)

FERMINA.

Il aboie beaucoup.... S'il y avait quelqu'un dans la cour.

Mme. MONIQUE.

Si le baron était déjà à dormir, en vérité.... Regarde qui monte l'escalier.

FERMINA.

Qui est là ?

SCÈNE XIV.

PASCAL, les précédentes.

PASCAL.

Parbleu ! qui ? le fantôme.

Mme. MONIQUE.

D'où viens-tu donc ?

PASCAL.

Je vais vous dire.... Comme la chate miaule si fort, je me suis dit : Si elle reste là enfermée, elle va faire le diable.... C'est pourquoi j'y courus.... mais.... bast ! elle se sauve, et puis cours après.... Minette ! Minette ! Minette !... Rien. Miz ! miz ! miz !..... Elle me détache un tel coup de griffe, que.....

(Le chien aboie encore.)

Mme. MONIQUE.

Pourquoi donc ce chien aboie-t-il tant ?

PASCAL.

C'est.... Morbleu! J'oubliais le meilleur. Comment n'aboierait-il pas, ce pauvre animal? J'aboierais aussi à sa place.... Parbleu! Et il est très-vrai que de cette fenêtre d'en haut.... non pas la grande où sont les pots de terre, mais celle qui est plus loin....

Mme. MONIQUE.

Eh bien, quoi?

PASCAL.

Le baron se laissait couler tout doucement jusqu'à terre.

Mme. MONIQUE.

Tais-toi, imbécile.

PASCAL.

Oh! ce n'est pas un conte : je l'ai vu.

FERMINA.

Vraiment?

Mme. MONIQUE.

Va mettre le chien dans l'écurie, et va te coucher ensuite; tu es tellement pris de vin, que tu ne sais ce que tu dis.

PASCAL.

Soit; je m'en vais.... mais je l'ai vu.

Mme. MONIQUE.

Qu'as-tu pu voir, sot fieffé?

PASCAL.

J'étais dans le grenier, et je l'ai vu.... Parbleu!... Au moyen de la grande corde qui sert à étendre le linge.... Il a dû l'attacher.... je ne sais où.... Toujours est-il que je l'ai vu, et le pauvre Turc se démenait : huau! huau! huau!....

SCÈNE XV.

Les précédens, ISABELLE.

(Elle entre, tenant à la main une lumière qu'elle pose sur la table.)

ISABELLE.

Ma mère, n'avez-vous pas entendu le bruit qu'on fait dans la rue? Des cris, des coups.... Je suis toute tremblante. Il paraît que quelqu'un d'eux s'enfuyait, et que les autres le poursuivaient....

Mme. MONIQUE.

Eh bien, qu'y a-t-il dans tout cela? C'est sans doute la garde qui fait sa ronde.

FERMINA.

Ah! mon Dieu! n'ai-je pas entendu un coup de fusil?

(On entend dans le lointain le bruit d'une arme à feu.)

ISABELLE.

Silence!

FERMINA.

Que sera-ce?

PASCAL.

Quelle peur j'ai!

ISABELLE.

Allons à la fenêtre de la salle.

Mme. MONIQUE.

Quelque dispute, qui en définitif se trouvera être fort peu de chose.... Allons.

(On frappe à la porte de la maison.)

PASCAL.

Ahi !

ISABELLE.

Comme on frappe !

Mme. MONIQUE, à part.

Prends cette lumière, et vois qui est là.

PASCAL.

Et faut-il ouvrir ?

Mme. MONIQUE.

Non, si tu ne connais pas ceux qui frappent.

ISABELLE.

Fermina, descends avec lui.

PASCAL.

J'ai bien peur, Fermina; ne me quitte pas, marchons ensemble.

FERMINA.

Mon Dieu ! qu'ils sont pressés ! On y va.

(Elle sort avec Pascal, après avoir pris une lumière.)

Mme. MONIQUE.

C'est bien malheureux ? Justement, ce soir il me recommande que personne ne monte; que personne ne l'incommode ni le dérange, parce qu'il a à écrire et qu'il doit se coucher de bonne heure, pour se lever matin ; et voilà des aboiemens, des cris, des coups de fusil, des coups de pied dans la porte, un tumulte.... Il y aurait une légion de diables déchaînés dans le village, qu'ils ne feraient pas un plus grand bacchanal.

SCÈNE XVI.

DON PÉDRO, PASCAL, FERMINA, les précédentes.

(Don Pédro entre précipitamment. Pascal porte sous son bras un paquet enveloppé qu'il pose sur la table. Fermina les précède, portant une lumière.)

DON PEDRO.

Ma sœur, Isabelle, réjouissez-vous, votre hôte a tenu sa parole.

Mme. MONIQUE.

Comment ?

ISABELLE.

Que dites-vous ?

DON PÉDRO.

Qu'à l'heure qu'il est vous n'avez plus de baron chez vous. Il est tellement pressé, qu'ayant la porte à sa disposition, il a choisi la fenêtre pour sortir ; et que, pouvant s'en aller en carosses dorés, avec des attelages napolitains, des laquais, des pages et des gardes, il s'en va par le chemin d'escampette d'un tel train, que le diable ne l'attraperait pas. Pacorrillo, le sacristain, et le fils de la Tomasa, qui sont deux vrais levriers lorsqu'ils se lancent à la course, se sont mis à sa poursuite ; mais je crains bien que tous leurs efforts soient vains. Dans le commencement notre homme a voulu faire le vaillant ; il tire un coup de pistolet qui n'atteint personne, et à l'instant on lui décharge sur les reins deux ou trois coups de bâton si solides, que, s'il en eût reçu un quatrième.... Mais son bonheur a voulu qu'il l'évitât.

Alors, jetant à terre ce paquet qu'il emportait, il se mit à courir si lestement qu'il semble que ses pieds ne soient pas des pieds, mais bien des ailes.

Mme MONIQUE.

Fermina, viens; ils veulent me rendre folle; viens.

(Elle prend une lumière et sort précipitamment par la porte du fond, suivie de Fermina.)

SCÈNE XVII.

DON PÉDRO, ISABELLE, PASCAL, et ensuite LÉONARD.

DON PÉDRO, à Pascal.

Défais ce paquet, et voyons un peu l'équipage et les habits de gala de ce cavalier. (*Pascal ouvre le le paquet, pose sur la table tout ce qu'il en tire.*) Et toi, ma fille, est-ce que tu ne me dis rien?

ISABELLE.

Je suis toute bouleversée... Ma joie est telle... je puis à peine articuler une parole; mais, mon oncle.... et Léonard.

DON PÉDRO.

Léonard n'est pas mort; on ne le tuera pas; il ne court aucun danger... Regarde, le voici; le vois-tu? (*Léonard entre essoufflé, couvert de poussière, et va s'asseoir.*) Tranquillise-toi.... (*A Léonard.*) Quelle nouvelle nous apportes-tu?

LÉONARD.

Que le baron s'est échappé ; je n'ai jamais vu une pareille légèreté à la course.

DON PÉDRO.

Qu'il s'en aille donc ; bon voyage.... Qui sait ! peut-être la peur qu'il vient d'avoir le corrigera. Le malheureux échappe, par sa fuite, aux galères, où les mauvaises inclinations, loin de se dissiper, s'augmentent, où les délits trouvent châtiment, mais non correction.

SCÈNE XVIII.

Mme. MONIQUE entre d'un air très-abattu, et va s'asseoir ; FERMINA et les précédens.

FERMINA.

Le coquin s'en est allé par la fenêtre ! Il n'y a là-haut qu'une veste déchirée, un vieux chapeau, une paire de bas ;.... notre robe de noces jetée dans un coin, et toute couverte de toiles d'araignée ; la corde qui lui a servi d'escalier, et cette lettre placée entre les matelas.

LÉONARD.

Voyons-la.... Elle est pour moi !

(Il l'ouvre et la lit.)

DON PÉDRO.

S'il manque quelque chose là-haut, nous devons nécessairement le trouver ici.... Regarde, une tabatière ;.... c'est parbleu la tienne ! un morceau de galon, une cuillère d'argent....

FERMINA.

Quelle indignité! C'est celle que je lui ai donnée ce matin avec le pot de confitures.

DON PÉDRO.

Un étui, deux jeux de cartes, un anneau;.... il est aussi à toi;... et voilà ici de l'argent;... je parierais qu'il est également à toi.

LÉONARD, après avoir lu la lettre; la donne à Mme. Monique.

Voyez ce que cet infâme pensait de vous! voyez ce qu'il m'écrit, et ensuite chassez-moi de chez vous.

Mme. MONIQUE, lisant.

« Mon cher monsieur, l'habitude où sont les hom-
» mes de se battre en duel, et de se tuer comme des
» bêtes pour une peccadille, est une chose excellente,
» mais elle n'est plus de mode. Si j'ai persuadé à la
» mère Monique que j'étais fou d'amour pour sa fille,
» et que j'allais être son gendre dans peu de jours, ce
» fut parce que cela convenait à mes intérêts, et aussi
» parce que je trouvai dans cette chère maman la
» vieille la plus ignorante, la plus ridicule... » Indigne coquin! A quoi bon lire?... Je n'en veux pas voir davantage.

DON PÉDRO, donnant la lettre à Léonard.

Finis cette lecture, toi; et sachons comment ce drôle nous traite. Continue.

Mme. MONIQUE.

Cela est inutile; je suis désabusée : je reconnais enfin....

ACTE II, SCÈNE XVIII.

DON PÉDRO.

N'importe. Poursuis, elle n'est pas bien longue.

LÉONARD, lisant.

« D'amour... dans peu de jours,.... ce fut parce
» que cela convenait à mes intérêts, et aussi parce
» que je trouvai dans cette chère maman la vieille la
» plus ignorante, la plus ridicule et la plus sotte
» qu'il soit possible de rencontrer, lors même qu'on
» la chercherait avec une lanterne. Mes ardens
» soupirs ne s'adressaient qu'au peu d'argent que je
» pouvais tirer d'elle, et aux grosses sommes que
» j'espérais avoir de son frère. Dieu pardonne à ce
» petit vieillard le mauvais tour qu'il me joue;
» car cette manière de voyager à pied, à la hâte, et
» sans souper, ne laisse pas d'être assez incommode.
» Je suis bien fâché de l'impatience que ne pourra
» manquer d'éprouver celui qui m'attend à minuit
» juste, pour me faire la charité de me couper le
» sifflet; mais qu'il prenne son parti, si je ne viens
» pas au rendez-vous, c'est une preuve évidente
» que j'ai affaire ailleurs. Et quant à ce qui est
» de savoir si mon honneur s'en trouvera bien ou
» mal, qu'il ne s'en inquiète pas, c'est mon affaire,
» et je le prends sur ma conscience. Je ne suis pas
» baron; je n'ai point de ducs pour cousins, et les
» parchemins de la noblesse n'ont rien de commun
» avec moi. Je suis un pauvre diable, sans feu ni
» lieu, sans revenu et sans emploi; je vis d'in-
» dustrie, je mens raisonnablement, je profite
» quand je peux de l'occasion; et aussitôt qu'on

» commence à me connaître, je plie bagage et je
» m'éloigne. Bonjour. »

Mme. MONIQUE.

C'est bien, laissez-moi seule ; allez-vous-en, il est déjà tard.... Descends, Pascal, et ferme les portes. Allez-vous-en.

DON PÉDRO.

Qu'est-ce donc qui te chagrine.

Mme. MONIQUE.

Misérable !.... maudit !.... et moi si simple, si bonace.... Me jouer ainsi !

ISABELLE.

Ma chère maman.

LÉONARD.

Ce n'est pas le moment de s'affliger ainsi.

ISABELLE.

Tout au contraire.

DON PÉDRO.

Quand ce coquin s'en va, en perdant dans sa fuite tout ce qu'il avait volé chez toi ; quand tu vois que notre zèle te sauve du précipice, que nous sommes tous joyeux, qu'Isabelle est libre et n'a pas souffert dans sa réputation ; quand tu vois par toi-même qui t'aime et qui te trompe, pourquoi t'afflige-tu ainsi ?....

ISABELLE.

Il n'y a aucun motif.

DON PÉDRO.

Une ignorance excusable, une erreur courte qui

ACTE II, SCÈNE XVIII.

n'a pas produit de résultats malheureux, peut être utile, puisqu'elle instruit et désabuse. Tu as voulu sortir de l'humble sphère dans laquelle tu es née, et cette illusion t'a exposée à un abîme de malheurs. Je ne puis contempler sans horreur tous les maux que préparait ton aveuglement.

Mme. MONIQUE.

Je le vois enfin... et c'est là ce qui me déchire et ce qui me tue.

DON PÉDRO.

Regarde, voilà ici ta consolation. Ma nièce, viens et embrasse ta mère.

Mme. MONIQUE.

Ah, Dieu !

(Isabelle embrasse sa mère avec tendresse. Don Pédro prenant la main à Léonard le fait approcher. Isabelle et Léonard se mettent à genoux devant Mme. Monique.)

DON PÉDRO.

Voilà tes enfans, ils n'attendent que ta bénédiction pour être heureux... Ne crains rien, Léonard, approche-toi ; les temps sont changés.

Mme. MONIQUE.

Il est vrai.... Ah, ma fille ! (*Elle embrasse Isabelle et Léonard.*) Et toi.... pardonne-moi tant de folies ; Léonard, Isabelle est à toi.

LÉONARD.

Ma mère !

(Tous deux baisent les mains de Mme. Monique, et, après s'être levés, ils embrassent don Pédro, qui témoigne beaucoup de joie.)

ISABELLE.

Chère maman

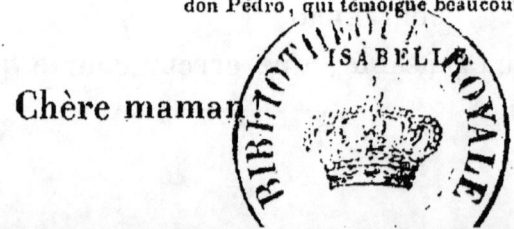

Mme. MONIQUE.

Pardonnez-moi.

(Elle se lève et s'approche de don Pédro, qui, lui prenant les deux mains, l'accueille affectueusement.)

DON PÉDRO.

Vois-tu maintenant qu'aucun plaisir n'égale celui que tu goûtes en ce moment. Voilà la félicité la plus vraie, la voilà.... et les songes que fait naître l'ambition ne sont que de fausses promesses. Vis contente dans le sein de ta famille, estimée, chérie, et dans une douce paix. Le faste, la vaine pompe des richesses, ne peuvent procurer à l'âme de si pures délices.... Malheur à qui ne sait pas les apprécier !

FIN DU DEUXIÈME ET DERNIER ACTE DU BARON,
ET DU THÉATRE DE MORATIN.

NOTE
SUR
LE BARON.

---

(1) *Dona Urraca*, nom d'une reine d'Aragon, célèbre dans les vieilles chroniques espagnoles. *Don Silo*, nom d'un roi des Asturies.

www.ingramcontent.com/pod-product-compliance
Lightning Source LLC
Chambersburg PA
CBHW070208240426
43671CB00007B/590